甘肃省哲学社会科学规划项目
"高校思想政治理论课的创新路径研究"
（19YB126）

高等农业院校课程
思政育人体系研究

A Study on Ideological and Political Education System
in Agricultural Colleges and Universities

委华 陆茸 著

社会科学文献出版社
SOCIAL SCIENCES ACADEMIC PRESS (CHINA)

序

对于教育哲学思想变迁和教育实践互动历史关联中的课程思政，唯有从教育理念的角度才能获得整体性的解释。把课程思政视为一种教育理念而不是教学论或其他，源自我们对高等教育及其属性追求、课程与课程知识，以及它们与德育关系的全面考察。中国古代伦理教育的本质决定了教育与德育、知识和德性的同构性。西方则经历了本体论哲学、认识论哲学和生存论哲学的变迁，映照在课程领域，经历了知识和德性的内在一致、知识和德性的内外在分离、知识和德性的生成三个阶段，并由此表现出对人文知识和科学知识的不同态度。课程及课程知识对个体道德的塑造性，源自课程和课程知识教育自身的价值性，根植于教育本身的道德性和文化属性。对课程及课程知识价值性、道德性疑问的解除，其实质是消除科学理性工具主义对教育的影响、对人的异化。以课程为载体，在教育活动中实现知识传授、能力培养和价值塑造相统一的课程思政，其实是传统高等教育理念在当代的回归。这种回归，具有清晰的历史逻辑和深刻的时代背景，带给我们对高等教育的总体性理解，并据此对高等教育领域的改革发展获得理论和实践两方面整体性的认识。课程思政是新时代高等院校落实立德树人根本任务的战略举措，解决的是怎样培养人、培养什么人、为谁培养人等高等教育的根本性重大问题，具有统筹高等教育改革发展的系统性功能。在思想政治教育方法论层面，课程思政又是对"大思政""三全育人"等思想政治工作方式在课程范畴下的综合深化，具有统领高等院校思想政治教育的整合性功能，既是对当前高等院校思想政治教育现状的改革，又蕴含着守正创新的教育变革精神。

坚持面向世界科技前沿、面向经济主战场、面向国家重大需求、面向人民生命健康，推进农业科技创新、社会服务、知农爱农型人才培养，是高等农业院校的基本职能。高等农业院校因其办学方向、学科专业、教育内容、培养目标的特殊性，其课程思政的价值遵循和基本原则不同于其他高等院校，表现出鲜明的专业领域特色。这种特殊性表现在课程思政的实施与贯彻党的教育方针与"三农"工作、乡村振兴战略、中华传统农业文明、区域经济社会发展的全面结合上，从而实现对立德树人根本任务落实、知农爱农型人才培养的全面支撑。

高等农业院校课程思政育人体系是围绕立德树人根本任务落实、提升知农爱农型人才培养质量，由影响系统效能发挥和提升的各要素之间相互作用、相互依存和相互制约的统一整体。其基本要素由围绕课程思政目标实现、能反映育人体系本质、相互联系、互为条件、决定课程思政实施的基本单元构成，并决定育人体系的结构、功能和本质。"主渠道"与"责任田"的协同效应、知识传授与价值塑造的统一、理论教育与实践教育全过程融通、隐性教育与显性教育相结合、全要素的全过程参与是其主要特征。内容体系、师生关系、组织领导、支撑保障、评价体系等五个方面，分别指向育人体系的内容要素、主体要素、主导要素、保障要素和评价要素。五个方面相互配合、相互协同，形成完整的课程思政育人体系。各要素在整个育人体系中又自成系统，围绕立德树人效能和人才培养质量提升，在与其他系统的相互作用、制约和依存中发挥职能，促进育人体系整体效能发挥。

本书由委华和陆茸共同写作，委华完成约 17 万字，陆茸完成约 12 万字。

目　录

绪　论

一　研究缘起与问题提出

（一）落实立德树人根本任务对高等农业教育提出新要求

教育实践活动本质上是实现主体所确定的价值目标的活动。① 高等教育亦不例外。高等教育的目的和任务一方面基于人们对教育本质、功能和作用的认识，另一方面来自党和国家对国内外社会政治、经济、文化等形势的深刻分析以及对社会需要的准确把握。进入新时代，党和国家立足"两个一百年"奋斗目标和中华民族伟大复兴的中国梦，对为什么办教育、培养什么样的人、如何培养人等教育领域重大问题，提出了全新要求。党的十八大提出："把立德树人作为教育的根本任务，培养德智体美全面发展的社会主义建设者和接班人。"党的十九大强调："要全面贯彻党的教育方针，落实立德树人根本任务。"习近平总书记在 2016 年 12 月全国高校思想政治工作会议上指出，"高校立身之本在于立德树人"。把立德树人作为教育的根本任务，是以习近平同志为核心的党中央继承、丰富和发展党的教育方针的集中体现，是对党的全面发展的教育方针的重大发展，也是党的教育理论创新的最新成果，标志着我国高等教育的目的和根本任务发生了重大变化，这种变化具有

---

① 胡德海：《教育学原理》，人民教育出版社，2013，第 245 页。

深刻的时代内涵和鲜明的时代特征，需要从理论和实践两个方面全面把握。

为进一步落实立德树人根本任务，2016 年 12 月，习近平总书记在全国高校思想政治工作会议上明确指出："要用好课堂教学这个主渠道，思想政治理论课要坚持在改进中加强，提升思想政治教育亲和力和针对性，满足学生成长发展需求和期待，其他各门课都要守好一段渠、种好责任田，使各类课程与思想政治理论课同向同行，形成协同效应。"这为高校落实立德树人根本任务提供了理论和途径。自此以后，围绕加强和改进高校思想政治教育达成新时代教育目标，课程思政成为教育界关注的焦点，课程思政、思想政治理论课与课程思政协同研究和实践迅速成为各高校教育教学改革的热点。2020 年 5 月，教育部印发《高等学校课程思政建设指导纲要》，从战略地位、目标要求、内容重点、教学体系、分类推进、队伍建设和激励机制等方面提出了明确要求，为高校课程思政实践提供了基本指南。如何围绕指导纲要把课程思政落实到高校教育教学各环节，需要理论研究，更需要实践探索。

我国全面建成小康社会之后，乡村振兴成为"三农"工作的重心。为更好履行新时代高等农业教育的时代使命，教育部围绕打赢脱贫攻坚战、实施乡村振兴、推进生态文明建设、打造美丽幸福中国等历史任务，提出新农科建设的时代任务。新农科建设是新时代我国高等教育改革的重要组成部分，推进新农科建设涉及诸多方面，课程思政无疑是重要且必不可少的内容。高等农业院校推进新农科建设的目标是落实立德树人根本任务。课程思政作为落实立德树人根本任务的战略举措，对涉农高校培养适应时代需要的社会主义建设者和接班人发挥着关键性作用，对涉农高校履行新时代使命，培养懂农业、爱农村、爱农民的高素质人才具有重要意义。高等农业教育的目标任务在新时代发生了变化，培养知农爱农新型人才，对高等农业教育创新发展提出了新要求。教育目标对教育实践的导向和调节既要考虑社会发展当下需求和未来期待，又要考虑满足教育对象的需求，并体现在对教育内容、方法、手段、评价的调节和制约上。面对已经变化的教育目的和任务，高等农业教育理念、教学活动、思想政治教育等都面临重构。

（二）思想政治教育创新对高等农业教育提出新诉求

当今中国面临百年未有之大变局，在经济全球化和文化多元化的背景下，高校思想政治教育扮演着越来越重要的角色，肩负着越来越重要的使命，其存在的价值和意义越来越凸显。如何在贴近实际和实践的语境下更好地引导青年学生成长成才，实现立德树人根本任务，是摆在高校思想政治教育工作者面前至关重要的现实课题，也是思想政治教育工作者应自觉担当的责任和使命。从一定意义上讲，思想政治教育不仅承载着人的自我协调、自我认同和自我理解的使命，还担负着个人与环境的沟通功能，把外在的社会文化和规范逐渐内化为个人自身的精神需求，从而为自我的存在提供信念或信仰维度的支撑。当前，思想政治教育更多地表现为结果主义导向下的管理工作，教育者偏向强调自身意志的实现和教育知识的传授，在方式和途径上具有鲜明的知识灌输和教化意义，思想政治工作在现实中更多地表现为管理学生的一种方式和手段，学生成为纯粹的教育对象。这种教育方式在满足功利性和世俗化的教育目标方面都存在实效性问题，在指向教育对象对自身精神家园的守护方面更是力有不逮。同时，思想政治理论课作为思想政治教育的主渠道，侧重于思想政治理论知识的灌输和传授。落实立德树人根本任务，需要高校思想政治教育面向实践，在更广泛的范围和更深的层次上探索和创新。

创新需要实践的语境，更需要科学理论的引导和思维模式的转变。从根本上说，思想政治教育是人的教育，关注的是对现实的人的塑造，是一种关于生命、存在与价值的认知态度。作为一个在审视人的生存境遇基础上塑造人的手段，在当今社会思想政治教育日益成为人思考自身的存在意义，思考个体自我与整个社会的政治、经济以及文化意义的关联的一种方式，人通过这种意义关联的思考进而开始认识世界。思想政治教育首先是以对思想政治教育学的真理性、科学性的认识为根据和基础的，这也是思想政治理论课的知识论基础。当社会变革日渐深入社会生活的各个方面，并全面影响个体的内心自我建构时，除坚持以理服人、以情感人外，还需要在课程教学方面结合思想政治教育实践现状和创新要求，围绕课程育人"主战场"，以新的教育理念开展实践创新。

2019 年 9 月，习近平总书记在给全国涉农高校的书记校长和专家代表的回信中指出："中国现代化离不开农业农村现代化，农业农村现代化关键在科技、在人才。新时代，农村是充满希望的田野，是干事创业的广阔舞台，我国高等农林教育大有可为。希望你们继续以立德树人为根本，以强农兴农为己任，拿出更多科技成果，培养更多知农爱农新型人才，为推进农业农村现代化、确保国家粮食安全、提高亿万农民生活水平和思想道德素质、促进山水林田湖草系统治理，为打赢脱贫攻坚战、推进乡村全面振兴不断作出新的更大的贡献。"党的十九大报告、2019 年中央一号文件和习近平总书记关于农业农村工作的讲话，都提出要培养和造就一支懂农业、爱农村、爱农民的"三农"工作队伍。新时代，围绕乡村振兴和农业农村现代化，培养高素质的"一懂两爱"创新人才是高等农业院校的基本职责。落实新时代立德树人根本任务，需要高等农业院校铸牢课程思政育人理念，依托课程加强和改进思想政治教育工作，构建全员全过程全方位育人大格局，把新农科建设任务具象化。

二　研究思路与意义

（一）研究思路

本书主要分三个层次进行研究：一是以马克思主义理论为根本理论，结合系统论和隐性教育、实践哲学等相关理论，探析高校课程思政的理论基础，界定高等农业院校课程思政的本质和基本内涵；二是结合新时代高校立德树人根本任务，研究高等农业院校课程思政育人体系应遵循的价值体系；三是从育人体系的要素、目标、特征、环境等方面全面研究构建高等农业院校课程思政育人体系。

（二）研究意义

1. 理论意义

（1）丰富和拓展高等教育课程思政的理论体系。拓展和深化课程思政理论，在实现立德树人根本任务层面具有重要的理论意义。对理论的重视建立在对现实需要的准确把握和深刻理解之上，强调理论对实践的指导作用，必然要求理论触及社会的深层和对社会及个人文化心理结构的准确把握。高校教师的 80% 是专业教师，课程的 80% 是专业课程，学生学习时间的 80% 用于专业学习，专业课程的教学和学习占据了高校育人的大部分时间，是落实立德树人根本任务的主要和基础课程。课程思政的理论拓展和创新，需要以马克思主义理论为指导，全面考察教育本质、课程范式、知识本质、教育实践、思想政治教育等基本理论，从社会发展需求的宏观层面到个体发展需求的微观层面，把理论和实践结合起来，总结概括、探析提炼，使之系统化、科学化、理论化，形成课程思政的一般理论和基础理论，并以此指导课程思政的实践创新。学术界目前对高等农业教育课程思政的理论研究还处于始发阶段，对其本质规定、内涵特征、结构功能等还未进行系统研究。本书以高等农业院校课程思政育人体系为研究对象，在体系构建中既包含对课程思政理论的一般研究，又包含体系要素特点、结构功能、目标价值等研究，现实上是对高等教育课程思政理论的有益补充和拓展。

（2）深化和完善涉农高校思想政治教育理论。中国已开始向第二个百年奋斗目标迈进，经济体制深刻变革，社会结构深刻变动，利益格局深刻调整，思想观念深刻变化，空前的社会变革对高校思想政治教育提出了持续深化的时代要求。党的十一届三中全会以来，遵循思想政治教育基本规律和学生成长规律，高校思想政治教育经历了初步建设、曲折发展、深入反思和全面发展几个阶段[1]，每个阶段都有理论和实践上的创新突破，思想政治理论

---

① 吴潜涛：《思想政治教育教学与研究》，中国人民大学出版社，2018，第 26 页。

课也在基本原理、发展历史和教育方法三个领域形成了丰富的理论体系。鉴于课程思政提出较晚，思想政治教育理论并没有针对其进行专门化的研究，而与之相关的知识论、课程范式、隐性教育等理论虽有借鉴，但专门研究缺少，因此针对高等农业院校的思想政治教育和课程思政的研究更少，在研究范畴上还存在一定的遗漏。从教育形态上讲，课程思政属于思想政治教育的一种存在形态，其理论研究理应归属于思想政治教育理论体系中，深化对高等农业院校课程思政的研究，既能丰富涉农高校课程思政理论体系，也是对思想政治教育学相关理论的补充和深化。

2. 实践意义

（1）构建高等农业院校课程思政育人体系有助于提高育人实效。课程思政作为新型的育人理念，发轫于 2004 年上海教育界在中小学德育课程建设方面的探索，2014 年推广到高等院校，经历了由中小学德育课程建设到大中专德育课程一体化建设的历程，并逐渐推广到北京、福建等教育界。2016 年，习近平总书记在全国高校思想政治工作会议上强调了思想政治工作的重要性，体现了课程思政理念。2017 年，教育部在复旦大学召开了高校思想政治理论课教学质量年调研片会暨高校"课程思政"现场推进会。同年，《高校思想政治工作质量提升工程实施纲要》印发，课程思政首次被写入教育部文件。2017 年，中共中央、国务院印发《关于加强和改进新形势下高校思想政治工作的意见》。2020 年，教育部印发《高等学校课程思政建设指导纲要》。从课程思政的实践历程看，大量研究和实践主要集中在 2016 年全国高校思想政治工作会议之后，各高校根据教育部纲要和自身实际，开展了大量的实践活动，但作为一种新的教育理念，理论探索和实践创新的空间极为广阔，还存在不同程度的不完善性，有待持续研究改进。高等农业院校课程思政育人体系研究，将在一定程度上为相关院校开展课程思政实践提供理论指导，并为相关高校提升育人实效提供实践支撑。

（2）构建高等农业院校课程思政育人体系有助于凸显办学特色。现代意义上的高等教育在我国的建立是被动的，其产生的背景是民族的图存救亡，因其急迫性和被动性，从产生之初就确立了政府主导的管理体制，虽经百年变迁，但政府主导的管理体制和运行模式一直未发生改变，体现了鲜明的国家本位和社会本位价值取向。这种价值取向和管理模式有我国特定的社会历史文化发展背景，也决定了教育改革大多采取自上而下的推进模式，政府主导色彩较为明显，统一的管理模式和教育评价等导致高校办学模式、教育改革等趋同。随着知识经济和高等教育的大众化、普及化，人才培养目标从能力本位走向个体生成与内心世界的观照的个人本位①，实现国家价值、社会价值和个人价值的统一，是高等教育改革的必然选择，这种改革的价值取向必然会为高校根据自身实际办出特色提供理论和实践依据。课程思政作为教育改革的组成部分，必然要与这种价值取向相适应，并在实践中成为高校办学特色的主要方面和重要体现。高等农业院校因其特殊的办学定位、服务面向和人才培养目标，在课程思政育人体系构建方面应该具有自身特色，而不是照搬抄袭。高等农业院校课程思政育人体系的构建，有助于相关高校围绕立德树人根本任务、立足农学学科课程建设，培养学生的"大国三农"情怀，引导学生以强农兴农为己任，"懂农业、爱农村、爱农民"，树立把论文写在祖国大地上的意识和信念，增强学生服务农业农村现代化、服务乡村全面振兴的使命感和责任感，培养知农爱农新型人才，形成独具特色的育人体系和办学特色。

三　概念界定与辨析

（一）核心概念界定

1. 高等农业院校

当下对高等农业院校这一概念进行界定的研究成果较少。周述宏认为，高等农业院校是指主要实施高等农科教育和从事农业科研活动的高校。② 陈

---

① 许国动：《我国高等教育改革政策伦理目标演变及启示——从道德论走向德性论》，《现代教育管理》2013 年第 3 期。

② 周述宏：《我国高等农业院校农业科技人才培养模式研究》，湖南农业大学硕士学位论文，2013，第 7 页。

然和李大胜将其定义为覆盖农科门类和其他学科门类的普通本科院校中校名带有"农""林""水产""海洋"字样的国内高校。① 王艺蓉在陈然和李大胜的基础上进行了修正，认为 2008 年以后水产大学已改名为海洋大学，因此高等农业院校不应再包括海洋类大学。②

本书将高等农业院校界定为：覆盖农学学科门类，以从事高等农业教育为主，校名带有"农、林、海洋"字样且独立设置的高等院校。把校名中有"海洋"字样的高校包含在高等农业院校之列，是因为水产学科在我国现行学科分类和本科专业目录设置中均属于农学学科范畴，其开设的学科专业以农学类为主，开展的教育也以农业教育为主。

2. 课程

在我国，"课程"一词滥觞于唐朝，在《五经正义》里，经学家孔颖达为《诗经·小雅·巧言》中"奕奕寝庙，君子作之"一句注疏："维护课程，必君子监之，乃依法制也。"这是课程一词在我国汉语文献中的最早显露。到了宋朝，朱熹在《朱子全书·论学》中多次提到"课程"二字，如"宽着期限，紧着课程""小立课程，大作功夫"等。这里所提及的"课程"主要指功课及其进程。在英语世界，赫伯特·斯宾塞（Herbert Spencer）在《什么知识最有价值》中最早提出"课程"一词，源于拉丁文"currere"，有"奔走、跑步、跑道"之意。据此，对课程最常见的定义是"学习的进程"，即课程既可以是一门学程，又可以指学校提供的所有学程。③

科林·J. 马什（Colin J. Marsh）在《理解课程的关键概念》一书中，梳理了六种课程的概念：课程即一些永恒科目，例如语法、阅读、逻辑、修辞、数学和包含基本知识的西方名著；课程即对当代生活最有用的科目；课

① 陈然、李大胜：《高等农林院校的专业设置现状及其发展趋势》，《中国农业教育》2010 年第 1 期。

② 王艺蓉：《高等农业院校定位现状及对策——基于全国 40 所高等农业本科院校的调查研究》，《中国农业教育》2014 年第 6 期。

③ 施良方：《课程理论——课程的基础、原理与问题》，教育科学出版社，1996，第 3 页。

程即学校负责的所有有计划的学习；课程即提供给学生的能在不同学习场合获得的一般技能与知识的学习经验的总和；课程即对权威的质疑和对人类处境的多维探寻。① 我国学者在界定课程概念时基本以此为基础进行拓展阐释，也有将其概念界定悬置而展开讨论的。总体分析，因知识与课程的内在关联，课程的定义总隐含认识论的假设，同时还关注结果与过程的关系处理，考虑课程的层次问题。美国教育学家约翰·古德莱德（John Goodlad）就把课程分为理想的课程、正式的课程、领悟的课程、运作的课程、经验的课程②，涉及课程从规划、设计到实施，从课程决策者、编制者到参与者多个方面。

现代课程的范畴一般包括教学内容、组织化的教学活动和评价等，而对课程的理解也围绕四个方面进行，主要有：其一，认为课程是教学内容，是为了实现教育目标而规定的教学科目及其开展实施的进程；其二，认为课程是教学科目的总和或某一门学科；其三，认为课程是教学进程，包含着学生在不同阶段所应学习和习得的内容；其四，认为课程是学校为实现教育目标所准备的经验的总体。也有学者将课程定义为包含显性课程和潜在课程在内的赋予学习者学习经验的总体。从各种对课程的理解上，可以看出课程强调教学目标，强调有目的、有计划的实施和学生的习得。对中小学来说，课程指的是语文、数学、英语等学科，也称科目，通常学科、科目和课程的概念是通用的，在高校一般指在专业设置下的每一门具体课程。

概而言之，课程是学校按照教育目标和人才培养要求，有计划、有目的实施的教育内容和活动。课程内容的组织选择，是合目的性和过程性统一的教学实践活动，其实践结果表现为课程类型，即课程内容的实际组织方式。课程类型因课程工作者的课程观不同、学校教育状况的差异而呈现为不同的分类，并随之产生不同的课程结构。课程结构是在课程类型基础上课程各部分的配合和组织，主要规定组成课程体系的学科门类，以及各学科内容的比例关系、必修课与选修课、分科课程与综合课程的搭配等，体现了一定的课

---

① 〔澳〕科林·马什：《理解课程的关键概念》，徐佳、吴刚平译，教育科学出版社，2009，第4~7页。
② 施良方：《课程理论——课程的基础、原理与问题》，教育科学出版社，1996，第9页。

程理念和课程设置价值取向。目前，我国高等教育基本上采取横向结构设计方式对课程进行分类，讨论最多的集中在两个方面：一是各类课程的比例；二是必修课、选修课、活动课等之间的关系协调。

根据以上分析，在课程的概念上，本书认为课程是学校根据培养目标实施的有计划、有目的的教学内容及其教学进程。培养目标内含立德树人价值取向和育人本质；有计划和有目的兼顾课程设计组织及其层次结构；教学内容及其教学进程涵盖学科体系和其他有目的的教育教学活动。在课程分类上采取纵横向结合的结构，强调课程要素在空间和时间上的组合和关联性，将其分为专业课、通识课、思政课、实践课四类，与教育部课程思政实施纲要的分类保持一致，便于理论研究和实践的统一。

3. 思政

"思政"即思想政治教育，是"教育者按照一定社会或阶级的要求有目的、有计划、有组织地对受教育者施加系统的影响，把一定的社会思想和道德转化为个体的思想意识和道德品质的教育"[1]。思想政治教育归根结底是为了满足社会和人的发展需要，是"受教育者在适应与促进社会发展的过程中，不断提高思想、政治、道德素质和促进全面发展的过程"[2]。可以看出，思想、政治、品德三个概念构成了思想政治教育的核心内容。思想教育就是对受教育者进行世界观、人生观、价值观的教育，主要包括辩证唯物主义、马克思主义认识论、历史唯物主义、人生理想、人生目的、人生价值、人生态度等；政治教育就是对受教育者进行符合统治阶级要求的政治观念和立场等政治观念的教育，包括我国的基本国情、党的基本路线、形势政策、爱国主义等；品德教育就是通过教育使受教育者习得稳定的与社会要求一致的道德准则和规范。随着时代的进步、社会的发展以及受教育者的身心发展，思想政治教育的内涵和外延不断扩展，逐渐将民主教育、法治教育、心理健康教育、纪律教育等也包含在内。当前我国各类政策文件或研究中提到

---

① 《中国大百科全书·教育》，中国大百科全书出版社，1985，第45页。
② 陈万柏、张耀灿主编《思想政治教育学原理》（第三版），高等教育出版社，2015，第4页。

的思想政治教育通常指拓展了的"大思政"概念。

这里还需要辨析的一个词是"德育"，思想政治教育一词经常与德育通用，但又有一定的区别。"高校德育，包括思想教育、政治教育、道德教育，也称为大学生思想政治教育。"[①] 德育从狭义上来讲就是指道德教育，是一定社会或集团为使人们自觉遵循其道德行为准则，履行对社会和他人的相应义务，有组织、有计划地施加系统的道德影响。从广义上来说是道德教育、思想教育、政治教育、法治教育、心理教育等多方面的总称，主要通过知识传授、观念养成、性格培养等途径来提高受教育者思想观念、政治意识、行为规范、心理调适等方面的素质。对于受教育者来说，思想、政治、道德、心理、法治各个方面都是相互关联的整体，与受教育者的人格和个性发展不无关系，需要整体看待，即要从"大德育"的范畴来理解。新中国成立以来，在很长一段时间内，德育、思想政治工作、思想政治教育的内涵和外延都具有很大的同构性和承继性，也就是说，德育和思想政治教育是同一个概念。在"立德树人""育人为本、德育为先""德智体美劳"等理念中，"德"或"德育"指的都是思想政治教育，而不仅仅是道德教育。如果非要对二者进行学理上的区分，势必会造成对思想政治教育历史与现实的割裂，违背理论研究去蔽、澄明的精神，有理论研究投机和自我构建的嫌疑，更会给思想政治教育实践带来混乱。

4. 课程思政

课程思政作为兼具理论性和实践性的课题，近年来受到学界的持续关注，对于课程思政的概念，学界从不同角度进行了探讨，在初步界定的基础上，也造成了认识上的分歧，至今仍然处在开放研究状态中。课程思政究竟是什么，有学者认为是一种教育理念，也有研究者认为是一种课程观或教学方法，还有研究者直接把它归结为一种教育实践活动。存在不同认识的根本原因在于研究者对课程思政问题研究的定位不同，有的定位于方法论层面，有的定位于课程层面，有的定位于存在层面，有的定位于理念层面。更好地

---

① 杨德广、谢安邦主编《高等教育学》，高等教育出版社，2009，第367页。

把握课程思政，首先需要确定研究定位，即从何种视角出发开展研究。

把课程思政作为教育方法取向的研究，认为课程思政是有意识地开展理论传播、思想引领、价值引导、精神塑造和情感激发的教育方式。方法论在教育理论要素中与教育目的、教育内容、教育者、受教育者处在同一个层面，研究视域主要在于关注教育方法本身。但在研究的具体方法、基本理论之外，还有教育内容、教育者、受教育者等很多问题需要研究，这种定位在一定程度上反映了研究逻辑定位与研究问题本身之间的不完全匹配性。

把课程思政定位于课程观的研究，主要依据思想政治教育和课程理论从课程的目标、内容、实施和评价等方面展开分析和探究。从课程范畴讲，课程思政属于课程理论的研究范畴；从思想政治教育学视角分析，课程思政又兼具思想政治教育的一般特征；从教育实践角度讲，课程思政既是课程的应用体系，又是思想政治教育的应用体系，其存在必然具有思想政治教育的一般品格特征，同时又具有课程的品格特征，二者的结合才构成课程思政的独特品格。从内涵本质上讲，思想政治教育是一种具有阶级性的社会实践活动，而课程则几乎包括了实践活动在内的所有教育性因素，也就是说教育学意义上的课程在外延上比思想政治教育更宽泛。因此，课程思政在逻辑上与思想政治教育不具有完全的对应性。是故，在课程思政的理论探析中，仅从课程和思想政治教育两方面出发，或从一个方面出发，都不能全面把握课程思政，会导致理论构建的缺陷。

钟启泉认为，课程是由语言、社会、自然、艺术、技术、体育等文化领域和生活、道德等领域组成的。① 这是从课程知识内容构成上进行的定义。作为一种专门化知识的特殊外显形态，可以说课程是为了使受教育者获得各种领域中目前可得到的最好的知识而做出的最优设计。20 世纪 70 年代以来，课程领域发生了范式转换，其哲学价值观由科技理性走向价值理性，课程主张由目标控制走向过程体验，其研究框架由实体知识走向关系建构②，

---

① 钟启泉：《现代课程论》，上海教育出版社，2003，第 4 页。
② 刘欣：《范式转换：课程开发走向课程理解的实质与关系辨析》，《教育研究与实验》2014 年第 1 期。

日益关注课程所承载的价值观和知识的生成性。在课程研究中不仅关注其社会、政治、经济、文化背景，还要联系生命个体的内在生活体悟及其精神世界对课程进行考察。"课程是一种特别复杂的对话，不仅是一个产品，更是一个过程。它已成为一个动词、一种行动、一种社会实践、一种个人意义以及一个公众希望。"① 其终极目的指向价值性的主体发展目标，课程成为构建主体性生活经验的过程，学科知识处于支撑地位。邱伟光认为，思想政治教育是"培养、塑造一定社会新人思想道德素质的教育实践活动"②，受社会经济、政治、文化的制约和影响，包括思想教育、政治教育、道德教育。同时，国内学者对思想政治教育学科成立以来思想政治教育概念内涵的嬗变进行了梳理，归纳出施加论、转化论、内化论、发展论等观点。课程和思想政治教育范畴和内涵的变化，反映了人们自觉追求意义的内在发展向度，体现了学界对其规律认识与把握的逐步深化。课程理论和思想政治理论研究的这种转向，体现了不同的教育哲学话语，反映了教育改革总是基于一定的哲学思维，为我们揭示课程思政的生成逻辑、价值意蕴、构成要素、基本特征等提供了思想养料。

鉴于以上分析，本书提出：课程思政是为落实立德树人根本任务，挖掘利用各类课程的思想政治教育元素，发挥各类课程育人功能，在教育活动中实现知识传授、能力培养和价值塑造相统一的教育理念。

基于教育理念的定位，从教育发展的历程来看，课程思政的存在形态和实践活动不是一个全新的概念和实践活动，而是与人类的自为教育历史阶段相伴并行，经历了漫长的历史发展过程。《周易》之《贲卦·象传》中称："观乎天文，以察时变；观乎人文，以化成天下。"《大学》中提出的"三纲八目"指出："古之欲明明德于天下者，先治其国；欲治其国者，先齐其家；欲齐其家者，先修其身；欲修其身者，先正其心；欲正其心者，先诚其意；欲诚其意者，先致其知；致知在格物。物格而后知至，知至而后意诚，

---

① Pinar, W. F., Reynolds, W. M., and Taubman, P. M., *Understanding Curriculum* (New York: Peter Lang Press Inc., 1995), 398.

② 转引自吴潜涛《思想政治教育教学与研究》，中国人民大学出版社，2018，第 7 页。

意诚而后心正，心正而后身修，身修而后家齐，家齐而后国治，国治而后天下平。"可见，"八目"的中心环节和最终目的是修身，即个人的道德修养，格物致知的知识学习，是为了"内修"，而"内修"则是"外放"的基础。在中国古代，知识、教育与德性总是密不可分的，个体的致知过程充盈着道德性的"人文化成"，知识传授的过程和目的体现了鲜明的育人特征。在西方，苏格拉底在论证了美德或善德的本质后，提出了"美德即知识"的著名命题，认为学习和掌握各种知识的过程就是美德获得和完善的过程。柏拉图认为，教育就是使人通过运用思维回忆心灵中原有的知识，获得真知使心灵转向真理和善。据此，他给哲学王所开列的算数、几何、天文、音乐等课程不是为了实用，而是在于唤起思维能力并使心灵纯洁。亚里士多德则认为教育是高贵的和自由的，能使人舒畅愉快，形成高尚自由的心灵，使其理智部分得到发展。

据上可见，课程思政通过知识传授、能力培养和价值塑造的结合，发挥各类课程的育人功能，其实质是在对教育本质的历史和逻辑考察的基础上，使传统教育理念在新时代回归。当前我国正处于全面实施乡村振兴战略和实现中华民族伟大复兴的新发展阶段，这给思想政治教育提出了最为直接的现实挑战。课程思政是高等教育对时代课题的积极回应，建立在对教育本质的深刻把握上，既是思想政治教育理论创新的理据，又是理论创新的条件，也为构建中国特色思想政治教育理论提供了实现场域。[①] 因此，课程思政概念的提出和具体实践，是对教育要回归本质、回归初心的现实回应。

需要特别强调的是，在课程思政的研究中，有学者认为思想政治教育与课程思政是包含与被包含的关系。从课程范畴的角度来讲，把思想政治理论课排斥在课程思政的范畴之外，在理论构建上存在缺陷，在实践中也容易造成"两张皮"现象。在梳理了课程、课程思政、思想政治理论课的关系之后，本书认为，思想政治理论课既然是课程的一种类型，就应当隶属课程思

① 王海威、王伯承：《论高校课程思政的核心要义与实践路径》，《学校党建与思想教育》2018 年第 14 期。

政，在课程思政理论构建和实践中排除思想政治理论课，人为窄化了课程思政的研究和实践范畴，不利于系统全面地理解课程思政的价值内涵，在理论上会造成模糊和争论，于课程思政理论的构建并无益处。同时，课程思政与思想政治理论课的同向同行和发挥协同效应不是两个互不联系的课程体系的对接，而是在课程思政育人体系内部构建的有机结合、互相作用、互相支撑的要素关系。

5. 课程思政育人体系

"育人"是由教育和人的发展共同构成的概念，包含两个方面的内涵：一是发展归根结底要着眼于人的发展，人的发展是一切发展的核心和最终目的；二是教育是人类社会发展的重要推动力量，是促进人自身全面发展的必然途径和根本要求，也是实现人的全面发展的根本目标和途径，是一种有目的地培养人的社会活动。简言之，育人就是"教育者根据一定社会和一定阶级的要求，对受教育者所进行的一种有目的、有计划、有组织地传授知识技能，培养思想品德，发展智力和体力的活动，以便把受教育者培养成为一定社会和一定阶级服务的人"[1]。"体系"一词的专业解释是"若干有关事物互相联系而构成的一个整体"[2]。在英语中，体系和系统均为"system"，即在英语中"体系"和"系统"是一个词，其主要具有以下意义：组织起来的整体、相互联系或相互依存的某种形态构成的组合以及由许多不同部分构成的复杂单体。体系是由相互联系、相互依赖、相互制约、相互作用的事物和过程组织成的具有整体功能和综合行为的统一体。体系虽然是由相对独立的各个部分组成的，却是具有一定功能和特性的有机整体，强调整体性和目的性，即通过实现部分的相互协调或最优化配置促使整体的效能最大化。基于此，育人体系可以理解为在教育实践活动中，由能对教育目标、活动和对象产生实际影响的彼此相互制衡的要素所构成的整体。而课程思政育人体系则是由多个相互作用、相互依赖、相互制约的部分组成的整体，强调各组

---

① 安文铸：《教育科学与系统科学》，吉林教育出版社，1990，第 37 页。
② 汉语大字典编纂处编著《50000 词现代汉语词典》（第三版），四川辞书出版社，2019，第 665 页。

成部分的相互协调优化以达到效能的最大化。

根据习近平总书记关于课程思政的论述，课程思政育人体系中内含着协同性质，即"在各种各样的系统中，各个要素协同得好，系统就能更好地发挥其整体性功能；反之，则会削弱其整体性功能"[①]。综上所述，课程思政育人体系既要反映育人体系的内在规定性，又要体现课程思政实践的基本要求，强调课程思政育人体系内外部诸要素之间的相互作用和目标协调。据此，本书把课程思政育人体系理解为以课程为载体，以协同育人为目标，课程思政各要素之间相互作用、协调运行的有机整体。

（二）相关概念辨析

1.思政课程与课程思政

"思政课程"即为开展思想政治教育而设定的课程，与课程思政用语结构不同，含义也相差甚远。思政课程在不同学段有不同的名称，也被统称为"德育课程"。在小学和初中，原有的"品德与生活""品德与社会""思想品德"自2016年起统一更名为"道德与法治"；高中仍沿用"思想政治"的名称；在高校，思政课程指的是思想政治理论课。高校思政课程经历了以《关于全国高等学校马克思列宁主义、毛泽东思想课程的指示》为基础的"52"方案，中宣部和教育部将高校政治理论课规定为哲学、政治经济学、政治学、中共党史四门课的"61"方案，以《中共中央关于改革学校思想品德和政治理论课程教学的通知》为基础的"85"方案，以《关于高校马克思主义理论课和思想品德课教学改革的若干意见》为基础的"95"方案，以"两课"[②]课程设置新方案为基础的"98"方案，以《教育部关于进一步加强和改进高等学校思想政治理论课的意见》为基础的"05"方案。现行的高校思想政治理论课在本科阶段设置5门必修课，"马克思主义基本原理"着重讲授马克思主义世界观和方法论，帮助学生正确认识客观世界和

---

① 郭治安等编著《协同学入门》，四川人民出版社，1988，第54页。

② 两课通常指的是在普通高校中开设的马克思主义理论课和思想品德课。

人类社会的发展规律。"毛泽东思想和中国特色社会主义理论体系概论"主要讲授马克思主义中国化的理论成果，帮助学生坚定走中国特色社会主义道路的理想信念。"中国近现代史纲要"主要讲授中国近代以来实现民族独立、人民解放的新中国史和中共党史，帮助学生了解国情，深刻领会人民和历史为何选择了中国共产党。"思想道德修养与法律基础"重点进行思想道德和法治教育，帮助学生解决在成长过程中遇到的实际问题。同时开设"形势与政策"必修课，帮助学生认清国内外形势，全面理解党的路线和方针政策。除 5 门必修课外，还开设"当代世界经济与政治"以及马克思主义中国化时代化最新成果等选修课。高校思想政治理论课程体系历经几十年发展变化，逐步完善，成为统领大学生思想政治教育的主阵地。总体来讲，高校思想政治理论课程是一种德育课程，与智育、体育、美育等课程具有不同的建设特点，处于所有课程的首位。同时，思想政治理论课程也是一种理论课程，与实践或活动课程具有不同的特点；另外，思想政治理论课程还是公共必修课程，是国家课程，与专业课程和选修课程具有不同的特点，绝不是综合素养课（也称"通识课"）。从一定意义上讲，思政课程是思想政治教育的显性灌输，主要侧重理论阐述和传输；是思想政治教育的隐性渗透，强调育人过程中其他因素作用的发挥。分析两者的概念及发展，可以得出两者在角色、方式、职能、内容方面都不同。

2. 学科德育与课程思政

学科德育和课程思政有一定的同质性，都指在学科和课程教育中开展育人活动，两者的区别主要体现在不同学段教育的特殊性上。"学科"和"课程"概念的内涵不同，学科德育中的学科是指中小学阶段的具体科目，如语文、数学、英语等。因此，学科德育主要运用在基础教育中，指的是在语文、数学、英语等每一门科目中开展德育，而课程思政中的"课程"是指在大学学科门类下不同专业所设置的不同课程，因此这一概念更适用于高校。

除了高校"课程"和中小学"学科"概念不同以外，"德育"和"思政"两词在这个语境下也略有不同。前文已论述"德育"和"思政"两词从广义上看是通用的，但"大德育"和"大思政"的概念内涵非常广泛，中小学用"德育"而高校用"思政"原因在于教育的侧重点不同，主要依据是思想政治教育的层次和发展规律。我们知道，思想政治素养是一个接续发展的过程，道德教育处于思想政治素养的底部，是对一个人最基础的要求；而政治教育则处于思想政治素养的顶端，是一个人对信仰的追求。根据人的认识发展规律，从小学到中学再到大学，道德教育和政治教育的比重在不断调整。思想政治教育课程的名称从小学和初中阶段的"道德与法治"到高中的"思想政治课"再到大学的一系列思想政治理论课，体现了教育的这一规律性。因此，中小学阶段的学科德育侧重的是道德教育，也辅之政治教育；高校阶段的课程思政更侧重政治教育，主要是对大学生进行世界观、人生观和价值观的教育。从这个角度上看，高校的课程思政与中小学的学科德育都是从教学体系最基础的单位出发，研究如何在一门课程或科目中开展思想政治教育。在课程中进行思想政治教育，是实现全覆盖式思想政治教育的重要方法，也是在人才培养中提高受教育者思想政治素养的重要途径。中小学已经基本完成了学科德育的实践探索，而如何在高校的专业课程教学中探索开拓思想政治教育的空间，厘清在所有课程中渗透思想政治教育的规律和方法，是高校课程思政需要解决的问题，也是新时代高等教育提高人才培养质量的战略选择和改革发展的重要内容。

四 文献综述

（一）国内课程思政研究

截至 2021 年 11 月 30 日，笔者基于中国知网数据库，以"高校课程思政"为检索词，以"主题"为检索项，从 2015 年至 2021 年共检索到相关文献 6688 篇。为保证文献质量，限定来源为 CSSCI 期刊，共检索到期刊文献 324 篇；从发表年份来看，2017 年之前 20 篇，2020 年达到 91 篇，2021年达到 129 篇，发展变化与教育部印发《高等学校课程思政建设指导纲要》

等指导性文件密切关联，呈现与课程思政教育实践深入推进正相关的态势。从研究成果数量来看，课程思政已经成为学术界的研究热点。梳理后发现，学者主要从科学内涵、价值意义、协同关系、实施路径、评价体系等方面进行了研究。

1. 课程思政概念内涵研究

关于课程思政的概念，主要有教育理念、课程观、实践活动、教育方法等观点。有学者指出，课程思政不是一门或几门具体的课程，而是在于培育和输送一种理念和价值。[1] 赵鹤玲从新时代的背景出发对高校思政课程的内涵进行分析，认为课程思政是将立德树人视为教育基本任务的综合教育理念，是一项系统工程，是新时代党对高校人才培养和思想政治教育的新举措、新改革、新方向。它从根本上回应了培养什么人、怎样培养人、为谁培养人的根本问题。[2] 赵蒙成认为，课程思政是党的政策催生的教育理念，是指以构建全员全过程全方位育人大格局的形式使各类课程与思想政治理论课同向同行，形成协同效应，把立德树人作为教育的根本任务的一种综合教育理念。[3] 鄢显俊认为，课程思政就是将"四个自信"这一思政元素贯穿专业教育全过程，以提升大学生"四个自信"为专业教育的出发点和归宿，把大学生培养成为社会主义建设者和接班人的教育教学活动。[4] 杨国斌和龙明忠认为，课程思政是一种有意识地开展理论传播、思想引领、价值引导、精神塑造和情感激发的教育方式。[5] 石书臣认为，课程思政的本质就是一种课程模式，是将思政元素融入正常课程教育教学之中，是提升大学生思想政治水平的有效载体和重要渠道。[6]

---

[1]　王海威、王伯承：《论高校课程思政的核心要义与实践路径》，《学校党建与思想教育》2018 年第 14 期。

[2]　赵鹤玲：《新时代高校"课程思政"建设的现状及对策分析》，《湖北师范大学学报》（哲学社会科学版）2020 年第 1 期。

[3]　赵蒙成：《构建"课程思政"生态圈》，《中国教育报》2019 年 5 月 7 日。

[4]　鄢显俊：《论高校"课程思政"的"思政元素"、实践误区及教育评估》，《思想教育研究》2020 年第 2 期。

[5]　杨国斌、龙明忠：《课程思政的价值与建设方向》，《中国高等教育》2019 年第 23 期。

[6]　石书臣：《正确把握"课程思政"与思政课程的关系》，《思想理论教育》2018 年第 11 期。

2. 课程思政价值意蕴研究

邱伟光指出课程思政的实施，必须围绕立德树人的根本任务深入展开，坚持育人导向。[①] 何红娟明确阐释课程思政是高校教育理念变革的需要，是高校隐性思政教育理念发展的必然和思想政治教育内在本质要求。[②] 刘承功从价值引领层面探索，强调深入开展"课程思政"要从教育思想的高度深化认识和理解，深刻认识其"重要责任就在于价值引领，促进学生思想政治素质提升"[③]。史巍提出，以课程思政方式带动高校思想政治教育在各门课程中的系统深化，应成为高校思想政治教育的重要方略，这在高等教育领域已经基本形成共识。[④] 伍醒和顾建明从培养德智体美劳全面发展的社会主义建设者和接班人的宏观角度来探索，认为课程思政所建构的精神是社会主义核心价值观所倡导的精神，是国家意志在高等教育领域的精神呈现。[⑤] 韩宪洲从立德树人的中观维度展开探讨，认为课程思政是将思想政治工作贯穿教育教学全过程的关键因素，也是学校新时代落实立德树人根本任务的基础性和全面性工作。[⑥]

3. 课程思政与思政课程的关系研究

一是协同论，韩宪洲认为课程思政是全面实现专业课程与思政课程同向同行、充分发挥协同效应的重要举措，课程思政建设必须坚持知识传授和价值引领、显性教育和隐性教育、统筹协调和分类指导、总结传承和创新探索四个统一。[⑦] 邱仁富认为，在同向方面要解决政治方向的一致性问题、育人方向的一致性问题、文化认同的统一性问题；在同行方面，要解决步调

---

① 邱伟光：《论课程思政的内在规定与实施重点》，《思想理论教育》2018 年第 8 期。
② 何红娟：《"思政课程"到"课程思政"发展的内在逻辑及建构策略》，《思想政治教育研究》2017 年第 5 期。
③ 刘承功：《高校深入推进"课程思政"的若干思考》，《思想理论教育》2018 年第 6 期。
④ 史巍：《论以"课程思政"实现协同育人的关键点位及有效落实》，《学术论坛》2018 年第 4 期。
⑤ 伍醒、顾建明：《"课程思政"理念的历史逻辑、制度诉求与行动路向》，《大学教育科学》2019 年第 3 期。
⑥ 韩宪洲：《以课程思政推动立德树人的实践创新》，《中国高等教育》2019 年第 23 期。
⑦ 齐鹏飞：《全面实现思政课程与课程思政的同向同行》，《中国高等教育》2020 年第 Z2 期。

一致、相互补充、相互促进、共享发展的问题。① 二是包含论，邱开金提出，思政课程是思想政治理论教育的课程体系，而课程思政则是教学体系，将课程思政与思政课程的关系理解为教学体系与课程体系的关系。② 三是辩证论。陈会方和秦桂秀从遵循思想政治工作规律、教书育人规律以及学生成长规律三个层面对课程思政与思政课程同向同行进行了理论阐释。③ 赵继伟认为，课程思政与思政课程之间是角色迥异、方式有别、职能不同、功能归一的辩证关系。④

4. 课程思政的实现路径探讨

一是站在全局高度对课程思政整体提出宏观的建设意见。肖香龙和朱珠从课程思政的优化设计方面入手，指出课程思政可以从发展理念、平台建设、机制建设等方面推进。⑤ 娄淑华和马超立足新时代，提出在顶层设计中统筹支撑，在实践操作中优化提升，在机制完善中驱动评估，以稳步推进课程思政落地生根。⑥ 二是从课程思政资源挖掘和课程教学环节提出建设路径。卢黎歌和吴凯丽提出从宏观层面搭建资源共享平台、从中观层面完善体制机制、从微观层面发挥教师主体性以实现思想政治教育资源的有效开发⑦，把握课程思政教学的关键环节，坚持以教学规律为依循、以古今资源为依托、以教师队伍为主力、以制度建设为保障。三是把教师队伍建设作为落实课程思政建设的关键力量。戴健重点从组成、目标、氛围以及归属等角

① 邱仁富：《"课程思政"与"思政课程"同向同行的理论阐释》，《思想教育研究》2018 年第 4 期。
② 邱开金：《从思政课程到课程思政，路该怎样走》，《中国教育报》2017 年 3 月 21 日。
③ 陈会方、秦桂秀：《"课程思政"与"思政课程"同向同行的理论与实践》，《中国高等教育》2019 年第 9 期。
④ 赵继伟：《关于"思政课程"与"课程思政"辩证关系的思考》，《思想政治课研究》2018 年第 5 期。
⑤ 肖香龙、朱珠：《"大思政"格局下课程思政的探索与实践》，《思想理论教育导刊》2018 年第 10 期。
⑥ 娄淑华、马超：《新时代课程思政建设的焦点目标、难点问题及着力方向》，《新疆师范大学学报》（哲学社会科学版）2021 年第 5 期。
⑦ 卢黎歌、吴凯丽：《课程思政中思想政治教育资源挖掘的三重逻辑》，《思想教育研究》2020 年第 5 期。

度出发，形成团队合力以确保课程思政建设的高效推进。① 王莹和孙其昂则认为，教师政治底蕴是课程思政建设的深层次支撑和持久驱动力，必须厚植高校课程思政教师的政治底蕴。② 罗仲尤、段丽和陈辉提出，课程思政建设要在专业课教师身上下功夫，要建立健全党委统一领导的课程思政推进机制、全面夯实专业课教师立德树人的制度保障、切实强化专业课教师的课程思政意识与责任自觉、大力提升专业课教师对育人规律的把握能力以及创新完善专业课教师潜心育人的考核评价机制。③

5. 多学科课程思政的实践研究

该领域主要体现在具体课程教学中如何落实课程思政，涵盖了人文社科、理科、工科等多个学科。黄茜和刘旭光认为，可以进行音乐艺术课程思政元素的挖掘与运用，加强教师与学生的互动交流，以提升课程思政活力，促进学生知行合一。④ 樊丽明认为，财政学类课程思政建设要从学科属性、专业定位、培养目标出发，结合专业课程特点进行探索，将重点放在加强国情教育、强化法治意识、培养公共意识、培育人类命运共同体理念上。⑤ 梁志宏和明玥从食品微生物学思政元素挖掘，以及在教学实践中教师如何发挥作用的角度进行了课程的经验总结。⑥ 彭双阶和徐章韬从大学数学课程的思政定位出发，从师德建设、课程思政教育元素挖掘和寻找不同课程的思政切入点、更新教学手段等方面探讨了在课堂教学中落实课程思政的有效路径。⑦ 蔡小春等提出了嵌入式、支撑式和补充式三种工科研究生课程思政教学路径。⑧

---

① 戴健：《高校课程思政教学团队建构探析》，《江苏高教》2020 年第 12 期。

② 王莹、孙其昂：《高校课程思政教师的政治底蕴：学理阐释与厚植路径》，《高校教育管理》2021 年第 2 期。

③ 罗仲尤、段丽、陈辉：《高校专业课教师推进课程思政的实践逻辑》，《思想理论教育导刊》2019 年第 11 期。

④ 黄茜、刘旭光：《音乐艺术课程思政元素的挖掘与运用》，《学校党建与思想教育》2020 年第 24 期。

⑤ 樊丽明：《财政学类专业课程思政建设的四个重点问题》，《中国高教研究》2020 年第 9 期。

⑥ 梁志宏、明玥：《食品微生物学课程思政探索与实践》，《微生物学通报》2020 年第 4 期。

⑦ 彭双阶、徐章韬：《大学数学课程思政的课堂教学实现》，《中国大学教学》2020 年第 12 期。

⑧ 蔡小春、刘英、顾希垚等：《工科研究生培养中"课程思政"教学路径的探索与实践》，《学位与研究生教育》2019 年第 10 期。

6. 课程思政评价体系构建

评价体系是实施课程思政的保障措施、衡量标准和反馈机制，研究主要集中于评价原则、机制、体系等维度。在原则方面，谭红岩等提出，研制课程思政评估指标体系应充分考虑教师的主体性、学生的体验性、贯穿全过程和发展性四个原则。[①] 陆道坤认为，课程思政评价原则应聚焦于学生思想政治素养的"增值"。[②] 在评价体系方面，汤苗苗和董美娟认为，高校课程思政考核评价制度缺失问题亟待解决，需要以科学合理的考核评价体系为主动力，不断完善高校课程思政建设。[③] 王岳喜在明确课程思政评价体系构成原则的基础上，认为可以从课程思政评价的主体、客体、指标和方法等方面提出构建要求。[④]

7. 高等农业院校课程思政研究

在中国知网数据库中，以"高校课程思政"＋"高等农业院校"为主题进行检索，共检索到相关文献 3 篇，主要是针对特定学科课程如何在教学中落实课程思政的具体研究。相关理论基本来自高校课程思政的一般研究，在实践中加入了研究者个人的视角，研究结果缺乏普遍指导性，这与近年来学术界和高校对课程思政重视程度不断加大的趋势极不相称。如何将课程思政育人理念贯穿到农林人才培养体系中，全面推进高等农业院校落实立德树人根本任务，发挥好每门课程的育人作用，还需要持续加大研究力度。

（二）国外课程思政开展

我国的国外课程思政研究主要集中于比较思想政治教育的前提性问题——"国外是否有思想政治教育"。比较思想政治教育认为，从概念和本质上说思想政治教育是"一定阶级、政党、社会群体遵循人们思想品德形

---

① 谭红岩、郭源源、王娟娟：《高校课程思政评估指标体系的构建与改进》，《教师教育研究》2020 年第 5 期。

② 陆道坤：《课程思政评价的设计与实施》，《思想理论教育》2021 年第 3 期。

③ 汤苗苗、董美娟：《高校课程思政建设存在的问题及对策》，《学校党建与思想教育》2020 年第 22 期。

④ 王岳喜：《论高校课程思政评价体系的构建》，《思想理论教育导刊》2020 年第 10 期。

成发展规律，用一定的思想观念、政治观点、道德规范对其成员施加有目的、有计划、有组织的影响，使他们形成符合一定社会、一定阶级所需要的思想品德的社会实践活动"①。各国占统治地位的阶级或集团也会将有利于其统治的意识形态灌输给社会成员，以教育培养合乎其社会性质和要求的公民，从而使他们在促进国家发展和维护社会稳定方面发挥作用。"诚然，他们不大使用'思想政治教育'的概念，但在公民教育、道德教育、情感教育、价值观教育、宗教教育等名目下，却从事了大量实质性的思想政治教育工作。"② 学者们通过名与实的考察，在回答了比较思想政治教育研究这一前提性问题之后，从爱国主义教育、公民意识培养、个人道德品质修养培育、价值观教育、政治教育、道德教育等多个视域出发展开研究。

在西方教育与德育的思辨过程中，古典德育教育理论形成了其历史发展谱系。苏格拉底认为，人类最重要的课程在于尽力优化灵魂，人所具有的正义、勇敢、节制等美德是由教育而来的。亚里士多德认为，道德出于习惯，主张通过反复实践使人养成中庸、公正、节制、勇敢等美德。中世纪时期，德育具有浓厚的宗教色彩，道德标准以压制人的个性为特征。文艺复兴时期人文主义教育家把德育从宗教教育中分离出来，要求尊重人性，崇尚民主科学。卢梭认为，理想国家教育的目标是培养忠诚的爱国者。劳伦斯·柯尔伯格（Lawrence Kohlberg）认为，教育者的主要任务就是帮助受教育者注意到真正的道德冲突并思考和发现解决冲突的恰当方法；价值观澄清学派则提倡在复杂的社会中，要创造条件帮助青少年澄清他们选择时依据的价值观。以托马斯里·考纳（Thomas Lickona）为代表的完善人格道德教育理论认为，完善人格包括道德认识、道德情感和道德行为三个方面，并据此提出了学校进行完善人格教育以及学校传授道德价值观的核心内容。约翰·杜威（John Dewey）依据人性的变动性，提出教育与道德的相互统一，主张道德即教育，德育的实施应通过学校生活和各科教学来进行。

---

① 张耀灿、郑永廷、吴潜涛等：《现代思想政治教育学》，人民出版社，2006，第50页。
② 苏崇德等主编《比较思想政治教育学》，高等教育出版社，1995，第12页。

现代西方"学以进德"的知识道德论理论进路亦表明，课堂教学不能囿于知识内容传授，要通过坚持合规律性与合目的性相统一、事实与价值相统一的原则，将课程知识背后的"智慧与德性"呈现出来。① 由此来看，其理论与课程思政所倡导的理念具有内在相通之处。欧美高校在课程教育实践过程中，以关爱、责任、包容等德性价值为引导，将知识教育与道德教育相结合，发挥专业课程道德教育功能，启发学生自主思考和反思社会伦理道德等问题，并在实践的过程中习得道德推理和道德判断的能力。与我国德育相比，尽管道德教育的具体内涵和实现方式是多元的，但德育要融入课程教学，在教学中实现对人的教化和德性修养提升的目的并无不同，这种发展历程也充分说明西方教育思想中道德教育与我国思政教育的内在一致性。

实践方面，主要就美国和日本进行简要介绍，阐明思想政治教育作为一项客观存在的教育实践，其存在形式的多样性，是普遍性与差异性存在的统一。既可以作为单独的教育实践活动组织开展，也可以在与其他实践活动的渗透融合中开展，进而消除思想政治教育只有中国才有的错误观念。

第一，美国的大学体系是在信奉福音主义的新教学院的基础上建立起来的，高等教育的传统与基础来源于尊奉新教教派精神的学院。在建立之初，学院课程设置中宗教类课程占据核心位置，知识教育和宗教教育、道德教育紧密结合在一起，成为上帝忠实信徒是教育的终极目的。尽管在世俗化过程中，宗教课程逐渐淡出学校课堂，并逐渐被实用性的课程代替，但美国大学所代表的理想及其在实践中做出的选择都来自强大而独特的新教精神。新教建制代表的理想、民主、仁爱、正义、革新、包容、兄弟情谊始终是大学教育传统。② 茱丽·A. 罗宾（Julie A. Reuben）系统研究了美国 19 世纪和 20世纪之交传统学院向现代大学转型时期的道德教育之后指出，知识观念的变化致使建立在宗教基础之上的传统道德教育遇到了挑战，美国教育界力图通

---

① 伍醒、顾建民：《"课程思政"理念的历史逻辑、制度诉求与行动路向》，《大学教育科学》2019 年第 3 期。

② 〔美〕乔治·M. 马斯登：《美国大学之魂》（第二版），徐弢、程悦、张离海译，北京大学出版社，2015，第 3 页。

过重新理解科学与宗教、提倡自由和坚持自由探究、重建宗教、以科学替代宗教、强调价值中立的科学、发展人文学科、建立新的管理制度和鼓励校园外活动等方法，进行大学的道德教育，维护大学知识教育与道德教育的统一。① 在这期间，课程设置上经历了宗教课程、科学课程、人文课程的变化，并分别承担了道德教育的主要职责，道德哲学在学院高年级开设直至被清除出课程表说明了这一变化。公共教育制度建立后，美国道德教育由宗教道德教育转变为国家主义的世俗化的道德教育，主要体现在开设了"美国政治史""美国宪法"等课程，灌输独立、平等与民主观念和爱国主义思想。冷战时期，美国的道德教育渗透了极端的意识形态倾向，反对共产主义成为其道德教育的核心。20 世纪 70 年代，针对反越战、反政府、道德滑坡等社会现象，美国成立了三个全国性品行教育促进会，制订道德教育培训计划，培养学生成为爱国尽责的公民。美国的道德教育的根本目标是让学生树立自由主义、个人主义的观念，成为符合美国社会发展需要的公民。

第二，日本道德教育具有鲜明的特色，学校是开展道德教育的主要场所，其重点在于道德品质的培育以及道德行为的构成。政府根据不同时期的需求，制定不同年龄学生的道德教育目标，并细化内容方案，统一执行。内容主要有个性教育、爱国主义教育、人生观教育、劳动教育、国际化教育。日本高校中设置的道德教育科目，重视各学科之间道德教育的渗透，并辅之以特别活动来强化教育效果。道德教育课程内容广泛、分门别类，以班级为单位开展教育活动。明治维新后，日本仿效法国设立道德教育修身课，为实现新的大一统服务，之后经历了极端军国主义道德教育思想和教育目标，教育的主旨是培养忠顺于天皇的臣民。二战后，在国内外和平民主力量的推动下，日本道德教育依次推进了开设社会科学以代替战前修身课、增开特设道德教育时间、确立道德教育首要地位、强调个性培养和道德教育方法的改革。② 21 世纪以来，日本道德教育展开了新一轮的改革，提出了"培养人性

---

① 〔美〕茱丽·A. 罗宾：《现代大学的形成》，尚九玉译校，贵州出版集团、贵州教育出版社，2006，第 2 页。

② 梁金霞、黄祖辉：《道德教育全球视域》，华南理工大学出版社，2007，第 95 页。

丰富的日本人"的道德教育方针，内涵包括培养学生自律、同情他人、热爱自然、对超越个人力量之物存有敬畏之情、尊重传统文化和社会规范、热爱乡土和国家的精神与态度等，致力于培养建设和发展民主社会和国家的人、为实现和平的国际社会做出贡献的人以及继承和发展传统文化尤其是努力培养丰富个性文化的人。大学阶段道德教育的重点是着眼于为大学生将来的生活和为人处世提供引导，并开展注重个人权利、自由、尊严的民主教育，以促进大学生的价值观、人生观的确立。在内容上，既注重共同价值观、特定文化价值、世俗道德内容、伦理道德原则和规范教育，又把道德教育推及人类生活的各个方面；既进行国家法纪和方针政策教育，也进行民主、和平、国际理解和协调及亲善教育；既进行自由、平等、人权、人的尊严等人道主义教育，也进行现代人的生活方式、消费方式、环境保护教育，反色情、反吸毒、反暴力、反艾滋病等方面的教育也被列入其中，内容无所不包，与生活紧密联系。[①]

（三）研究评述

1. 取得了一系列研究成果

主要表现在：立足课程思政的概念解读，对课程与思政的关系进行了新的界定，对课程思政蕴含的理念、功能、方法、价值、特点等领域进行了一定程度的把握和认识：课程思政是落实立德树人根本任务的必然要求，其注重价值塑造、知识传授和能力培养的统一；课程思政有利于推动隐性教育与显性教育的结合，增强课程育人实效；课程思政注重全员全过程全方位育人要素的配合；课程思政和思想政治理论课需协同发挥作用。研究主题涵盖课程思政的产生背景、内涵特征、价值追求等本体论维度；研究领域涉及普通高等院校、职业院校以及继续教育院校。实践维度上，涉及课程思政的运行、评价、反思以及与思政课的关系等，基本形成了课程思政的研究框架，丰富了高等院校思想政治教育的内涵和外延，推动了高等教育德育的改革创新。

---

① 　刘融斌、文武：《日本高校德育教育的特点及理性思考》，《理工高教研究》2004 年第 6 期。

2. 存在明显不足

不同路径下课程思政的理论发展在系统性、广泛性和理论深度方面皆有明显不足。无论是历史资源的挖掘、现实境况的批判还是指向未来发展的理论和机制建构都存在"游击单兵突袭"式的不足和欠缺。虽数量丰富，但有深度、成系统的研究成果较少，存在重复研究较多、研究泛化等现象，呈现繁荣与混乱并存的现状。一是缺乏系统性。现有研究缺乏整体上对课程思政发展规律的历史系统考察，对内在规定性和内部要素之间关系的把握不够全面，特别是缺乏有理论深度的系统梳理和把握，对课程思政与思想政治理论课之间内涵、特征、价值之间的关系没有进行分析，有模糊混同的嫌疑，也未能从知识和课程知识的角度深刻分析课程思政的必要性和学理性及其内涵和价值的生成逻辑。二是多元理论不足。鉴于课程思政的实践性，关于建设路径的研究较多，在课程思政的本体论研究方面，从教育哲学出发，立足教育本质和功能、知识转型、教育实践论等对其生成逻辑、支撑理论、价值内涵等的研究不够丰富深刻，缺乏对其逻辑起点和理论基础的全面分析梳理；也未从理论上讲清楚课程思政作为一种教育形态，其存在的普遍性和形式的多样性。同时，还存在研究成果与教育实践结合不够紧密的问题，也存在把课程思政当作思政课程的升级版、替代版的误解。

3. 高等农业院校课程思政研究明显不足

高等农业院校承担着为农业现代化和乡村振兴培养创新人才的时代重任。进入新时代，高等农业院校的培养目标和历史任务均发生了变化，据此，其办学定位、培养目标和教学体系等都被赋予了全新的内涵。学界对其课程思政的特殊内涵、本质特征、运行机制等尚未开展系统研究。理论的缺乏致使实践方面混同或照抄一般高校，存在"贴标签"和"两张皮"现象，亟须加强研究，填补相关空白，弥补相关不足。

五 研究的理论支撑

高等农业院校课程思政育人体系构建，基本理论依据是系统科学，将依据系统科学的一般理论、基本原则和要求，结合高等农业院校课程思政实践的基本方面构架育人体系。同时，以马克思主义为基本理论，借助高等教育基本理论、思想政治教育学原理、知识论、课程论、教学论、隐性教育、实践哲学等相关理论，在历史考察的基础上，探析高等教育理念及其发展历程、知识及课程知识的变迁、教育和课程知识与德育的关系等来阐明课程思政的逻辑起点，进而依据立德树人根本任务厘清课程思政育人体系的价值遵循。在理论分析的基础上，突出育人体系构建的整体性、协同性和目的性，使整个体系构建符合系统论的基本范畴和原理，并与课程思政的实践实际相一致，形成较为完备的运行整体。

（一）系统科学

"系统"一词来源于英文"system"的音译，指至少由两个或若干相互联系、相互作用、相互制约的要素组成的具有特定功能的有机整体。[①] 系统一般具有三个特性：一是多元性，系统是多样性的统一，差异性的统一；二是相关性，系统不存在孤立元素组分，所有元素或组分间相互依存、相互作用、相互制约；三是整体性，系统是由所有元素构成的复合统一整体。系统科学作为一门科学，学术界一般认为其直到 20 世纪 40 年代才初具雏形，以路德维希·V. 贝塔朗菲（Ludwig V. Bertalanffy）提出的"一般系统论"为标志。一般系统论是从各种系统的共同特征入手，研究系统普遍的结构和形式，寻求适用于一切系统的模式和规律。系统论将世界视为系统与系统的集合，认为世界的复杂性在于系统的复杂性，研究世界的任何部分，就是研究相应系统及其与环境的关系，它将研究和处理对象作为一个系统（整体）来对待。系统论不仅是反映客观规律的科学理论，也是科学研究思想方法的理论。系统论的任务不只是认识系统的特点和规律，反映系统的层次、结构、演化，更主要的是调整系统结构、协调各要素关系，使系统达到优化的目的。系统论的基本思想、基本理论及特点，反映了现代科学整体化和综合

---

① 沈禄赓：《系统科学概要》，北京广播学院出版社，2000，第 3 页。

化的发展趋势，为解决现代社会中政治、经济、科学、文化和军事等各种复杂问题提供了方法论基础。20 世纪 60 年代，系统科学的学科群逐步建立起来，系统论、控制论、信息论、运筹学等学科体系的建立和完善成为系统科学的主力军。70 年代以来，系统科学迅猛发展，新兴的耗散结构论、突变论、协同学逐渐成为系统科学的生力军，学术界称为"新三论"。进入 21 世纪，系统科学的发展势头不减，已经发展成为一门综合性的横断科学，并且不断与自然科学、社会科学、思维科学等科学交叉融合，形成新的交叉学科。

胡德海在《教育学原理》关于"教育科学研究的基本方法"中把系统科学作为一种主要研究方法进行推荐，并指出："为了提高教育学研究的水平，有必要吸收横断科学的通用性方法和原理。"[1] 同时指出，教育学的根本目的是通过对教育的整体研究，探索实现教育有序化的优化途径；教育学研究对象本身具有的横跨性特征使系统科学的基本思想和方法具有较强的适切性。

用系统的观点考察事物，包含两个层面：一是内向描述，确定对象系统的组成要素及结构方式，并划分不同的层次；二是外向描述，把研究对象作为更大系统的组成部分，考察对象与环境中其他系统的关系，确定它在环境大系统中的位置。一般来讲，系统分析主要包含如下几点。（1）系统要素。要素是系统的组成部分，指系统必不可少且不宜再做分解的部分，用以确定系统的边界和边界内的成员，要素的性质和行为影响着系统的性质和行为，系统与要素在一定条件下是可以相互转化的。在特定系统中，要素具有一定的功能，一个要素对系统产生的影响依赖其他要素的相互作用，系统要素的确认是用系统论的观点研究客观事物的基础性工作。（2）系统特征。指对系统组合体共同具有的基本特征的分析，是一个系统与其他系统一种规定性的区别，系统的特征往往来源于系统的结构方式。（3）系统结构功能。系统结构指系统要素间的组合方式，系统结构决定系统的性质、功能和目标，

---

① 胡德海：《教育学原理》，人民教育出版社，2013，第 127 页。

结构化是系统得以存在的基本形式。（4）系统与环境。系统之外并且影响系统存在与演化的各种集合体称为系统的环境，环境是系统能够存在的客观依据，系统只有不断地与环境进行能量、物质和信息的交换，才能维持自己的生存。系统与环境的交互响应有两种表现，一是系统对未能预料的事件的特定响应，二是对能预料事件发生后的计划响应。（5）系统目标。系统具有目标体系，目标是系统的出发点和归宿。系统的目标设定，其一来源于系统发展的内在逻辑，这一因素不以人的意志为转移；其二来源于系统环境的要求，在环境的压力之下，作为系统主体的人会发挥主观能动性，根据社会需要赋予新的功能、设定新的目标等。对于社会系统而言，目标总是随着时间、空间和条件的变化而调整，系统的目标主要通过功能来体现。

现在普遍意义上起指导作用的系统科学原理有整体性原理、有序性原理、反馈性原理、目的性原理和自组织原理等。[①] 整体和部分具有相对性，是因为系统具有层次性，层次序列的一般理论显然是一般系统论的主要支柱。[②] 系统的有序性和开放性相关联，贝塔朗菲认为开放性是系统发生有序演化的必要条件，系统内部非线性的相关作用是系统有序之源，系统不断地与外界发生各种联系，敞开输入和输出的通道，系统才能成为活的组织，这是有序原理的真谛；反馈性原理指在系统的边界内存在反馈回路，它是系统的基本结构单元，决定了系统的动态行为，任何系统只有通过反馈回路，才能进行有效控制。按输出对输入的影响，反馈可以分为两类：输出返回到输入端后，能使输入加强的为正反馈——它使系统与目标状态间的距离增加；使输入减弱的为负反馈——它使系统与目标整体趋于吻合，能够维持系统的稳定。在不同的时期，正反馈和负反馈都有存在的必要。目的性原理的核心在于任何开放的系统都具有目的性，系统在与环境的相互作用中，在一定的范围内其发展变化不受或少受条件变化或途径经历的影响，表现出某种趋向预先确定的状态的特性。贝塔朗菲认为，真正的果决性或有目的性是存在

---

① 安文铸：《教育科学与系统科学》，吉林教育出版社，1990，第56页。
② 〔美〕冯·贝塔朗菲：《一般系统论：基础、发展和应用》，林康义、魏宏森等译，清华大学出版社，1987，第25页。

的，这就是目标的预见决定实际的行为。[1] 系统的自组织原理是协同学的中心课题，协同论认为系统内部各要素之间的协同是自组织过程的基础，进而得出系统内部大量子系统的协同效应是形成系统整体性的重要因素。各子系统在相互协作的关系下产生协同作用和整体效应，驱动子系统按照某种规则进行排列，使系统从各子系统间简单无序的堆积转变为有序聚集的组合，在协同作用下推动系统发生质变并达到稳定状态，形成具有新功能的有机整体。

（二）隐性教育理论

1. 缄默知识与隐性教育

1958 年，迈克尔·波兰尼（Michael Polanyi）在其演讲中首次提出缄默知识的概念。波兰尼指出，知识犹如一座冰山，水面以上的是显性知识，水面以下的部分则是缄默知识。显性知识是人们通过明确的推理过程获得的，因此也能够通过理性过程加以反思和批判；而缄默知识则是人们通过身体的感官或理性的直觉获得的，因此不能通过理性过程加以批判和反思。波兰尼认为，虽然缄默知识难以反思，但它是非常重要的一种知识类型，它事实上支配着人活动的整个过程，是人们获得显性知识的"向导"，为人的活动提供最终的解释性框架和知识信念。所有的显性知识都根植于缄默知识，其增长、应用和理解都依赖缄默知识，如科学信念、科学精神、科学态度、科学经验和科研技巧等。缄默知识具有非逻辑性、非公共性和非批判性等特征。[2]

20 世纪 70 年代，国际教育界开始探讨隐性课程，带动了隐性德育课程研究。由于学校思想政治教育在外延上与德育等同，所以，学校隐性德育课程实质上就是隐性思想政治教育课程，这种转换从内容上拓展了德育课程的研究视野，强化了对情感、态度、意义的传递和引导。虽然隐性教育的理论

---

[1] 魏宏森、曾国屏：《系统论——系统科学哲学》，清华大学出版社，1995，第 234 页。

[2] Polanyi, M., *The Study of Man: The Lindsay Memorial Lectures 1958* (London: Routledge, 2013), 12.

产生于 20 世纪，但是隐性教育的思想在中西方古代、近代教育中时隐时现。如中国古代的身教示范、以乐化民、熏陶教育、笃行隆礼的教育思想，近代的以情化德、生活育德等。西方从古希腊开始就认为道德、教育、政治都是为了生活，主张知识就是美德，亚里士多德就把教育、伦理学和政治学归为实践的学问。中世纪宗教和教育的全面嫁接，奠定了西方通过宗教开展道德教育的历史传统。扬·A. 夸美纽斯（Jan A. Komenský）的自然主义教育观、卢梭的教育优良环境说、约翰尼斯·H. 裴斯泰洛齐（Johan H. Pestalozzi）的德性教育生活化、杜威的教育即生活等从不同侧面反映了缄默知识的作用，蕴含了丰富的隐性德育思想。

2. 内隐学习

内隐学习是认知心理学研究中的一个重要领域，由美国心理学家亚瑟·罗博（Arthur Reber）1965 年提出，指"无意识地获得刺激环境中的复杂知识的过程"①，这一过程的特征是个体的无意识。罗博把学习分为内隐学习和外显学习两类，在内隐学习中，学习者对学习过程缺乏明确意识，表现出自动性、模糊性；而在外显学习中，学习者对学习有明确意识，学习过程具有可控制性和清晰性。综合学者的研究，内隐学习大概有自动性、抽象性、理解性、抗干扰性等特征。自动性指内隐学习中知识自动地产生，无须有意识地去发现任务操作中的外显规则；抽象性指内隐学习可以抽象出事物的本质属性，所获得的知识不依赖刺激的表面物理形式，具有强迁移能力；理解性是在内隐学习中缄默知识可以部分为学习者所意识到；所谓抗干扰性指内隐学习不容易受到机能障碍和机能失调及年龄和智商的影响。国内学者杨志良提出内隐学习具有高选择力、高潜力、高效性。内隐学习研究表明，学习不仅可以在自主意识的调节支配下进行，也可以在无意识状态下潜移默化地进行，该系统自动触发并运行，无须主观努力。如传统语文教育中的"咏诵""书读百遍，其义自见"等都与内隐学习有较强的关联。总体来说，内隐学习在提高学生的审美素养、道德情操、人文修养等方面具有重要的指导意义。

---

① 转引自郭秀艳《内隐学习和缄默知识》，《教育研究》2003 年第 12 期。

六　研究思路与方法

（一）研究内容与思路

高等农业院校课程思政育人体系构建主要包括六个方面：一是高等农业院校课程思政理论的历史分析与文献梳理研究，在此基础上，综合分析课程思政的逻辑起点或理论基础，阐明课程思政是传统教育理念在新时代的回归；二是理论依据和政策分析，围绕高等教育贯彻落实党的教育方针和立德树人根本任务，研究确立高等农业院校课程思政应遵循的价值来源，建立课程思政育人体系的基本价值遵循；三是结合高等农业院校课程思政育人体系的结构功能，分析高等农业院校课程思政育人体系的基本特征；四是从高等农业院校课程思政育人体系的主导要素出发，研究其组织领导与运行控制；五是围绕高等农业院校课程思政目标体系，分析确立课程思政的内容体系；六是围绕高等农业院校课程思政的顺利实施，构建支撑保障体系和评价体系。具体研究思路如下。

第一，对高等教育的本质、目的、属性、课程等进行历史考察，分析其与德育的关系。同时，在对中西方高等教育与德育、知识及课程知识与德育关系考察的基础上，结合知识论、教学论、隐性教育等理论，通过文献研究和逻辑分析，进一步论证知识以及进入课程的知识具有的思想政治教育性质和作用，通过综合分析得出，课程思政是传统高等教育思想在新时代的回归，是高等教育本质的体现，从而明晰高等农业院校课程思政的理论基础，阐明课程思政在新时代的重要意义和基本内涵，为课程思政育人体系构建奠定理论基础。

第二，在理论基础探析的基础上，围绕贯彻落实新时代党的教育方针和立德树人根本任务，结合高校课程思政的理论依据和政策指导，分析高等农业院校课程思政育人体系的价值来源，确立育人体系应遵循的基本价值。

第三，对育人体系的结构方式、功能特征进行分析，确定高等农业院校课程思政育人体系与其他系统的规定性区别，厘清该体系的主要特征。

第四，分析高等农业院校课程思政育人体系各要素之间的相互关系及结构功能，厘清系统与要素、要素与要素之间相互协调运行的功能关系，探析系统的目标指向、依据目标，形成各要素之间功能的协调统一。依据育人体系的价值遵循，分析高等农业院校课程思政育人体系的组成要素，厘清各要素之间相互作用、相互依存和相互制约的关系，分析高等农业院校课程思政育人体系的要素构成。结合高等农业院校实际，从组织领导与运行控制、内容体系、支撑保障、评价体系及激励机制等方面构建其运行机制，分别指向育人体系的主导要素、内容要素、保障要素和评价要素，从而形成完整的课程思政育人体系。

（二）研究方法

本书从高等农业院校课程思政逻辑起点出发，根据课程思政实践需求，遵循理论和实践相结合的原则，主要运用比较研究法、文献研究法、多学科交叉研究方法、系统论方法开展研究。

1. 比较研究法

比较研究法主要通过对不同国家和地区在不同时空下高等教育在发展过程中的异同进行比较分析，用以总结高等教育发展规律的研究方法，关注点在不同国家和地区高等教育发展的特殊性和共同性。本书在对课程思政教育理念的逻辑起点和理论基础的研究中，将采取比较研究的方法，通过对中西方高等教育、德育、课程及课程知识的对比分析梳理中西方高等教育发展历程中的课程思政教育思想，在对比中逐步厘清课程思政在中西方高等教育中的实践历程。研究在不同文化背景和高等教育哲学视角下课程思政的基本经验，通过比较发现不同经验之间的差异，坚持扎根中国大地办教育的基本原则，提出高等农业院校课程思政的理论基础，进而分析得出课程思政不是教学论、课程论或教学方法，而是传统教育理念初心在新时代的回归。

2. 文献研究法

课程思政作为新兴的研究课题，目前学术界关于高等农业院校课程思政建设的相关著述非常少，研究所能收集到的文献资料大多来自一些期刊论文。由于处于研究的初级阶段，尚未形成统一的或学界公认的理论，研究相对较

为困难。相关研究将全面梳理党和国家关于高等农业院校的政策法规、马克思主义中国化的最新理论成果，结合关于高校课程思政的一般文献以及国家关于课程思政的政策文件、相关农业院校开展课程思政的制度、项目、人才培养方案等，探索形成关于农业院校课程思政的理论基础，并在此基础上进一步分析其要素、特征、目标、结构及系统要素与外部环境的关系。

3. 多学科交叉研究方法

课程思政育人体系建设研究是一个跨学科、综合性的理论与实践。课程思政的核心在于挖掘不同学科和专业课程的思想政治教育资源，是促进"大思政"格局形成的重要举措。因此，构建我国高等农业院校课程思政育人体系，马克思主义的科学理论与方法是基础，以其他相关学科的理论成果与研究方法为参照借鉴进行综合分析，是本书的研究方法之一。根据研究需要，本书运用哲学、高等教育学、思想政治教育学、心理学、社会学、管理学等多学科理论，全面阐释课程思政育人理念，构建课程思政育人体系。

4. 系统论方法

系统论方法的核心要义在于将研究对象置于系统的框架之中，运用整体、联系的观点，全面、精准地探究其内部诸要素之间、要素与系统之间、系统与环境之间的关系，从而准确地把握内在关联性与外在规律性，进而实现对其的有效把控与最大优化。本书将系统论方法作为研究的方法之一，就是将我国高等农业院校课程思政育人体系建设作为一个系统来进行全面研究，综合阐述当前我国高等农业院校课程思政育人体系构建达成立德树人根本任务的要素特征，体现出体系构建的开放性、动态性、稳定性和实践性，从而形成对高等农业院校课程思政育人体系的系统化构建。

第一章

课程思政教育理念考察

课程思政是落实立德树人根本任务，挖掘利用课程的思想政治教育元素，发挥各类课程育人功能，在教育活动中实现知识传授、能力培养和价值塑造相统一的教育理念。新时代课程思政的提出和具体实践，是对教育要回归本质、回归初心的现实回应。因此，对课程思政的考察便是一个追根溯源的过程，探究教育和高等教育以及大学何为及其发展历程，分析课程及课程知识的教育性，厘清德育与教育、德育与课程知识的关系，为新时代课程思政实践筑牢理论基础，便成为守正创新的前提。"高等教育的界限埋嵌在历史发展中"①，对高等教育、教育与德育的关系、知识与课程知识、课程与德育的关系，做一次溯源性的重新考察和分析，重温隐藏在历史中的教育思想，体会其本来的面目和现实的温度，唤醒人类在高等教育领域的部分经验和记忆，无疑对整个高等教育是必要且有益的。因为，现在的问题总是与过去有着千丝万缕的联系，缺失历史就是丧失记忆，把当前的问题看作一种孤立的现象，无视过去努力的经验，是没有办法全面理解现在的。"进步取决于问题解决过程中经验的不断改进，它不是来自于孤立的或短暂的事件或时尚，而是来自于朝着一种建设性方向的前进。历史应该提供我们一种超越时间的前进意识和一种决定与挫折为伍的进步

① 〔美〕约翰·S. 布鲁贝克：《高等教育哲学》（第 3 版），王承绪、郑继伟、张维平等译，浙江教育出版社，2002，第 11 页。

的本质、方向和程度的视角。简言之，历史提供的那种视角应使我们获得一种未来的愿景。"①

一 历史中的高等教育与德育

（一）高等教育的概念

高等教育是一个历史的、动态的、相对的、丰富的名词，文件法规及学术界均对高等教育的概念进行过界定。高等教育是建立在普通教育之上的专业教育。它随着资本主义经济萌芽与发展，随着近代科学产生与发展，而在教育领域中，它首先是在学校教育中逐渐形成的历史概念。② 联合国教科文组织在 1962 年非洲举行的关于高等教育的国际会议上将高等教育定义为：高等教育是由大学、文理学院、理工学院、师范学院等机构实施的各种类型（学术型、专业型、技术型、艺术型、示范型等）的教育。1993 年，联合国教科文组织在第 27 次大会上把高等教育定义为："高等教育包括由大学或国家标准为高等教育机构的其他高等学校实施的中学后层次的各种类型的学习、培训或研究培训。"③《辞海》将高等教育界定为："中等教育阶段以上的专业教育。"2018 年修订的《中华人民共和国高等教育法》第二条第二款规定："本法所称高等教育，是指在完成高级中等教育基础上实施的教育。"

国内学者对高等教育的理解比较典型的"高等教育是建立在普通教育基础上的专业教育，以培养专门人才为目标，一般全日制大学本科生的年龄是 20 岁左右的青年，他们的身心发展已趋成熟"④ 和"高等教育是在完全

---

① 〔美〕丹尼尔·坦纳、劳雷尔·坦纳：《学校课程史》，崔允漷等译，教育科学出版社，2006，第 3 页。

② 潘懋元：《高等教育学》（下），人民教育出版社，1985，第 246 页。

③ 国家教育发展研究中心：《2000 年中国教育绿皮书》，教育科学出版社，2000，第 144 页。

④ 潘懋元：《新编高等教育学》，北京师范大学出版社，1996，第 5~6 页。

的中等教育基础上进行的专业教育，是培养各类高级专门人才的社会活动"① 从高等教育的学制系统地位、教育性质和职能方面进行了界定。"高等教育是完全中等教育后的专业教育"②，对高等教育培养人才的职能进行了强调。"高等教育是在完全中等教育基础上进行的各种学术性、专业性教育，具体来说，第一，中等教育毕业水平起点是衡量是否属于高等教育的基本尺度。第二，只要是在中等教育毕业水平之上的学术性、专业性教育，无论其形式如何，都属于高等教育的概念范畴。第三，高等教育不仅是一种专业教育，还是一种学术教育"③，对高等教育的性质做了学术性与专业性的区分。"高等教育是在完全的中等教育基础上进行的，培养学术性或职业性的各类高级专门人才的专业教育活动的总称"④，从基础、地位和性质等方面进行揭示。涂又光认为高等教育是完全中等教育之后的终身教育，并创造性地认为中国的高等教育是从 15 岁开始的终身教育。⑤ 这一认识来源于对中国古代高等教育的历史考察，当然 15 岁的起点仅限于中国古代，但终身教育的观点值得尊重。也有学者认为在学校教育制度中，"高等教育与大学教育或高等学校教育可以说是同义语，大学或高等学校的唯一活动就是教育活动（或人才培养活动）"⑥。

学术界关于高等教育的概念界定因视角和理论基础不同而莫衷一是，凸显了复杂的概念结构或理论旨趣，也反映了高等教育自身的不断发展变革，其内涵不断丰富、职能和性质不断变化的进程。美国和日本一般把中学后的教育归结为高等教育，而欧洲则往往更为严格，仅把大学教育称为高等教育，中学毕业以后的专业技能教育则被排除在外。综合分析，对高等教育两

① 谢安邦：《高等教育学》，高等教育出版社，2002，第 5 页。
② 薛天祥：《高等教育学》，广西师范大学出版社，2001，第 56 页。
③ 胡建华、周川、陈列等：《高等教育学新论》，江苏教育出版社，2006，第 5~6 页。
④ 张忠华：《高等教育专题新论》，光明日报出版社，2013，第 41 页。
⑤ 自 15 岁开始的终身教育，源自《论语·为政》之"吾十有五而志于学"。涂又光认为自 15 岁开始的教育能够完整地展现一个人接受高等教育的全过程，是一个逐步提升精神境界的过程，不谈毕业死而后已。
⑥ 杨德广、谢安邦主编《高等教育学》，高等教育出版社，2009，第 56 页。

个显著特征的认识是基本统一的，一是高等教育的实施起点为完全中等教育之后，二是高等教育的基本特征是专业化，满足两个条件的教育方称为高等教育。"高等"反映其是完全中等教育之后，体现其在教育体系中的层次性，也暗含高深学问之意；"专门教育"区别于普通教育的共同文化教育，体现其专门化和较强的职业教育特性。

教育是人类持续改善自身生存状况的一种努力，把高等教育理解为大学阶段的专业教育，割裂了除去高等教育专门机构在一定时间段内实施的集中教育之外的其他教育类型，固化了高等教育的时间，窄化了高等教育的范畴，这与终身教育的理念相悖，也不符合高等教育活动的实践状况。本书所采用的高等教育概念在前述两个特征的基础上，进一步增加受教育者在高等教育机构就学的机会，包括大学、学院、专科学校等国家认可或批准的专门教育机构。这样界定，一为研究内容所限，二为高等学校教育是受教育者高等教育的起始阶段，对教育者和受教育者均有重要的启蒙和基础意义，影响深远，所以只把关注点集中于高等学校教育阶段，后续教育或其他专门机构开展的研究不纳入研究视野，便于就学校高等教育及其中的课程思政开展研究。

（二）高等教育的基本追求

高等教育的滥觞总是与高等教育机构相联系。《礼记·学记》记载："古之教者，家有塾，党有庠，术有序，国有学。"或《孟子》所载："设庠、序、学、校以教之。庠者，养也；校者，教也；序者，射也。夏曰校，殷曰序，周曰庠，学则三代共之。"可见塾、庠、序、校等属于初级教育，而"学"则指大学。大学又有瞽宗、辟雍、泮宫等称谓。我国见于史书的最早的高等教育机构较多，而从学校教育制度的角度，则为春秋战国时期的"私学"，孔子是见于信史的伟大的教育开创者和实践者。汉朝有官办的"太学"，"太学"是汉武帝以后历代王朝设置的主要高等教育机构。之后官学和私学并举，官学在隋唐勃兴并形成科举制度，使儒家主导的传统德育与社会政治紧密联系的运行机制基本成形。私学在宋朝达到巅峰，朱熹将晚唐出现、宋代兴盛的书院理论制度化。宋之后私学日渐式微,明清两朝官学始终占据高等教育的主阵地。中国古代高等教育的办学目的和宗旨集中在《大学》开篇:"大学之道,在明明德,在亲民,在止于至善。"《礼记》指出:"建国君民,教学为先","欲化民成俗,其必由学乎。"《中庸》开篇"天命之谓性,率性之谓道,修道之谓教"既指出了教育的重要性,又强调了道德教育对人性的主导和教育对人发展的重要性。重视教育的政治功能和德育是儒家教育思想的一大特征,是谓"学而优则仕"。"明明德"为修身,指的是造就健全的人格和高尚的精神境界,乃大学的本体;"亲民"是修身明德的路径方法,朱熹改注为"新民",意为其命维新,更多地指向大学的功能;"止于至善"指通过教育学习追求至善至真,是大学的目的所在。朱熹亦指出:"明明德""新民""止于至善"是大学的"三纲领"。所谓"三纲领",就是树大德行、育新人、做大学问,简化了《大学》之意蕴,更接近现代大学的称谓。古往今来,虽然中国大学之结构功能不断变化,但是"三纲领"所讲之"树大德行""做大学问"一脉相承,概莫能外。19 世纪末,为救亡图存,西方大学教育制度被引入中国,因救亡图存之迫切,科学和科学技术成为高等教育教学的重心,科学主义和功利主义占据高等教育的主导地位,"三纲领"被弱化,高等教育进入科学主义时代,这一进程极大地影响了我国高等教育的后续发展。后继的变化过程也说明,高等教育必须在继承传统的基础上,扎根本土而开拓创新,若全盘引进则水土不服,造成对传统高等教育规律和初心的抛却,甚至遗留厚此薄彼或非西方不高等教育的偏颇。

一般认为,西方高等教育萌芽于古希腊诗人和哲学家传授自己学说和理论的毕达哥拉斯学派和智者学派时期,而柏拉图创建的阿卡德米学园及其开展的教学则被认为是西方高等教育产生的源头。柏拉图要求所有进入阿卡德米学园学习的人必须接受过一定程度的教育,办学目的主要在于培养政治家,也就是治理国家的哲学王,教育的最终目的在于掌握绝对真理,判断教育活动成功与否的标准在于受教育者是否获得了真理。柏拉图将培养未来哲学王的教育过程划分为幼儿教育、初等教育、中等教育和高等教育四个阶段，20岁以后为高等教育阶段。高等教育之前各阶段教育的主要目的，是训练思维而不是掌握具体实用的知识，特别是提升思维的速度、反应能力以及记忆能力并发展思维器官，发现不同学科知识之间的内在联系，为学习高深学问打牢基础。进入高等教育阶段，学生需要用10年的时间学习当时的各种高级学问，主要是哲学教育，获得最高的"善的真理"①。柏拉图之后有亚里士多德的吕克昂学园，在柏拉图的基础之上进一步对学科知识进行分类，并用实验方法探索知识、开展教育，至此，实验方法进入高等教育领域，成为发现知识、获取真理的主要方法。

东西方高等教育的起始都被赋予双重目的，既为培养完善的人性服务，又服务于统治阶级的社会治理。不同的是中国古代的教育目标有孔子的养成具有"仁"的君子或全面修养的"成人"，也有孟子的"尽性"或发展本性，于己为存心立命，于公为亲和仁民；在个人方面是"克己复礼"，"克己"是特殊，"复礼"是普遍，"克己复礼"体现普遍高于特殊的原则，表明教育的两重性目标是重合的，教育首先要求个人修身养性，然后逻辑地服务于国家。同理，亚里士多德认为，教育是政治的有机组成部分，国家的目的就是教育的目的，但这不是教育的最高目的，教育的最高目的在于发展人的理性。因为人是政治的动物，人所具有的理性是灵魂中最高贵和神圣的，作为人的教育也应该以发展人的理性为根本目的。柏拉图和亚里士多德还提出，为发展理性教育，需具备闲暇和自由学科两个基本条件，从而奠定了西方自由教育的传统。这一点区别于我国古代高等教育。从教育对象上看，我国古代高等教育的独特意义在于"有教无类"，西方则属于精英教育，教育对象不包括奴隶。从教育方法上看，我国古代高等教育坚持特殊性高于普遍性，实施"因材施教"，而西方则有实验的教学方法和自由教育的传统，二者各有所长。在哲学方面，我国古代从一开始就确立了"天人合一"的重要命题，"天命之谓性，率性之谓道，修道之谓教"，梳理了天命与性、性与道、道与教的逻辑关系。董仲舒进一步提出"天人合一"思想，认为天

---

① 黄福涛：《外国高等教育史》，上海教育出版社，2003，第18页。

和人是相通的，天人均有阴阳，互相影响和感应，这一思想为和谐观、生态理念和天下大同等思想奠定了根基。在个人和社会的关系上，我国古代坚持个人服从集体，为集体主义的团结和凝聚力提供了理论和实践的基础。西方则追求客观世界的理性"善"、"真"和"逻各斯"，在剥离神秘主义色彩的同时，又为神秘主义留下了巨大的空间，导致中世纪基督教一统天下。为去除神秘主义，文艺复兴高举人文主义的大旗复兴了古希腊的理性主义，而宗教改革则用革命的方式为神秘主义祛魅。实证主义兴起后，科学知识和方法成为真理的代表，在人本主义哲学和实证主义的双重裹挟下，教育逐渐远离想象和诗意的生活世界被工具化，功利主义全面入侵高等教育，自然成为人类改造的场所，坚信人类可以从头安排河山，最终走向了现代工业文明与自然环境的全面对立。

进入 20 世纪，进步主义和实用主义教育流派的产生开了西方个人主义教育的先河，要素主义和永恒主义体现了对传统教育思想和形式的复归。六七十年代的存在主义思潮则对传统教育思想进行了再否定，驱动了以人本主义心理学为基础的人本主义教育思想的盛行，强调教育对人的价值、尊严、潜能、个性的塑造，主张教育应培养整体性的、自我实现的、具有创造性的人，把课程的重点从教材转向个人。从教育的目的来看，经历了理性—经验—理性—精神的发展过程。[①] 自由主义主张，教育尤其是大学教育应该注重培养人的理性、智慧和心灵，不应该被国家的现实发展左右，遵循了西方自由主义高等教育的传统。实用主义则摆脱理性传统，从个人主义出发，以个体的生长为主线，确立了经验在教育中的地位，强调教育在社会改良中的积极作用。要素主义又部分地恢复了理性教育传统，重新肯定了人类知识和文化中的共同要素，系统的知识和学科教育又受到重视，尤其重视教育与国家、民族发展的密切关系。与要素主义处在同一时代的永恒主义，则从另一方面张扬了理性传统，进一步强调了理智发展的重要性。但是存在主义流派

①　潘懋元主编《现代高等教育思想的演变——从 20 世纪至 21 世纪初期》，广东高等教育出版社，2008，第 13 页。

的盛行又带来了对理性传统的再反思，把人的精神和灵魂发展作为教育的主要目的，是继实用主义后个人主义在教育中的再次张扬。

总体来讲，在高等教育的追求上，东西方都围绕个人成长和社会发展来开展，区别在两者的关系是显性的还是隐性的或者是紧密的还是疏远的。教育对个人的成长和发展不仅在于知识的增长，还包括德性的培养和人性的完善等诸多方面，对社会的作用则更多地表征为个人发展的直接或间接后果。只不过，我国古代教育在指导思想和哲学理论基础上更稳定持久，教育与个人德性发展和政治社会的需求始终紧密结合，西方则经历了多种哲学理论的更迭，个人和社会之间的关系有疏有密，对教育与个人德性的关系也表现出不同的认识，但始终未能走出教育的两重目标。从教育发展的角度讲，中西方教育思想都曾为人类文明进步贡献了巨大力量，认为我国古代没有高等教育、没有大学、没有科学和科学思维，谈到高等教育和大学，言必称西方都是偏执的。认为只有中国有思想政治教育，西方则没有思想政治教育和德育课程，鼓吹唯西方教育思想和大学的，是对西方高等教育历史和现状的误解。我国古代社会为世界贡献了四大发明，西方则贡献了现代意义上的大学，哲学思维不同则教育路径不同，但在人类宏大叙事的背景下，都将殊途同归，共同指向在宇宙中孤独存在的人类对当下和未来的美好憧憬及不懈努力。

在高等教育领域，我们需要克服的不仅仅是对历史和自身认识的偏见，还有现代化以来对西方文化霸权的误解。高等教育是人类维持自身存续并追求高质量发展的实践活动，既有对事实的尊重，又包含对现实的超越，是事实和价值的统一。教育实践活动开始于具体的个体，追求对个体存在意义的完善和阐释，归结于人类整体存在的接续发展。个体的存在和发展总是要处于一定的规范治理之下，对规范治理的孜孜以求带来的是不同的社会治理方式和制度安排，之所以不同是因为历史发展境遇以及文化带来的多元化，苛求或非此即彼是对德性内涵的误解，不能从理论和事实上说明自身的先进性和优越性。高等教育亦如此，对个体完善和社会发展的追求是问题的一体两面，在不同的历史阶段和文化氛围下，存在厚此薄彼或非此即彼的短暂现象，但不能就此说明高等教育孰优孰劣，这些都是历史长河中的浪花。把高等教育创新发展的根须深深地扎在自身传统文化中，广泛吸收世界高等教育发展的优秀文化，不仅是可取的，还是实现创新发展的主要方法。

（三）高等教育的根本属性

高等教育的属性必须归结到文化领域，文化是高等教育的本质归属所在。[①] 我国学术界按照经典马克思主义理论把教育的本质归结为上层建筑的说法，原因即在此。涂又光认为，教育本身是一类文化活动，目的在于完全地发展人性。[②] 胡德海指出，教育活动就是由教育者和受教育者两个方面组成，并以文化为内容、以语言为手段所进行的一种文化交流和传承活动。[③] 将教育归于文化领域，是因为人类社会的生存发展是文化的发展，文化是人类社会的基因，人类社会因文化的创造传承而延续发展，而教育是文化传承发展的基本形式和手段，亦是文化创新发展的基础与前提，二者相互依存并互为支撑。这也是我国将"文化传承与创新"作为高校新职能的主要依据。文化包括人文文化和科学文化，人文文化具有意义深刻的价值理性，科学文化具有鲜明的工具理性，无工具理性则文明停滞、丧失进步的源泉动力；无价值理性则文明大厦失去根基、丧失方向濒临崩溃。从文化的双重属性分析，价值理性居于主导地位，是教育的本质属性，统率文化的工具理性和教育的工具理性。"志于道，据于德，依于仁，游于艺"（《论语·述而》）及"才者，德之资也；德者，才之帅也"（《资治通鉴》卷一《周纪》），既说明了文化工具理性和价值理性的统一，又体现了价值理性的主导地位。我国古代有"义"和"利"以及"道"和"艺"之辨，西方则有形而上学和实证主义之争。我国古代教育哲学思想的稳定性，保证了争论的可控性和改良的温和性，而西方主导思想的多重更迭则导致了其曲折反复甚至灾难性的结果。最惨烈的剧情出现在法学领域，自然法在实证主义兴起后被弃如敝屣，拒绝道德和价值判断的实证主义法学，成为纳粹统治的工具，并在第二

① 〔英〕罗纳德·巴尼特：《高等教育理念》，蓝劲松主译，北京大学出版社，2012，第5页。
② 涂又光：《中国高等教育史论》（第三版），华中科技大学出版社，2014，第1、75页。
③ 胡德海：《教育学原理》，人民教育出版社，2013，第302页。

次世界大战后的纽伦堡审判中，成为无源之水和无本之木，致使西方文明和现代化进入激烈的祛魅阶段，科学主义和实证主义因缺乏对人类整体发展的关怀遭到反思，价值理性重回思想界。

在总结世界高等教育发展史的基础上，涂又光提出我国高等教育发展的三个阶段："人文—科学—人文·科学"，并进一步论证了我国高等教育的发展历程与此结论的匹配度。我国高等教育发展的三个阶段是：从黄帝经以孔子、董仲舒为代表到以朱熹为代表延续至晚清的"人文阶段"；以蔡元培为代表的仿照西方办大学的"科学阶段"；20世纪70年代末以重视兴办人文学科为起点逐渐进入"人文·科学"阶段。这三个发展阶段同样与西方高等教育发展历程相匹配，从古希腊到文艺复兴为"人文阶段"，大致自柏拉图至中世纪后期，人文知识是教育的重心，知识与德性存在内在的联系，并形成了古典自由教育的基本特征，该阶段基本对应西方哲学的形而上学阶段。"科学阶段"则伴随经验主义和逻辑实证主义的兴起而成为主流，发端于培根，建基于孔德，科学知识（自然知识）因其与技术的结合在概念和技术的双重意义上迸发出惊人的力量，成为推动人类社会发展的核心力量，随即取代人文学科成为"学科女王"，人文学科的合法性被迅疾瓦解，最终被驱逐到高等教育学科的边缘。随之而来有两个重要的后果：一是知识的专门化迅速升级并越来越重要；二是认识论与伦理之间的关系被彻底抛弃。19世纪末20世纪初，西方高等教育进入"人文·科学"阶段，起步于欧洲的"新教育运动"和安略特在哈佛大学以选修课为核心的改革，之后在美国形成了影响广泛且深远的以实用主义哲学为指导的进步主义教育运动。20世纪30年代后期，新传统教育（要素主义、永恒主义）以实用主义批评者的身份出现，主张将文化的"共同要素"作为核心课程。之后的学科结构主义、后现代主义等教育流派无论观点如何相左，但共同的特点是反对绝对性、单一性、客观性等单一维度，主张从更丰富的文化、人性、社会等角度来审视教育。这一进程延续至今，仍然是一个未尽的探索过程，具有极大的开放性、潜在性和包容性。

在总结高等教育的属性时，既要考虑文化的属性，又要考虑教育对象的本质属性。高等教育是为传授高深学问、培养专门化高级人才所开展的实践活动，实质是对特定人群在高深知识传递过程中施加影响的实践活动，是知识通过教育与人产生的关系。这一关系中涉及知识的性质和人的本质两个根本问题。知识是文化的主要组成部分，人是社会的基本构成，高等教育的文化性和社会性由此统一起来。高等教育的目的在于培养全面发展的人，由此产生人本性，即高等教育必须从人的生存发展完善出发，教育的目的性产生人本性。高等教育对人施加的影响的载体是一定社会的文化，又决定了其文化的社会属性，即文化是有特定的社会和民族属性的，但不局限于特定的社会和民族，这取决于高等教育的举办者和文化的人类性。一定规范社会中的治理者总是会从维护规范治理的角度来安排教育活动，把自身对规范治理的要求贯彻到高等教育中，这些要求就体现为教育方针、教育目标、教育内容、教育方法等，并通过教育的实施对受教育者的思想、道德、品格、能力等产生影响。而教育的人本性要求教育在影响人发展的同时，必须尊重和依据人自身发展的规律和需求，促进个体的身心在与治理者要求统一的前提下得到完善发展。因此，促进个体发展是高等教育的基本功能，但这并不否认高等教育的文化属性，个体存在的人总是隶属一定的社会和阶级，超越阶级和文化的人是不存在的。在文化属性的根本制约下，我们才能讨论高等教育的人性，以及由此产生的课程知识的文化和社会属性、教师在高等教育中的主体性、高深知识及其归属学科带来的高等教育的学术性。

（四）高等教育的课程

孔子持"文行忠信"课程观，他说："子以四教：文、行、忠、信。"这包括文化知识和道德行为两个方面的内容，后三者都属于道德教育范畴，《文心雕龙》有"文以载道"之说，表明"文"亦是道德教育的工具。我国古代关于伦理道德教育与文化知识教育的关系，从主次来说，伦理道德教育侧重文化知识教育；从过程来讲，伦理道德教育渗透在文化知识教育之中；从顺序上讲，道德行为实践训练先于文化知识教育学习，所谓"行有余力，则以学文"，道德行为实践训练又与文化知识学习相互促进。在课程设置上，开分科教学之先河，《论语·先进》载："德行：颜渊、闵子骞、冉伯牛、仲弓；言语：宰我、子贡；政事：冉有、季路；文学：子游、子夏。"朱熹注曰：孔子"目其所长，分为四科"。虽说德行、言语、政事、文学四个方面并不能说是四个专业，但孔子实行分科教学对学生因材施教非常明显，且卓有成效。

我国古代高等教育的初设课程有礼、乐、射、御、书、数"六艺"科目。"六艺"与"六经"之区别在"六艺"偏重技能行为的训练，属于"艺"的方面；"六经"偏重文化知识的学习，属于文的范围。其中，"礼""乐"是关于礼节、音乐、歌舞方面的技能训练；"射""御"是射箭、驾车的技能训练；"书""数"是书写、计算的技能训练。在文化知识教育方面，教材是孔子编纂整理的《诗》《书》《礼》《乐》《易》《春秋》。《诗》即《诗经》，"可以兴，可以观，可以群，可以怨"可激发道德感悟，观察风俗盛衰，增进相互情谊，察政治得失，教人"事父"与"事君"，并扩至自然知识，个体成长"兴于诗，立于礼，成于乐""不学诗，无以言""《诗》三百，一言蔽之，曰思无邪"，可见《诗》在道德教化中的地位和作用；《书》乃《尚书》，是上古三代的历史文献汇编，分《尧曰》和《泰伯》，赞美尧、舜、禹、汤、文、武的德政功绩，强调孝悌为立政之本；《礼》即《礼经》，载西周以来政治制度和礼仪规范，为立国之本，是从政必须学习和具备的知识和行为，贯穿"仁爱"的精神，要求达到"礼"和"仁"的统一；《乐》即《乐经》，记上古以来各种审美艺术，包括音乐、舞蹈、歌曲等多种艺术形式，可陶冶情操、完善人格、达于政治；《易》为《易经》（又称《周易》），占卜和预测万物，涵纳事物运动变化的辩证法思想；《春秋》载春秋时期各国尤其是鲁国之历史，寓孔子之政治主张及善恶之准绳。由此可见，先秦儒家所设立的课程主要是"明人伦"的道德教育，与其教育目的和目标紧密相连，基本涵盖了德智体美劳各个方面的教育内容，也是我国最早的直接德育课程。

汉代独尊儒术，高等教育课程以"六经"① 为主，进一步强化了以"六经"为主要内容的德育功能。唐代撰成《五经正义》，统一经学训解，成为官方统编教材。唐以后，课程内容逐渐丰富，由"五经"增至"九经"，即《周易》《尚书》《诗经》《左传》《礼记》《周礼》《孝经》《论语》《孟子》（宋刻巾箱本九经白文），之后增至"十三经"②，增设《春秋公羊传》《春秋谷梁传》《仪礼》《尔雅》。宋代程颢、程颐把《礼记》中的《大学》、《中庸》和《论语》、《孟子》提高到与"五经"相同的地位，主张读经有先后，以《大学》《中庸》《论语》《孟子》为基础而及于他经。朱熹编著《四书集注》，逐渐取代"五经"在课程中的地位。可见，在儒家思想的主导下，我国古代高等教育以研习、传授儒家的经典和学说为主要内容，并据此设置核心课程。需要指出的是，唐宋时期，开始确立专业课程，如算经、医经、律经等，唐代的"六学二馆"中，就有九章、海岛、五曹、石经、说文、字林、本草、脉经、素问、黄帝针经等专门课程的设置及教学，但这些课程从未对以儒家思想为主的核心课程位置产生过根本的冲击。

西方高等教育自毕达哥拉斯起就论及算数、几何、天文和音乐之间的关系，后来这四门学科在古希腊时期成为学习哲学和修辞学的基础学科，在中世纪大学成为神学、法学和医学等专业教育的预备科目。智者学派以培养称职的管理联邦事务的公民为教育目标，主要传授辩证法、修辞学和文法，后称"三艺"，这三类知识与算数、几何、天文和音乐构成了古希腊学习哲学和雄辩术的基础科目。柏拉图继承毕达哥拉斯学派的部分教学内容，传授算数、几何、天文、音乐，称为"四艺"，但哲学和辩证法为最高形态的学习内容，同时还强调体育和美育。亚里士多德开了理性主义实验教育和研究的先河，把课程分为实用学科和文雅学科，实用学科服务于实际生活，具有功利性，低下而卑贱；文雅学科为享受和闲暇之用，高尚而优雅，为后续的人

---

① "六经"，指《诗经》《尚书》《仪礼》《周易》《乐经》《春秋》，始见于《庄子·天运》，《乐经》已失传，到汉武帝时期称"五经"。
② "十三经"，指南宋时并称的十三部儒家经籍，包括《周易》《尚书》《诗经》《周礼》《仪礼》《礼记》《春秋左传》《春秋公羊传》《春秋谷梁传》《孝经》《论语》《孟子》《尔雅》。

文学科与科学学科的分野和冲突埋下了种子。古罗马人系统归纳了古希腊哲学家和雄辩家的教育科目，提出并开设了培养雄辩家的预备性"自由艺术科目"，第一类为文法、修辞、辩证法，第二类为几何、算数、天文、音乐，并增加了医学和建筑学两门实用学科。中世纪大学把这两类学科统称为"七门自由学科"，简称"七艺"，为学习神学、法学和医学等专业教育的预备和基础学科。文艺复兴时期，尊重主体个性成为焦点，在课程设置上，拉丁文、希腊文、语法、修辞、逻辑、代数、绘画和测量等成为主要内容，智育、体育、美育、德育均衡课程全面确立。17～19世纪，随着科学技术的长足发展，近代意义的课程体系逐步建立起来，自然科学和数学在课程体系中拥有优先地位，现代语言、外国语、公民、历史和地理等人文学科进入课程体系，体育、艺术教育、劳动教育成为学校课程的组成部分并日益受到重视，课外活动开始与正规课程并列。① 课程设置和发展逐步摆脱了宗教内容的束缚，着眼于理解并分析人的价值本身，从而也开启了课程编制上古典主义与现实主义的长期对立、斗争和调和，即古典主义、人文主义与现实主义、科学主义的对立，人文学科与科学学科在学校课程结构中的关系由此经历了"人文—科学—人文·科学"的发展阶段。古典主义强调课程的普遍教育目标和道德教育的核心作用，而各种形式的现实主义则更注重实用知识的学习，并对课程的道德教育表现出持久和固执的排斥。

（五）课程开发范式转变

20世纪以来，在课程开发范式方面，在反思和批判"泰勒"原理的基础上，从"课程开发"走向"课程理解"，哲学价值观由科技理性走向价值理性，课程主张由目标控制走向过程体验，研究主旨由实体知识走向关系建构，倡导建立人本化的"体验课程"。"课程开发"由美国课程理论家拉尔夫·W.泰勒（Ralph W. Tyler）创立，他在系统总结美国进步主义教育协会发起的课程实验"八年研究"成果（1934～1942年）后，于1949年出版了

---

① 白月桥：《课程变革概论》，河北教育出版社，1996，第11页。

"现代课程理论圣经"——《课程与教学的基本原理》。泰勒认为，进行课程开发必须遵循"确定目标—选择经验—组织经验—评价结果"四个基本环节，形成了课程开发经典范式"泰勒原理"。主张建立一种目标控制下可普遍应用的课程开发程序，强调课程目标的预设性和标准化，进而奠定了制度化、科学化课程开发的正统地位。课程开发范式源于客观主义哲学与实体本体论①，秉承理性主义认识论，认为经验实证是确证知识的唯一来源，坚持科学的客观真理性，以"知识中心"构建和开发课程，强化了科学知识的标准化生产和传播应用，造成事实与价值、过程与结果、手段与目的之间的二元对立，从而导致对科学知识人本价值的忽视和社会性建构。

20 世纪 70 年代，西方教育科学发生了重要的"范式转换"，开始由探究普遍性的教育规律转向寻求情境化的教育意义。美国教育科学家威廉·F. 派纳（William F. Pinar）等总结了美国课程的发展历程，强调从个体生活经验的角度考察课程，倡导课程理论的多元化和跨学科性，把课程理解为历史、政治、种族、制度、神学、美学和现象学文本以及结构主义、解构主义和后现代性文本等，在批判的基础上全面超越了泰勒的课程开发范式。②"课程理解"立足人本主义哲学与关系本体论，认为价值关系是一切社会关系的基础和核心，教育的本质是培育和完善的人性，彰显价值理性。③ 课程的理解强调世界是属性和关系的有机体，知识是主体进行意义认同与建构的结果，不存在"价值中立"的客观真理，主张从事物的"事实关系"和"价值生成关系"中去认识把握教育的存在形态，把课程视为开放、动态、

① 客观主义由美国哲学家安·兰德（Ayn Rand）提出，包括形而上学、科学哲学、知识论、伦理学、政治和美学等方面的立场。认为存在状况的存在决定了意识的存在，所有存在的东西便是本体。主张世界上存在独立于心灵之外的现实，个体通过感官直觉与这些现实接触，并借由理性处理接收到的数据，进而将其转化为知识，个体生命中适当的道德目的便是追求他们自身的幸福或是"理性的私利"或合理的自利。客观主义强调理性在认识中的基础作用，否定个体通过信仰或情感获得知识的可能，否定先验的知识。

② 〔美〕威廉·F. 派纳、威廉·M. 雷诺兹、帕特里克·斯莱特里等：《理解课程——历史与当代课程话语研究导论》（上下），张华等译，教育科学出版社，2003，第 1 页。

③ 刘欣：《范式转换：课程开发走向课程理解的实质与关系辨析》，《教育研究与实验》2014 年第 1 期。

复杂和非线性的交互性关系，克服和超越了"主客二分"的实体思维。课程在对象性的交往实践活动中建构其意义与价值，学科知识居于支撑性位置，目标指向价值性的主体发展，提升了人的社会化建构和智慧生成与创造力，最终达到学习者主体性与社会性的全面和谐发展。从"课程开发"到"课程理解"，克服了工具理性和科技理性在课程教学领域的二元论，最终促进了科学精神与人文价值的融合。需要指出的是，从"课程开发"走向"课程理解"，不是完全之否定，而是在"课程开发"基础上的"课程理解"，"课程理解"是"课程开发"的延续、超越和深化，是在全面分析课程领域实践之后，在更接近本质的层面上对课程的理解。

课程作为实现教育目的的形式承载教育的内容，无论是传统还是现代的课程理论和改革，都发生在一定的社会、经济和政治背景下，任何时候，社会、经济和政治问题很快就会进入教育领域并成为教育问题。教育与个人和社会发展的关系始终是永恒的话题，无论何种主义和思想都力图在这两个问题上发表主导性学说。个人发展的理想及人类对美好社会的追求取决于教育的发展程度，每个社会最崇高的和最广泛的社会理想，最终是与教育的理想相联系的，而且这些理想都要通过学校课程的实践才能够最终变为现实。反映在课程领域则表现为以个人为本位还是以社会为本位来设置课程，或者二者兼顾。考察传统课程和近代课程的发展历程，对这一关系的不同回答形成了不同的主张，走向任何一个极端都会导致课程改革的失败。课程既要体现个人目标，又要体现社会目标，必须融合学习者的性质和社会理想，更为重要的是课程改革的重点必须与最广泛的公共利益相一致，才能更好地服务于受教育者个体的完善发展。

学校课程作为社会和社会文化的组成部分，既传递和创新社会文化，又受到社会政治、经济、文化尤其是意识形态的规范制约，课程的结构和组成总是与一定的社会背景相关联。早期的思想家往往从社会理想出发，探讨课程设置与社会构成的关系，而现代则更关注对社会结构、社会互动与课程标准、课程内容之间关系的考察，或者重视学校课程与社会结构保持一致的重要性，或者揭示这种一致性的人为性。考察学校课程的起源和发展历程，特别是对源头的追溯，要立足于教育是人类维系自身发展、改善自身状况、面向理想未来的宏大叙事，学校课程是这一宏大叙事的主要载体和形式，无论存在于历史时空中的何种主义和思想，其对人生及社会终极意义的关怀和追问始终处于进行状态，区别在于立足个人本位还是社会本位①，并据此采取的不同进路。而这种追问和追寻既是道德的起点也是道德的终点。学校教育通过课程教学赋予个体应对挑战的知识、能力和意志，让个体更深刻地洞察自我使命，构建有目标、有价值的生活图景，过一种值得且不仅限于获得职业生涯成就的生活。学校课程中的一些学科，如人文学科较为集中地反映了人类对这些终极目的及意义的关心和探索，自然科学则集中反映人类对环境的认识和改善，并影响人类对意义的追求。在古代高等教育中，自然科学与人文关怀紧密相连，物理学和伦理学在"自然哲学"的标题下结合在一起，课程服务于教育目标并通过内容的德性化而实现完全道德化，这种道德的追求来自对存在意义的追寻。自然科学兴起并在实证主义和实用主义的加持下，将科学思维和方法纳入人文科学，导致高等教育对终极意义的追问被弱化或边缘化，科学及科学知识趋于"价值无涉"，高等教育沿着世俗化加速演进。20 世纪初，高等教育再次把目光投向课程的意义生成，课程领域的改革把关注点更多地放在课程在复杂的社会联系中如何保持其对意义的追寻方面。学校课程连接着人类对真善美的憧憬和持续努力，不能是不道德的，也不能独立于价值而存在。课程与个体生存意义和社会理想是共生且内在联系的，古今中外概莫能外。

---

① 蒙台梭利把教育的双重目的分为生物的和社会的，生物学在于帮助个人自然地发展，社会学在于使个人对环境做好准备。怀特海认为教育的目的在于刺激和指导个体的自我发展，沛西·能认为教育的目的在于使学生的个性得到充分的发展，坚持通过教育使个体对自己的命运负责。罗素则综合认为，教育的目的在于引导和改善人的本性，培养具有良好担当的个人，从而建立一个理想的社会，该观点与古代教育的目的趋于一致，但把重点放在个人方面。杜威则更加直接地表示，教育是为了民主，教育亦是民主的，这里的民主不仅指一种政治制度，更指一种生活方式，民主成为一种道德理想，扎根于乐观的理性主义和人道主义，关乎人的尊严与价值，在政治的民主和生活的民主之间，杜威最终倒向教育是民主的工具。

（六）高等教育与德育

中国的传统教育，可以认为是以儒家思想为主导的伦理本位教育。[1] 因而道德教育在古代教育中占有极为重要的地位。孔子说："志于道，据于德，依于仁，游于艺。""道"与"德"似乎是两个层次，是普遍性与特殊性的关系，或者兼有知识与行动。"道"指宇宙的客观规律或社会的基本准则，而"德"则是遵循这些客观规律和基本准则的实践和行动[2]，包含仁义、中庸、权变等。知识和道德紧密结合是中国古代教育的基本特点。《大戴礼记·师保》规定："古者年八岁而出就外舍，学小艺焉，履小节焉。束发而就大学，学大艺焉。"《礼记·学记》规定："比年入学，中年考校。一年视离经辨志，三年视敬业乐群，五年视博习亲师，七年视论学取友，谓之小成。九年知类通达，强立而不反，谓之大成。"可见大学教育的学制和教学内容、学习内容基本属于道德教育的范畴，知识教育和道德教育相融合，本质上属于道德教育。教育以完善人性为己任，修身成为君子圣人，继而"学而优则仕"，服务于国家社会。

《中庸》载："知、仁、勇三者，天下之达德也。""好学近乎知，力行近乎仁，知耻近乎勇。知斯三者，则知之所以修身；知所以修身，则知所以治人；知所以治人，则知所以治天下国家矣。"把知、仁、勇视为天下大德，以知识的学习和践行为德，通过学习和实践追求人的全面发展和综合素质的全面优化。个人道德完善的路径是"志于道，据于德，依于仁，游于艺"，这里的道德包括政治、道德、思想、审美等多方面。儒家多从教育的角度来认定道德的内涵，认为道德是一种认知能力和理性活动，智是道德完善的基本条件，"未知，焉得仁？"智对客体之物，仁对主体之人。求知就是求真，追求道德理性。个人道德修养以智为重，而道德行为以仁为重，突出了知识学习在道德修养中的重要性。《大学》提出大学之道的"三纲"

---

① 黄济：《教育哲学通论》，山西教育出版社，1998，第74页。

② 黄济：《教育哲学通论》，山西教育出版社，1998，第75页。

"八目"，"八目"为格物、致知、诚意、正心、修身、齐家、治国、平天下，格致虽有不同解释，但其终极目标为"三纲"，即"明明德""亲民""止于至善"，达成修、齐、治、平和学为圣贤；其中格物、致知、诚意、正心是修身的内容，构成人格目标，是成圣的要求；齐家、治国、平天下是外在的要求，为政治目标。后宋明理学有"道问学"与"尊德性"之争，表面看似乎前者比较重视"外铄"的知识学习，后者更重"内发"的道德修养，究其根本，二者都是智德论，均主张学习知识的目的是提高自身的道德修养，路径不同而已。在教育对象上，儒家主张"有教无类"，保证了教育的普遍性和公平性，通过教育使百姓知羞耻之心，形成道德从而达成德治效果。高度评价和践行道德教育在人类文明中的作用是儒家的特征，儒家认为道德教育可以赋予人性以内容，教育可以塑造人的德性，矫正和升华人性，从而提高道德境界，成为君子以至成为圣人。道家则强调宁静淡泊、物我两忘的人生观和道法自然的价值观，提出要顺应规律和时势，尊重个体本性，这些思想有助于在教育中尊重或拓展个性、推动教育改革、培养完整的人性，拒绝对人性的束缚扭曲。

西方在毕达哥拉斯学术共同体之后的高等教育发端期，苏格拉底和柏拉图均把伦理学和教育作为研究践行的重点。苏格拉底创立了西方伦理学，关注对人类自身和人类社会问题的普遍性研究，他的"知德统一"将知识与美德和智慧联系在一起，认为"知识即美德"，美德从教育中来。为使更多的人思考并获得真正的知识，必须通过教育的方式。柏拉图发扬苏格拉底的理性知识思想，区分了知识和意见，把理念引入知识范畴，认为善的理念是一切知识和真理。亚里士多德进一步强调理性的作用，认为发展理性是教育的最终目的，并把实践引入道德教育领域。西方德育课程思想发展呈现比较完整的由古代到近代再到现代转换的历史过程。[①] 古希腊是西方德育的发育期，"美德是否可教"的议题标志着古希腊道德哲学的开端。[②] 苏格拉底认

---

① 佘双好：《现代德育课程论》，中国社会科学出版社，2003，第42页。
② 〔德〕弗里德里希·包尔生：《伦理学体系》，何怀宏、廖申白译，中国社会科学出版社，1988，第407页。

为美德主要为"节制、正义、勇敢、敏悟、强记和豪爽"等，所有这些都离不开理性，即与知识紧密联系，美德的整个或部分是智慧，可以通过教育这个中介予以培养。柏拉图将"理念"和"善"作为教育的终极目标，将哲学作为最高学问，基础为算术、几何、天文学、音乐、体育、方法学、修辞学等课程，个人通过各种课程的学习达到善的目标，其中音乐和体育的德育功能最为突出，服务于人的爱智慧和激情，使两者相互配合，达到身体和心灵的和谐统一。亚里士多德在西方首创自由教育理论，认为教育要教授自由学科，并把教育的目标定位在充分发展人的理性上，他坚持道德的后天生成，把灵魂分为理性的和非理性的两个部分，并对应理智的和伦理的两种德性，理智类德性大多由教育生成，伦理类德性则由风俗习惯熏陶而来，前者是目的而后者是手段，并从习惯养成德性的角度把实践活动引入道德课程领域。他在《政治学》中用大量篇幅论述和强调了音乐的德育功能，认为音乐是一种内含美德的教育。古罗马时期更加重视道德教育，道德成为教育的最高目的，马库斯·F.昆体良（Marcus F. Quntinlianus）认为道德既是知识的目的，又是获取正确知识的必要条件。[1] 中世纪的德育为神学所统摄，宗教课程具有鲜明的道德教化功能，道德教育成为实现神性的主要途径，"七艺"课程是唯一的世俗课程形式，受宗教和神学改造，服务于对神的排他性虔诚。近代以来，西方宗教课程逐渐成为德育的一种课程形态，发挥着直接道德教育的功能，也促成了从中世纪道德教育宗教化向宗教教育道德化的转变。文艺复兴时期德育、智育、美育、体育的和谐统一成为古典教育的典范。19世纪，人文学科如历史、外国语、文学、地理等课程因大航海和民族国家的兴起进入课程领域，并成为德育的主干课程。约翰·F.赫尔巴特（Johann F. Herbart）把教育的目的放在培养道德性人格形成上，认为历史和文学是人类知识的主要源泉，与自然科学知识共同构成课程的基干。公民科的设立则在第一次世界大战之后，把劳动引入教育领域，强调劳动的普通教育价值，认为劳动可以反映人的精神世界的神圣本质。

---

① 转引自张斌贤主编《西方教育思想史》，人民教育出版社，2011，第102页。

近代以来，随着资本主义制度的确立和上升，西方德育从学校教育的中心位置、最高目标或唯一目的，逐步走向与德育、智育、美育、体育等和谐统整，下降为重要组成部分。学校课程从主要是德育课程变为智、德、体等并存，德育课程变成了"关于道德知识"的教育课程，主要采用智育的教授方式，德育智育化倾向明显，直至演化为一种纯粹的知识性教育。进入20世纪，西方德育以对近代德育的智育化批判为基础，开始了德育的现代化范式转换。杜威反对近代德育过程中的知识说教和灌输，认为真正的道德教育应该是间接的、通过整个学校生活对学生进行道德训练，主张通过学校的所有课程，按照全面主义课程设计模式进行德育课程建设，"正因为课程的各门学科代表社会生活的各种标准要素，所以它们就是启迪社会价值的工具。如果把学校里的科目仅仅看作学校科目，掌握这些知识就只有专门价值。在认识这些科目的社会意义的条件下掌握这些知识，它们就会增加道德的兴趣和发展道德卓识"[①]。20世纪60年代的"道德复兴运动"，在美国发展出了价值澄清理论和道德认知发展理论。价值澄清派主张道德教育在于帮助学生澄清和发展价值观，并通过间接德育课程渗透进行德育。道德认知发展理论则认为德育的重心是坚持发展道德认知能力，主张德育课程不能以智育的方式而要采取隐性课程的方式。英国的分析哲学家约翰·威尔逊（John Wilson）则反对"掺杂、渗透、附加"等德育途径，主张设置专门德育课程，认为把道德作为一门附加的边缘性课题对待只能招致灾难，坚持给道德教育课程独立的地位，给予充分的时间和空间。

西方德育及课程，走过了一个从整体到分化再到整合的过程，德育课程从学校教育全部演变为组成部分，直至边缘部分再到重视所有教育的德育价值的过程。本书认为，外延上的道德教育或思想政治教育是统一的，道德教育的合法性来自教育本质和历史传承，道德教育内在地解决个体的完善和尊严，外在地协调个人和社会的关系，因为"人在本质上是社会关系的总和"。在处理个人与社会的关系上从古到今不外三种：一是主张个人至上，

---

① 〔美〕约翰·杜威：《民主主义与教育》，王承绪译，人民教育出版社，2001，第378页。

社会服务或服从于个人发展完善；二是主张社会至上，个人的发展服从于社会的需求和理想，在社会既定的各种规则下寻求个人发展及生存意义；三是认为个人和社会相互关联，是一个有机体，二者的发展取决于良好的互动机制，机制良好顺畅则协调一致、相得益彰，恶则分道扬镳，引发道德危机。不同的选择其实是处理二者关系时"目的"与"手段"的选择，是"手段"和"目的"孰轻孰重、偏于一方还是二者兼顾。从价值的角度看则体现了教育内在价值和工具价值的冲突与选择，杜威的民主主义教育观点就偏向第三种价值观，将科学、教育和民主融为一体。我们知道，个体与社会的存在是内在镶嵌不可分离的，个人发展与社会进步有内在的逻辑关系和共同建构的力量，个人发展是社会进步的必要条件，而社会进步又为个人的进一步发展提供了更加坚实广阔的基础。人类社会发展与教育具有天然的共生共促关系，而教育则更进一步涉及发展的方向和价值选择。从教育的起源看，教育与德育是合体的，随着哲学从本体论向认识论的转变，科学理性成为教育的主导力量，道德教育从教育的中心滑向边缘，实用主义大行其道，技术和能力成为教育的主要目的，实质是教育在个人和社会本位取向上的变化。表达的是社会本位取向下个人发展从本性完善向现实谋生手段的妥协，这种妥协在一定程度上撕裂了个人与社会的内在道德联系，个人道德在教育中不再具有重要位置，在功利主义的侵蚀下整个社会的道德水平滑坡，这一点在中外教育发展历程中有太多的教训。

对道德教育起源的考察和重温，不是对古代和传统教育中德育主导地位的恢复，而是强调一种更加全面、系统、科学的教育理念[①]，强调教育在个体和社会两个方面都能协调一致、相得益彰。从这个意义上讲，道德教育的目的是社会性的，把道德教育的目的窄化为个人全部能力的和谐发展，是抛却个人发展的背景和社会关系的无源之水，也无法从根本上解释教育要训练和发展的这些道德内容的意义和价值。高等教育在人才培养、科学研究、社

---

① 理念与思想、观念和法则在语言内涵上具有同阶的地位，强调这个，是为了避免语义分析学派纠缠于语言文字而忘却对研究重点的关注。

会服务、文化传承创新的职能发挥中，以"立德树人"为根本，坚持在各类课程中进行思想政治教育，发挥好专门课程与其他各类课程的思想政治教育作用，就具有了历史、现实和学理上的合法性和可行性。最后，让我们回到最初概念的本真上，课程思政是一种教育理念，是对教育初心的回归，它的创造性提出的意义在于对新时代高等教育理论和实践中不足和问题的纠偏，既是传统高等教育思想的回归，又是对当前教育思想的创新，而不仅仅局限于思想政治教育领域和课程领域。

二 课程知识与课程德育

"教育问题中最关键的概念就是'知识'……不同的知识概念会导致对教育过程的不同理解。"[1] 知识与教育有着内在的关联，一方面教育是知识筛选、传播、分配、传承和发展的重要途径，另一方面知识又是教育的重要基础和载体。"课程及知识本身不是某种外部给定的，而是历史性的人类活动的一部分——是我们历史的一部分。"[2] 也就是说，知识与教育通过人类的实践活动内在地关联着。钟启泉认为，课程是由语言、社会、自然、艺术、技术、体育等文化领域和生活、道德等领域组成的。[3] 这是基于课程知识构成进行的定义。作为一种专门化知识的特殊外显形态，课程是为了使受教育者获得人类各种领域、目前可得到的最好的知识而做出的最优设计，进入学校教育和课程的知识不是人类全部的知识，需要经过一个筛选、分配的过程。课程虽有文化、社会、历史与政治等多种源头[4]，但知识无疑是其中最重要和最基础的。如此便牵涉出学校课程知识的核心问题：知识是什

---

① 〔美〕莱斯利·P. 斯特弗、杰里·盖尔主编《教育中的建构主义》，高文、徐斌艳、程可拉等译，华东师范大学出版社，2002，第 14 页。

② 〔英〕麦克·杨、〔南非〕约翰·穆勒：《课程与知识的专门化：教育社会学研究》，许甜译，华东师范大学出版社，2021，第 14 页。

③ 钟启泉：《现代课程论》，上海教育出版社，2003，第 4 页。

④ 〔美〕拉尔夫·泰勒：《课程与教学的基本原理》，施良方译，人民教育出版社，1994，第 108 页。

么——知识的性质、分类及价值；如何筛选知识——哪些知识最好、最具教育价值，谁的知识最好。要回答以上问题，就必须考察知识、知识观和课程知识观。立足课程思政的角度，我们要考察的知识是什么，以及进入课程的知识具有何种属性、具有什么样的教育价值、如何选择进入课程的知识，并在此基础上进一步分析进入课程的知识具有何种思想政治教育意义或功能。把讨论的重点放在课程知识领域，但并不完全等同于学科内容知识，包括表现为间接经验的学科课程知识，也包括表现为直接经验的研究型课程知识。

（一）知识和进入课程的知识

知识随着人类生存历史的发展而发展。什么是知识，是一个开放性的问题，古今中外有很多的理解，究其原因是知识概念的外延和内涵均非常宽泛，包括各种性质、类型、范围、层次及陈述方式都不同的认识结果。中西方最早的知识形态都产生于宗教活动，具有宗教性质，表现为一种神圣的知识形态，都与终极价值有关，具有鲜明的道德性。世俗知识在解决外部问题或特定情境中一系列问题的漫长历史发展中，逐渐变得专门化，其中神圣知识具有统师地位并赋予其他知识以合法性。数学、物理学等知识都和精神传统中的道德秩序有关，由道德秩序赋予其合法性。[①] 知识的道德性或者德性知识拥有赋予其他知识合法性的力量，是因为其自身就表达了人类精神的统一性。因此，最初的知识与德性具有同构性，知识与道德具有天然的内在联系。

中国古代对知识的解读涵盖了知识、智慧、知晓等含义，既有静态存在的，也有实践形态的。但不管何种形态的知识总是与主体的德性养成紧密相连，教育是联系二者的媒介。从教育目的上分析，中西方古代高等教育都以人的自身发展、完善作为其重要的教育目的，并在此基础上推及社会服务的目的。中国古代的教育目标在于培养具有完美人格的圣贤，教育乃"学为

---

① 〔英〕麦克·杨、〔南非〕约翰·穆勒：《课程与知识的专门化：教育社会学研究》，许甜译，华东师范大学出版社，2021，第78页。

人""学为仁",知识直接内在于人的教化和修养等实践中,内在于人的生命和生存领悟中。知识的掌握不在于"占有"和"客观真理",而在于个体对自我生存的感悟,表现为在与他人和世界的交往中按照既定的恰当方式规约自我。总体来讲,中国古代思想家对知识问题的意识较为模糊,知识论、知识观经常与形而上学、本体论和伦理学交织在一起,没有像康德和后康德分析哲学家那样提出知识论是不争的事实。① 在知识观的本质上,中国教育家关注对内在心性的审视,重视内向挖掘;西方古代教育家则强调知识是主观与客观世界的融合,注重向外探索。在知识的价值观方面,中国古代教育家从个人道德完善的角度出发强调知识的政治社会价值,西方则偏重知识对个体潜能的发掘。在知识的获得上,两者都偏向先验论,中国与人性论相联系,西方则与理念论、神启论相联系。在经验论上,中国更注重个体的感悟,西方则致力于对外部世界经验的分析概括,不同的知识观导致不同的教育历史演进。需要强调的是,中西方古代教育思想都有一个基本特征,就是它的实践性,表现在教育思想通常是哲学思想的一个组成部分,具体来说是其政治学说和道德学说的组成部分。这一点表明,在古代思想家那里,教育是解决当前道德、政治问题的重要途径和方法,是实现其政治理想的主要工具。他们之所以探讨教育问题,原因正在于此。所以,在他们心目中,并不存在纯粹的教育问题。②

西方对知识的认识则更为多元复杂。柏拉图区分了知识和意见,认为知识是人类理性认识的结果,是对事物本质(理念)的反映和表达,这是理性主义对知识的基本定义。而经验主义则反对任何先验的观点和范畴,认为所有知识都来自感觉经验,观察和实验是获得知识的最可靠途径,知识是对外界事物的忠实反映,具有客观性、普遍性和价值中立性。理性主义和经验主义都将自己的理论建立在认识主体与客体的区分上,主体一旦获得知识就是终极的,具有客观化、普遍化、中立化的特质,这种立场导致了知识与世

---

① 成中英、曹绮萍:《中国哲学中的知识论》(上),《安徽师范大学学报》(人文社会科学版)2001 年第 1 期。

② 张斌贤主编《西方教育思想史》,人民教育出版社,2011,第 71 页。

界关系的静止与二元假设。实用主义引入社会的客观性并在此基础上假定知识与人类经验的一致性，将知识真实性与其后果联系起来，将知识的价值与其效果联系起来，否认先验主体的存在以及主客体的区分；将知识看成"行动"的工具，是在有机体和环境之间相互作用的中介，真理与知识有历史和社会的既定性，知识成为暂时的和不断进化的，同时也具有社会性，并在此基础上赋予知识道德性。反对和修正经验主义、理性主义、实用主义的思想家米歇尔·福柯（Michel Foucault），从新的认识论和社会背景中揭示知识的社会、历史、意识形态和权利性质，认为知识不是理性沉思的结果，而是一系列社会关系运作的结果。

课程的知识性本质由传统的与生活世界、学习者行动与经验、思维逻辑相隔离转向具备动态性、境遇性、生成性等特征。① 在该进程中，理性主义、自由主义、功利主义与实证主义、实用主义、建构主义交替推进、交相导引，课程知识形态从遵循学科知识逻辑向遵循认知和行动逻辑演变。关于知识观的分析，总体可以纳入表征主义和生成主义两大阵营。表征主义的认识论、知识观是从笛卡尔以来西方哲学从本体论向认识论的转向，以及启蒙理性对知识、科学的理解与规定，表征主义认识论体现为主体与客体关系的二元论、知识与世界关系的图像论、个人与知识关系的反映论等。进而引发知识与知识主体、知识生成过程、知识产生情境以及价值等一系列的二元分离割裂乃至对立，知识的产生、证实与经验的实证方法相联系，知识成为预设性的客观、普遍、固定的实体。表征主义认识观认为，受教育者成为被动的接受者，呈现旁观者、规训与被规训、奴役和异化、玉迫和单向度等特征。

20 世纪 60 年代以来，新的自然科学理论、现象学、阐释学、交往行动、建构主义、知识社会学等多种理论的研究成果，为课程领域的研究提供了多样化视角和广阔视野，共同重构了课程与知识研究的现代图景。其中对当代课程知识领域影响较大的是生成主义哲学，生成主义是对自柏拉图至黑格尔的西方整个超验的、理性主义的认识论哲学传统的反叛和易辙。所谓生

---

① 谢艳娟：《课程知识观、知识形态转化与知识管理趋向》，《当代教育科学》2006 年第 19 期。

成主义是一种将知识视为个人参与世界过程中创造生成的产物及其过程的认识论学说或理论体系，简而言之，即知识生成论。生成主义的认识论和知识观，是在 20 世纪以来对表征主义认识论、知识观进行全面修复、超越的时代精神背景下生长起来的具有思想集中性、共同指向性的理论成果的代表与概括。这一认识论将知识视为个人在参与实践的过程中创造、生成的过程与产物，也就是知识即创造或生成。其内在信条是主体与客体关系的关系论、知识与世界关系的生成论以及个人与知识关系的参与论、互动论。生成主义知识观从知识与自然的角度体现为知识即问题解决的探究工具，从知识与社会的角度体现为知识即交往互动的社会对话，从知识与自我的角度体现为知识即个人体认的默会理解。①

生成主义认识论进入我国教育界后，引起了高度关注，并逐渐成为学术界研究的热点，对我国高等教育实践产生了重要的影响。国内有学者在批判传统知识观的基础上，提出课程知识的属性包括三个方面。首先是支持实现交际能力的公共性；其次是他性，指课程知识在交往中被赋予非自身学术逻辑的社会性和个人性等因素；最后是课程知识作为意识对象被意识呈现时本身在意识中具有的发展性，也称为自性。② 其中，课程知识的自性是其主要属性，建立在公共性和他性之上。该分类的实质是从知识认识论向价值论和生成论的转换，也就是从"什么知识最有价值"向"谁的知识最有价值"的转变。强调并内在要求，在教与学互动过程中从知识的呈现与主体意识生成的角度来理解知识的属性，把知识定义为活动或过程，视为主体的感觉、知觉、想象、情感、信仰，乃至理性被唤起、恢复、经验和发展。认为课程知识的基本功能具有二重性：一是课程知识的实然功能展现，描述性的实然知识处于课程知识形态的基础层面；二是课程知识的应然功能追求，它关系到一种价值观，与民族、文化传统等更大的语境相关联，社会和个体价值的张力关系突出。③ 主张课程知识具有自由精神的构造、表达特质，它只遵循

---

① 谢艳娟：《课程知识观、知识形态转化与知识管理趋向》，《当代教育科学》2016 年第 19 期。
② 张生虎、张立昌：《论课程知识的属性及其实现》，《中国教育科学》2019 年第 4 期。
③ 张生虎、张立昌：《论课程知识的属性及其实现》，《中国教育科学》2019 年第 4 期。

"思"之逻辑，即具有个人意向的反思特征。在此基础上，把课程知识的自性视为教育的基础和核心，是社会性和他性的基础。以自性为核心的课程知识观在知识探寻的基本路径上不排除纯粹理性建构之路，但更强调社会建构和自我建构之路。理性建构的知识以实体性知识构成其公共性，构成人们交际的基础或者场域，来源于并支撑外在更大的知识体系，并因学习者的介入而具有实践的特征。进入具体时空场景的知识，与各种关系、利益、制度、意识形态等浸润构成知识的他性，区别于实体知识，展现出鲜明的时效性和境遇性，并在现代以后为功利主义和实用主义所主导。课程知识的自性，指跻身社会实践但又不关心外来的"命令"，展现为一种"自由"的自我特征，是在具体情境中、个体意识领域中的自我呈现、理解和诠释，祛除社会性、他性、主观性等的遮蔽。

与上述分析同理，也有学者把课程知识的意义分为三个层次。首先是文本层面的教材和教科书，表现为逻辑意义，包括客观性、普遍性等。其次是心理层面的意义性，指个体在认知学习的过程中，通过积极的建构活动，使知识在个体心理层面形成的一种可理解性，表现为个体的经验世界与知识世界之间的联系性。最后是精神层面的意义性，主要是指课程知识所具有的能够对学习者个体精神世界和生存意义建构给予观照、护持、滋养的特性。这一层面的意义性主要有两点：首先课程知识不能成为规训、压迫学生心灵、精神、身体等方面的异化力量；其次课程知识为学习者的个体生存提供了一种意义框架，它是一套思想方式，是个体观察世界的窗口，据此个体可以走出单一狭隘的经验世界，更加完整全面地理解世界与自己，并在这种理解中获得一种自己生存的意义和为自己的生存辩护的确证。[①] 这种分类与具有课程知识属性的分类有其逻辑和理论结构的一致性，都指向课程知识在不断完善个体人格方面发挥的重要作用。

课程知识的教育性是相对于教育领域之外的知识而言的。近代以来，对

---

① 李召存：《课程知识的意义性研究——生存论的视角》，华东师范大学博士学位论文，2007，第27页。

该问题的追问与对"把一切知识交给一切人""哪些知识最有价值""谁的知识最有价值"的回答密切相关。对课程知识教育性的讨论大致可以从科学理性认识论、批判课程论和生存论三个进路展开。科学理性认识论的进路经历了两个阶段。第一阶段强调知识的客观性、普遍性和价值中立，主张把经验的科学知识纳入课程并作为核心和基础。第二阶段则更加强调课程内容的组织协调要与关于学生的认知规律相结合，其支撑学科是心理学，表现出鲜明的技术取向，即采用何种技术编制课程知识，以最大限度地体现课程知识的教育性。该进路旨在限制课程知识与教育活动主体内心世界的关联，使受教育者成为既定路线下被动的接受者，并假定知识与发展的同步性，知识本身与对象之间的意义生成和建构。批判课程论则从知识批判的视角分析和解释知识的合法性和知识与权力之间的关系，并在教育过程中借助知识的政治权力侵入、意识形态渗透、利益的冲突妥协等进行分析。运用社会学的视角把知识的性质和功用烙上意识形态的标记，成为一种制度性的安排。该进路对知识的意识形态的过度解读，使"课程领域因而陷入一种'意识形态的战争'，取代了对真理的追求"①。生存论的产生和发展则建立在对科学理性认识论、批判课程论的反思和超越上，指出课程知识不仅指陈、表征外部世界，而且更直接指向学习者的个体精神生成和生存意义建构，使他们在认识世界和认识自我的统一过程中，达到人性的完满和和谐发展，具有鲜明的意义。知识是与学习者的生存意义建构紧密关联的，它对学习者而言具有强烈的切身性，体现了解放的取向。② 实际是对表征主义知识观和生成主义知识观的细化，关注的更多的是知识的选择依据和生成机制。

知识的教育性问题，实质是对进入课程的知识对个体塑造能力范围的界定，争论的焦点是知识是否具有对个人精神、情感、价值的塑造力，知识是否承载了价值和思想。围绕争论，不同的理论赋予知识不同的定义和性质，

---

① Hlebowitsh, P. S., *Radical Curriculum Theory Recongsidered：A Historical Approach*（New York：Teachers College Press, 1993），41.

② 李召存：《课程知识的意义性研究——生存论的视角》，华东师范大学博士学位论文，2007，第36页。

并据此对知识进行了迥异的分类，以区分哪些知识与价值和意义相关联，哪些知识则是价值无涉的。事实上，我们无法为人类创造的全部知识或进入学校教育领域的知识做一个清晰的界定和区分。知识是人类在与环境的共存中产生的，是人类改造自然和变革自身的对象性实践活动，在该过程中，人类既改造自然又改造自我，价值和事实统一在实践活动之中。剥离知识和价值之间的联系，是对知识和人类实践的否定，会造成知识和人自身的异化。对生存、未知和意义的追寻，是知识和教育产生并持续创新的根源，知识和思想观点从来就是不可分离的，所谓价值无涉的知识和单纯的传授知识是不存在的。给我们的启示是，没有一种理论是完美的，其实践和应用的范围是可以无限延伸的，误解和争论其实来自人们赋予一种理论过大的解释范围。这种执着来自人类自身认识能力的有限性与外部环境的无限性之间的张力，致使我们总是期待拥有一种可以一劳永逸解决所有问题的理论，或把一种理论的实践范围推进到"放之四海皆准"的境地。对生存及影响生存的一切进行持续探究，是人类进步的原动力，动力不竭，理论的创新就不会停止，教育亦是如此。

（二）课程知识的几种分类

课程知识的分类是一个较为狭窄的范围，映射的是关于知识的分类。关于知识的分类则表现得更加复杂，原因在于哲学思想不同就会出现不同的知识分类。本书不做过多分析，只是选择与课程思政研究密切相关的分类予以简要分析。苏伦·谢恩（Suellen Shay）在卡尔·梅顿（Karl Maton）的基础上，把高等教育的知识分为四种类型——真理性知识、专业性知识、实践性知识和通用性知识。[①] 真理性知识对于个体来说更多地体现为一种先验知识，即先于经验的、不依赖经验的知识；专业性知识是指概念密度高、情境相关性强的知识，其表现方式为概念、范畴、命题、原理和方法，这里的情

---

① 转引自张玉婷《跃过"龙门"之后——基于知识分类视角的农村大学生学习经历研究》，《教育发展研究》2019 年第 18 期。

境性主要指学科情境；实践性知识是指概念密度低、情境相关性强的知识，这类知识缺乏严密的学科知识体系，受情境因素影响大，需要通过不断操作和训练才能逐步掌握；通用性知识是指概念密度低、情境相关性弱的知识，这类知识专业性不强，与情境关联不大，具有在普遍性情境下都适用甚至可以在不同情境间相互迁移的特性，学科间的壁垒不明显，一般体现在公共基础课程和通识类课程中。① 这种知识的分类，在课程思政建设方面具有较强的实践价值，特别是关于专业性知识、实践性知识和通用性知识体现个体的主观性、经验性和情境性的说法，赋予课程知识解放和意义生成的价值张力，与存在论和意义生成的知识论具有理论和实践上的一致性。

国内有学者根据知识的教育性和传承性把课程知识分为科学知识与人文知识、演绎-系统知识、经验-缄默知识②，这是一种基于教学开展并延伸至知识教育性的分类方式，从范畴上讲存在一定的模糊性，但在课程知识领域具有一定的意义。不同的认识方式产生不同的知识，科学知识是人们在科学方法的指导下对自然事物、自然现象认知探索的产物，旨在揭示事物、现象变化发展的内在规律，具有客观实在性、普遍性。而人文知识作为一种人参与其中、进行创造和生活的世界，以人的精神世界、社会生活为主要领域，追求客观性但更强调主观的参与、理解、对话。研究对象和方法的不同，致使两类知识的教育性不同，人文知识内向于人，旨在帮助人们认识并丰富内心世界，是人类自我意识本体性的表现；科学知识则外向于自然，旨在帮助人们认识并提高对外部世界的控制力，是人类自我意识工具性的表现。根据知识的语言表征程度和理论抽象水平，演绎-系统知识指理性程度较高、有严谨的逻辑结构、能相互推演、易于言述并体系化了的人类知识，主要表现为以命题形式表达的抽象知识，是人类经验的概括与总结，体现了人类理性的最高成就，是我们认识和解释世界的基本框架，并赋予个体经验以个体或社会意义。而经验-缄默知识（包括操作技能知识、情感体验知识、问题解

---

① 徐洁、郭文刚：《知识视域下高校课程思政建设研究》，《复旦教育论坛》2021 年第 4 期。
② 潘洪建：《教学知识论》，甘肃教育出版社，2004，第 224 页。

决知识等）则是人类改造世界、认识世界智慧的积淀，难以言传且具有个体经验性质，与个体的经验、直觉、悟性等相关，更多地诉诸操作、活动、感受、体验等方式获取。科学知识和人文知识的划分，约化了课程领域对知识的种种哲学争论，但又在很大程度上反映了课程知识领域的历史、现状、争论和未来取向。演绎-系统知识和经验-缄默知识的划分，体现了课程知识的理论性和实践性、显性和隐性，反映了课程知识属性及教育的复杂性，也隐喻了教学方法的多样性。

当前多个学科中关于知识问题的新观点已经打破了教育领域中人们关于知识问题已有图式的平衡状态，而且这是一种结构性的打破，人们很难用同化机制来重新建立平衡状态，即面对这些作为外部刺激的新观点，很难把其吸纳整合到已有的知识观图景中了。关于课程知识的性质、分类、价值、教育性等讨论，在教育和课程发展的过程中，虽有众多理解和分歧，但从教育目的和价值的角度来分析，大体可以分为个人中心、知识中心和社会中心三个取向。古代高等教育更强调知识的自由品行和对个体德性的培养，接近个人和社会的整合兼顾。近代客观主义知识观则在工具理性的指导下注重知识的功利价值，基本以知识中心为主。20世纪以来，理论界在批判知识中心的基础上，更强调知识在社会改造和个人实现生存自由及个性发展中的价值，个人中心和社会中心交替主张，也有兼顾个人和社会的，如杜威。进入当代，则呈现三者融合的趋势，既强调知识在课程中的基础和中介作用，又强调知识在教育过程中与个体、社会、情境的互动和对话，从而促进学习者的人格完善和实现社会化。

人类创造的一切真的知识是作为一个整体而统一存在的，有一个发展的过程。从发端之初的知识与德性的内在关联，到"把一切知识交给一切人"，发展至"什么知识最有价值"对科学知识的推崇，再到"谁的知识最有价值"对知识与权力和意识形态关系的分析，最后到生成主义的知识即创造或生成。课程知识与个人生存意义建构走过了一个统合—背离—再统合的过程。知识与主体的关系从主客体融合的先验理性、主客体分离的经验理性走向主客体统一的情境化的建构过程。在以上发展过程中，对知识的理智、心智训练的教育性功能的认识始终是统一的，变化或不同的是知识的程度和作用的差异。最为例外和背离的是实证主义课程观对科学知识的界定切断了其与价值和主体的联系，把工具主义理念发展到极致，致使认识主体与客体的关系走向全面对立，课程知识成为实现社会教化和社会发展的工具与手段。当代生成主义则倾向于个人—社会意识形态的课程知识观，认为个人和社会是辩证统一且相互作用的，试图克服课程知识的目的价值和工具价值分离的危险，统筹考虑主体与客体、事实与价值、个人与社会、微观体验与宏大叙述等范畴，在互动中体现知识的本质。

（三）关于课程知识意识形态属性的补充

知识的最早意义在于训练理智和心智，这一点无关意识形态和政治社会，把知识界定为科学知识是实证主义教育哲学的执拗。西方教育界对知识界定的复杂性和丛林性，建立在没有统一、稳定的哲学基础之上，除中世纪基督教在耶稣的名义下维护了欧洲思想的短暂统一外，关于知识的性质西方教育哲学给出了多种答案，而对知识与意识形态和政治社会的关系则有不同的解释。中国传统教育思想始终坚持知识和德性的一致性。在改革开放解放思想的时代背景和追求富起来的热切期望下，市场经济理念和西方文化再一次对中国传统教育思想进行了建构。关于知识文化属性和意识形态属性，中西方都走过了肯定、否定、融合的历程，不同的是中国的知识观在近代走过的历程比西方更为短促，但殊途同归。就进入课程领域的知识而言，我们关注的是基于知识性质的教育意义，如果抛弃文化、社会、政治考察知识的意义，高等教育的意义也就不会存在。如果它还存在，那也是循环论的论证，即没有假设和价值的往复循环，不仅不能从内部论证其意义，更不能从外部找到它存在和延续的合法性。

与课程知识意识形态属性紧密相关的一个论题是精英教育，即服务于统治阶级少数群体的教育。服务于统治阶级的精英教育意味着教育对象的小众和固定，这样的教育体系所传授的知识体系最大的特征是统治性，主要为维持和巩固其统治地位。这种教育传统往往表现出静态的特征，因为其知识边界是固定的，决定其边界的社会规则也是基本固定的，并凌驾于知识的条件及其固有的动态性、生命力、变化性之上。[①] 社会规则和知识体系的静态化和缺乏变化，往往导致其具有保守性。中国古代高等教育及其知识体系的这种保守性直至19世纪末才被打破，西方则在文艺复兴时期开始动摇，在经验主义、人文主义和实证主义的多重打击下打开其封闭的大门。但毋庸置疑的是，精英主义教育体系及其思想在很长的历史阶段内具有广阔的市场，直至遭遇知识大爆炸、教育大众化等现代社会运动。这一变化进程说明，课程知识的选择与教育对象具有密切的相关性，而教育对象的选择由一定统治阶级意识形态巩固的需要所决定。由此可以看到，课程知识与意识形态具有内在的一致性，教育对象与一定社会的意识形态共同构成教育的主客体要素，并通过教育活动促成二者尽可能一致，从而达成教育目标。

以知识与社会的关系为基本研究范畴的知识社会学经历了传统社会学、科学社会学、科学知识社会学发展的历程。不同的哲学学派从不同的研究视野、传统和政治信仰、认识论和知识论的角度，竭力证明实证主义的知识论和人文主义认识论的差异，或者是二者兼而有之的相对主义认识论。但基本观点都指向所有的知识都是由占统治地位的阶级所决定的。人类创造的所有知识，总是受一定的社会思想制约、社会结构的影响以及权力和利益的控制。如果说知识社会学有弊端，就在于没有考虑阿尔弗雷德·舒茨（Alfred Schütz）所谓的"主体间性的现实"，那也是事后的历史性批判。后来的教学社会学关注的是课程知识，认为课程知识的选择、确定与组织或课程知识的分类与分层，总是反映着主流意识形态的选择。无论是新教育社会学，还是批判的教育学，都根植于广阔的社会背景，同时有自身发展的逻辑，事实上其都指向课程知识具有政治倾向性。

科学社会学家罗伯特·K.默顿（Robert K. Merton）指出："科学社会学起源于把科学作为一种认识的、社会的、历史的现象来研究的学术兴趣的汇合。

---

① 〔英〕麦克·杨、〔南非〕约翰·穆勒：《课程与知识的专门化：教育社会学研究》，许甜译，华东师范大学出版社，2021，第78页。

最初的科学社会学是和科学史、科学哲学和科学政治联系在一起的，后来就更多地和科学政策研究、信息科学、科学心理学和科学经济学连接起来。"① 其中，科学建制和"科学共同体"是两个基本的问题，把科学精神气质和科学的社会建制连接起来，并构建起较为完整的科学社会学理论体系。默顿的理论揭示了科学也有自身共享和传递的观念、价值和标准，这些价值和标准是经过设计的，并用来指导那些科学建制里的人的行为。把科学看作社会建制，强调了科学的价值规范，然而实现和确立这些价值和规范，必然需要由"科学共同体"给以保障。由此，科学知识的中立性由科学共同体主导，并把意识形态引入科学领域。即便是冠以科学之名的社会学也不能否认科学知识所具有的意识形态属性，如果知识是中立和价值无涉的，我们要问的是这些知识来自哪里，或者说创造这些知识的人是不是脱离社会而悬空存在的。

需要反思的是精英主义或古代高等教育的德育和课程的契合度及其教育效果。德性的知识、理性的知识、"有权者的知识"及其知识观念造就的古典的高等教育体系，虽不能应对现代市场经济下人才多样化及社会对教育公平正义的需求，但在知识、课程、德育的结合方面其无疑是成功的。为应对危机，精英高等教育采取了多种措施，如提供更多的分类、分轨、分层教育形式，在知识和课程方面设置更多的低阶或多层次版本，这种做法事实上导致了高等教育越来越沿着阶级线分层，造成社会不公正，为冲突发生埋下隐患，有时甚至成为社会冲突发生的显性因素。反对社会不公正的人们认为，导致不公正的机制是精英主义的教育及其课程知识体系，该体系代表了明晰的、严格的被规定、被安排，扼杀了教育的创新，阻碍了社会进步，致使教育与获取更大的社会背景成为两个平行的世界。富有洞见的是教育与大众、社会背景、文化、传统之间的进一步融合，这给课程知识的德育性提供了更为广阔的思考空间和实践背景。当下，高等教育正面临大众化和普及化，教育对象极速扩张，生源也更加多样化，而思想政治教育和知识体系在应对这种变化时，表现出了一定程度的力不从心，存在实效性和针对性不强、思想政治理论课单兵作战等现象。全面落实

---

① 转引自刘珺珺《科学社会学》，上海科技教育出版社，2009，第 35 页。

立德树人根本任务，加强和改进高校思想政治教育，不仅仅是思想政治理论课的任务，也是一种综合性要求，需要把思想政治教育与学校开设的各类课程结合起来，重新认识课程知识的性质，分析挖掘其中的意义和价值，采取适当的教育教学方法，实现知识传授、能力培养和价值塑造的统一。同时，我们还必须警惕在去专门化、结果导向和个性化培养的趋势下，高等教育如果一味倡导从知识和专家的权威下解放出来，是否会导致另一种发展在发展中的瓦解。或者换一种具体忧虑：课程思政是一种教育理念，更是一种教育艺术，需要精巧的设计，而不是简单地添加和一味地灌输。

三 课程思政教育理念的回归

据前分析，中西方高等教育从发端之初便将德育或思想政治教育融入各类课程之中，重视实践与知识学习的相互配合来实现教化功能。中国古代将教育德育化，通过道德教育培养"君子""圣人"，从而服务于统治阶级。设置的课程无论是先秦的"六经"，还是儒学成为统治阶级意识形态以后的"五经""九经""十三经"，及宋以后的"四书""五经"，其课程或教材的道德教化功能随着时代的发展不仅未被削弱反而日益加重，其目的和功能均指向为封建统治服务，培养符合统治阶级需要的专门人才。纵观中西方高等教育历程，德育课程在大部分时间内是学校课程的主要形态，学校教育也随之成为统治阶级实施道德教化的工具，课程与思政全面融合，教学与德育全方位重合。在中国，这种课程与思政融合的形式直到19世纪末期的"洋务运动"时才被西学东渐的趋势打破。中国古代儒家德育课程思想是我们改革当代思想政治教育的重要遗产，从新时代课程思政的角度来讲，无疑是对古代课程德育思想的一种回归。儒家德育课程思想对德育课程做"泛化"理解，学校所开设的各门课程，都以德育为基础和目的，德育课程即学校课程，德育是教育的主要或唯一的形式和目标。与近代德育课程单设相比，儒家德育课程则表现出多样性的特点，儒家实施德育课程的方法并不是仅依靠德育课程，而是把德育课程内涵拓展到所有的人文教育领域，通过文学、历史、音乐等广泛的人文教育来培育学生的德性，这与新时代高等教育思想政治教育的发展趋势是趋同的，也再次回归了课程与思政在当代的同构性。

反观西方，从古希腊时期就有"美德即知识"的说法，道德教育来源于对"美德是否可教"的诘问，引发对"美德"内涵的思考，得出美德与知识和智慧的等同关系，从而开道德教育的先河。柏拉图把"善""理念"作为教育的终极目标，而且特别强调体育和音乐的德育作用；亚里士多德把"德性"分为理智的和伦理的，认为可以分别通过知识学习和日常习惯熏陶来习得，不同的是亚里士多德更强调教育对自由人的培养，而柏拉图更强调教育为统治阶级服务，但亚里士多德认为教育的前提是"人属于政治的动物"。中世纪将发端于古希腊的"七艺"进行宗教化改造，"三艺"中的文法学习是为掌握拉丁语从而服务于阅读《圣经》之需，修辞学为分析和宣教所用，逻辑学为宗教信条辩护和打击异端所需；算术、天文用于计算宗教节日和祭奠日期以及占卜星象，几何服务于教堂建筑，音乐则为礼拜和宗教仪式服务，一切教育和课程学习均服务于神圣目的，体现出典型的间接性德育特点。从古代西方德育课程思想发展历程来看，尽管西方古代和中国古代一样没有提出现代意义上的德育课程概念，但是其课程内容设置主要围绕学生德性培养开展。柏拉图、亚里士多德所倡导的音乐、体育或用于闲暇的课程，乃至中世纪被宗教窄化的世俗课程，其目的和宗旨都是力图通过综合课程培养学生发展符合当时社会所需要的德性。① 正如约翰·S. 布鲁贝克（John S. Brubacher）所指出的："传统的课程在具有精神训练因素的同时，还具有道德训练的因素。"②

中世纪之后，西方宗教教育课程逐渐演变为一种德育课程形态。这一过程伴随人本主义思潮和科学技术的发展，科学技术知识教育逐渐进入教育领域并成为主导因素，德育课程随之减少，并从学校主要课程或最高课程形态

---

① 佘双好：《现代德育课程论》，中国社会科学出版社，2003，第47页。
② 〔美〕约翰·S. 布鲁贝克：《高等教育哲学》（第1版），郑继伟、张维平、徐辉等译，浙江教育出版社，1987，第11页。

逐渐演变为具体课程或专门设立的道德科目课程，即直接学科的德育课程。近代西方德育的主要特征是德育课程智育化，就是用智育的方式进行德育。夸美纽斯认为，一个受过良好教育的人应具备博学、德性、虔信三种品质，培养这三种品质必须具备广泛的自然科学知识、丰富的词汇和较强的表达能力。因此，他把课程分为五种类型，即科学知识、艺术知识、语文知识、道德和虔信方面的知识。科学、艺术和语言的学习"只是对更重要的事情的一种准备而已"，学习这些知识的目的"使我们得到稳定，使我们的心灵变高贵——我们把这种学习叫作道德，叫作虔信"。夸美纽斯把德育看作所有课程的最高目的和价值，主张用人类的一切知识来培养德性，"知识、德性与虔信的种子是天生在我们身上；但是实际的知识、虔信却没有给我们"。① 学校要成为真正的"人类锻炼所"，不仅要让学生有良好的行为，还必须接受良好的教导，通过学习广博的知识来培养德性。夸美纽斯把美德形成建立在广泛的自然科学和社会科学知识基础学习之上，开了用智育的方法来培养德性的先河，进一步拓展了以古希腊的西方理性主义为基础的德育思想。

德国教育家赫尔巴特把德育看成教育的最高目标，提出用理性的方法培养德性。他认为："教育的最高的、最后目的包含在这一概念之中——德性。但是特别放在教学面前的较近的目的，可以表达为多方面的兴趣。"② 他把兴趣分为思辨的兴趣、审美的兴趣、同情的兴趣、社会的兴趣、宗教的兴趣，并根据每一种兴趣开设一定的教学科目，最终构成一个人品德的多方面和德性的基础，实现教育的最高目的。教学的最高、最后目的就是培养德性。"教学可以产生思想，而教育则形成品格。教育不能脱离教学，这就是我的教育的全部。"③ 因此，教师教学不能仅限于知识和技能的传授，应把重点放在学生的品德培养上；反之，任何课程的教学都蕴含教育的因素，都指向道德培育，教育和教学是目的与手段的关系，"教学如果没有进行道德

---

① 〔捷〕夸美纽斯：《大教学论》，傅仁敢译，教育科学出版社，1999，第164页。
② 张焕庭主编《西方资产阶级教育论著选》，人民教育出版社，1979，第304页。
③ 张焕庭主编《西方资产阶级教育论著选》，人民教育出版社，1979，第206页。

教育，只是一种没有目的的手段，道德教育（或者品格教育）如果没有教学，就是一种失去了手段的目的"①。

英国教育家斯宾塞针对英国古典主义教育和教学的"装饰性"现象进行了激烈批评，认为那种远离生产和科学的教育华而不实、空洞无用，从而大力提倡科学知识的价值。他在学校课程设计上将"科学"作为依据，根据"直接保全自己的活动、从获得生活必需品而间接保全自己的活动、目的在抚养教育子女的活动、与维持日常正常社会政治关系的有关活动、在生活中的闲暇时间满足爱好和情感的各种活动"五个方面，在分科的基础上设置了具体课程。尽管斯宾塞把德育看成"一个涉及其他一切科目的科目，因而在教育中占据最高地位的科目"②。但因其主导思想旨在提升科学在整个教育中的地位，在课程结构上，他把德育课程从学校教育的最高位降为具体的教学科目，构成西方德目主义课程设计模式的思想基础。所谓德目主义，也称直接教学，即开设专门的德育课程直接传授道德价值，"德目"取自正直、亲切、勇气之类表示道德价值的名词。近代西方不仅开设专门的德育课程，而且德育课程往往与宗教课程相配合，教育教学过程中智育和权威交织，具有强制、规劝、奖惩、权威等特点。

进入现代教育阶段，由于对教育内部构成要素探究的逐步深化，加之学科分化，特别是专业教育和职业教育的产生，智育在学校教育中的地位不断提高，成为主体，发挥主导作用，德育逐渐成为一门专门的教育或一种外部强加的教育形式。教育发展过程中渗透的理性主义、功利主义、技术主义等思潮，在一定程度上掩盖了教育培养人、完善人、提高人的根本目的。但随着进步主义教育运动、保守主义教育运动对主智主义的批判，教育的宗旨再一次转而面向独立精神、和谐发展与行动自由的个人，目的在于使受教育者个体得到最充分可能的发展。卡尔·雅斯贝尔斯（Karl Jaspers）认为："所谓教育，不过是人对人的主体间灵肉交流活动，包括知识内容的传授、生命

① 单中惠主编《西方教育思想史》，山西人民出版社，1996，第346页。
② 〔英〕赫·斯宾塞：《斯宾塞教育论著选》，胡毅、王承绪译，人民教育出版社，1997，第132页。

内涵的领悟、意志行为的规范，并通过文化传递功能，将文化遗产教给年青一代，使他们自由地生成，并启迪其自由天性。"① 奥地利存在主义教育家马丁·布贝尔（Martin Buber）指出："名副其实的教育，本质上就是品格教育。"② 美国进步主义教育的代表人威廉·H. 克伯屈（William H. Kilpatrick）认为教育的最终目的是培养品格，但更注重社会精神的培养。在我国学校教育中，教育一般指根据一定社会要求和受教育者发展需要，有目的、有计划、有组织地对受教育者施加一定影响，以培养一定社会（阶级）需要的人的活动。该定义以政治论为基础，突出教育的德育和政治社会功能，与我国古代教育思想一脉相承。华东师范大学陈桂先生辨析：教育内涵中本身包含德育成分，德育是教育的本义；教育在很多时候还可作为道德教育的同义词。③ 因此，教育从发端之时便带有浓厚的价值色彩，本质上是一种价值活动，道德教育、价值教育是其唯一且最高目标。

西方近代之前以理性主义为基础的德育思想，虽有重认知发展轻感性意志养成、重理性知识轻受教育者思想、缺乏综合课程设计等不足，但随着资本主义制度的建立和发展，西方德育理论进入繁荣期，雄心勃勃的教育家和思想家都在积极构建符合资本主义的理论体系，在他们的课程思想中，德育课程基本处于中心位置，试图用理性课程取代宗教课程，用烟火世俗生活取代缥缈天国生活。在此背景下，德育科学化取得累累硕果，一些培养资产阶级民主主义、爱国主义等道德品质的课程被纳入近代课程体系，现代国语、历史、地理、公民科、体育、艺术等成为学校课程的重要组成部分。之后的近百年中，科学知识成为课程领域的旗手，发挥主导作用，德育和人文知识被边缘化，但即便是极力鼓吹科学知识的斯宾塞也对此有反思性认可："科学知识包括社会科学知识，也就是包括历史知识，这种知识有助于政治指导，因此每一个公民都应努力去获得历史知识"；"文学教育通过提供各种

① 〔德〕雅斯贝尔斯：《什么是教育》，邹进译，生活·读书·新知三联书店，1991，第3页。
② 华东师范大学教育系、杭州大学教育系编译《现代西方资产阶级教育思想流派论著选》，人民教育出版社，1980，第299页。
③ 《中国大百科全书·教育》，中国大百科全书出版社，1985，第1页。

比喻的素材，有助于使表达方式丰富生动，因此增加智力和社会效力。而缺乏文学教育就会使会谈单调乏味"；"艺术教育有助于最高度的发展，这是最完满的生活和幸福所需要的"。①

现代人文主义教育理论认为，教育的目的在于人的自我实现及完美和整体人性的培育，而人格整体性内在要求学习也是整体性的，即要求在学习的过程中，情感和智力有机结合在一起。在课程内容的选择上，要求课程内容中的思想性和情感性因素相互渗透。当代哲学的存在主义转向，推动了现代哲学超越传统哲学认识论的主客二元模式，强调认识主体在与具体情境的互动中能动地发展和呈现存在意义。"存在论的当代转换，这就是从超验的、实体性的抽象存在论向感性的、历史性的生存论存在论的转换。"② 即汉斯-格奥尔格·伽达默尔（Hans-Georg Gadamer）所说的"面向生存论的存在论定向"③，这一转换意味着对人的生存论意义的发现和观照。雅斯贝尔斯曾把西方古代的本体论哲学、近现代的认识论哲学和当代的生存论哲学归结为三种情感状态，反映在课程领域，则经历了知识和德性的内在一致、知识和德性的内在和外在分离到知识和德性的教育生成三个阶段。在课程知识选择上，则表现为对待人文知识和科学知识的不同态度上。19 世纪末之前，人文知识或教育一直是中西方高等教育课程的主体，人格培养、人性完善是学校教育的主旨。19 世纪后期，随着自然科学的兴起，科学成为最有价值的知识并成为学校课程的主旋律，直至 20 世纪中期兴起"学科结构"课程运动之后，科学知识在学校课程中占据绝对的统治地位，成为学校课程的主导因素。人文教育或人文知识的再次兴起伴随对科学主义课程观念的反思和批判，进步主义、要素主义、永恒主义等在反思科学主义课程观异化人、奴役人、压制人的基础上，再次举起人文主义的大旗，强调人文知识在人性完善和个体解放方面的重要价值，试图再次复兴人文主义教育的荣光。

---

① Spencer, H. and Kazamias, A. M., *Herbert Spencer on Education*（New York：Teachers College Press, 1966），223-227.

② 邹诗鹏：《生存论研究》，上海人民出版社，2005，第 335 页。

③ 邹诗鹏：《生存论研究》，上海人民出版社，2005，第 290 页。

高等教育的历史表明，人文知识根植于人的内在，是人类对自身存在持续的追问和探索，为孤独存在的人类宏大叙事和微观存在提供精神、意义、价值和方向，指引人类"诗意地栖息"，赋予其意义，具有主体性和本体性的地位意义。而科学知识则为人类提供认识和改造自然的技术和工具，是人类存在和发展的物质基础和技术手段，具有工具性的地位和意义。需要注意的是，科学知识具有工具性并不意味着如一些学者认为的那样不具备意义，科学的历程和科学知识内在地包含了人类对未知的探索，充溢着自由、批判、奉献、执着等精神，对人的精神和道德发展具有重要的意义。赫胥黎深信，科学（自然科学和社会科学）能使人摆脱错误的传统观点，能给人提供思想，还能有助于人们认识自己的人类特点和公民身份。

中西方德育课程思想的发展历程表明，课程的设置和教学总是与一定的教育教学目标相匹配，把思想政治教育的内容与具体课程内容结合起来，是中西方教育的基本特征和本质追求。不同之处在于是把思想政治教育统整融入所有课程，还是开设专门的课程。西方走过了统整、分离、再统整的历程，我国古代则长期坚持统整的思想，直到"洋务运动"后的西学东渐思潮的兴起，有过短暂的争论和分离。新中国成立以来，思想政治教育在高等教育领域逐渐强化，但将思想政治教育融入全部课程的思想并没有完全确立，在实践中造成了思想政治理论课育人的"孤岛"现象。进入新时代，随着立德树人成为教育的根本任务，统整思想再次进入高等教育领域，课程思政随即成为统整思想下的战略选择。历史地看，这一现象不是教学和课程领域的变革，而是对古今中外教育思想反思后对传统高等教育教育理念的重塑，也是对教育与德育关系和规律的再确认。

本书不惜花较大篇幅追溯中西方教育、高等教育、课程、知识、课程知识与德育的关系，一方面在于从源头上探析课程思政的发端及发展，厘清高等教育与德育的历史和现实关系；另一方面在于立足高等教育与道德教育的关系设置课程思政，并进一步论证道德教育是教育的本质和主要形式，以此为打牢新时代课程思政根植传统的理论根基。回归教育的本真，把德育放在教育的首位，并渗透于所有课程和教学环节，实现协同育人，既是对古代课程德育思想初心的回归，又是对世界高等教育优秀德育思想的吸纳。

此外，自课程思政理念提出以来，高等教育界进行了较多的理论研究，就目前的统计和查阅情况，存在两个方面的不足。一是直接排除或忽视对课程思政基础理论和逻辑起点的研究，或分析其在新时代的重大意义，或提出其实施的原则要求，或结合一门具体课程单一阐发思政元素，都在总体上给人一种课程思政其义自明的意味。我们有理由且需要追问课程思政的历史和内涵，这些内涵在高等教育发展中体现在哪些方面、哪些时间。二是对课程思政实施的理论研究，基本上集中在研究生毕业论文中，或采取知识论，或立足教学论，或基于思想政治教育角度，缺乏对课程思政理论基础的全面研究，未能对课程思政进行全貌性解读。总体上，学界对课程思政理论的研究不能说是完备的，高校对课程思政的实践也谈不上是成熟的，更遑论对涉农高校课程思政的探究。这既是笔者选择这一研究问题的初衷，更来自笔者作为高等农业院校教师的身份需求。

第二章

高等农业院校课程思政的原则遵循

　　农业是人类利用自然条件，依靠生物的生理活动机能，通过劳动来强化或控制生物体的生命活动，以取得所需物质产品的社会生产部门。从价值角度讲，农业具有满足人类生存的基础功能，具有生命性、节令性、周期性、复杂性及土地的固定性、区域性、产出力局限性等基本属性。纵观人类农业发展历程，大致经历了原始农业、传统农业、现代农业和后现代农业四个阶段。从人与自然关系的角度讲，农业是人类利用和改造自然并获取生存所需的一种互动，在这一过程中，随着生产技术的不断改进和生产效能的不断提高，人类进入以理性主义为指导的文明社会。但因其对自然环境条件的高度依赖，随着技术进步带来的人口增加，农业发展对生态环境的破坏程度不断提高。进入 20 世纪 80 年代，反思工业文明主导下的现代农业模式，缓和人与自然之间的紧张关系，实现人类可持续发展和农业永续发展，逐步进入国内外学者的视野。这些反思将关注的焦点和起点聚焦于中国，既缘于我国土地与人口突出的矛盾，也来自对中华农耕文明特性的追溯；既有对传统农业中生态农业理念的再认识，也体现了农业传统与后现代理念高度契合的理论构建旨趣。需要充分关注的是，国外学者在研究现代西方高等教育的知识、课程、教学等问题时，同样把目光投向中华文明并从中汲取理论素养。这再次证明了中华文明的博大精深和世界意义，农业文明是中华文明的血液，在经历现代化以来的西方工业文明的冲击后，再次展现出强大的生命力。

农业文明是人类文明的起源，更是中华文明的根基，我国古代高等教育未涉及农业教育，究其根源在于"君子"和"小人"、"大人"和"小人"之别，核心在于"道"与"艺"之辨。所谓："志于道，据于德，依于仁，游于艺。"《论语·述而》："艺，六艺也，不足据依，故曰游。"《子罕》载孔子说："吾少也贱，故多能鄙事。"此处的"鄙事"指的就是"艺"。《论语·子张》："子夏曰：百工居肆以成其事，君子学以致其道。""百工"与"君子"对立，"艺"与"道"相别。可见在孔子时代，"艺"是"贱人"的"鄙事"。更鲜明的例证来自《论语·子路》："樊迟请学稼，子曰：'吾不如老农。'请学为圃，曰：'吾不如老圃。'樊迟出，子曰：'小人哉樊须也！上好礼，则民莫敢不敬；上好义，则民莫敢不服；上好信，则民莫敢不用情。夫如是，则四方之民襁负其子而至矣，焉用稼？'"此处"小人"与"上"相对，"上"与"民"相对，则"民"是"小人"以"稼"为生。该思想对中国传统文化影响深重，绵延数千年。中国历代封建王朝虽反复强调农业的重要性，坚持执行重农抑商的政策，但从设立专门教育机构来培养专门人才的角度来讲，在古代并不存在真正的高等农业教育机构。最早的具有农业教育性质的机构可追溯至唐代官学设立的太仆寺，负责皇帝舆马与马政署。据《新唐书·百官志》记载，光宅元年（684年）"太仆寺又有兽医博士员一百二十人"；另据《旧唐书》载："太仆寺设兽医博士四人，教育生徒百人。"据此有学者认为，中国的兽医学校比欧洲国家最早建立的巴黎兽医学校（1762年）和奥地利维也纳兽医学校（1769年）要早1000多年。[①] 笔者并不认同这种说法，因为专门人才培养和高深学问探究是高等教育机构的基本特征，唐代的太仆寺从性质和形式上更是一个行政管理机构，教育机构性质并不明显，也不符合我们对高等教育的界定。此处就高等农业教育而言，并不是否认农业教育在中国古代的存在。事实上，在中国古代存在广义上的农业教育，并蕴含丰富的教育思想。

中国真正意义上的高等农业教育发端于洋务运动之时，深受日本"劝

---

① 张景书：《中国古代农业教育研究》，西北农林科技大学出版社，2008，第12页。

农政策"和美国"莫里尔法案"影响，一批爱国志士提出了兴办农科院校的思想。1897 年，浙江杭州太守林迪臣创办了第一所具有现代意义的涉农专门学堂——杭州蚕学馆，开了中国近代单科性农业教育的先河，而杭州蚕学馆也被称为中国近代最早的职业教育机构。1898 年，张之洞在《设立农务工艺学堂暨劝工劝商公所折》中指出"窃惟富国三道，不外农工商三事，而农务尤为中国之根本"，强调了农业教育的重要意义。随后，光绪帝正式下诏兴办各类实业学校，设立农务学堂，在张之洞的主导下，国内第一所农务学堂——湖北农务学堂正式成立，后于 1905 年升格为湖北高等农务学堂。同期，还有直隶高等农务学堂、江西高等农业学堂、山西高等农业学堂、山东高等农业学堂、私立安徽高等农业学堂以及京师大学堂农科，这 7 所农业学堂被称为中国近代最早建立的农业学堂。① 1902 年，京师大学堂设置农科，其后，农业学堂设置专科，标志着中国独立设置高等农业院校的开始。1910 年，京师大学堂开办农科大学，同年设置本科，成为中国农业大学的开端。②

相关资料显示，在清朝末年的实业教育起步阶段，农业教育发端较早，农业学校数量和学生数所占比例在农、工、商三业中比较高，可见农业教育在当时得到了高度重视。③ 该阶段的高等农业教育处于萌芽期，主要是学习和模仿日本，与我国当时的农业实际结合不够紧密。1912~1949 年，新中国成立前，中国高等农业教育经历了从全面学习日本到借鉴欧美的转变。抗日战争期间，很多农业院校被迫西迁甚至关停，也正是在这一时期，多层次的中国农业教育体系初步形成。1952~1976 年，在学习苏联高等农业教育的大背景下，中国高等教育开始了大规模的院系调整，高等农业教育进入重要转折期，一方面培养了一批急需的农业专业人才，满足了社会经济发展的迫切需要，另一方面形成了单科性高等农林院校的布局，削弱了农业学科与其他

---

① 李国杰、李露萍主编《我国高等农林教育可持续发展战略研究》，辽宁人民出版社，2008，第 266~267 页。
② 《中国教育统计年鉴 2004》，人民教育出版社，2005，第 80~85 页。
③ 杨士谋、彭千梓、王金昌：《中国农业教育发展史略》，北京农业大学出版社，1994，第 41 页。

学科的联系。① 党的十一届三中全会后，之前搬、撤、并、分的学校得到了恢复或重建，高等农业教育开始平稳发展。1995 年以后，沿着"共建、调整、合作、合并"的思路，高等教育布局再次调整，打破了条块分割的局面，高等农业教育结构布局和资源配置也得到优化，高等农业教育由此进入新的腾飞期。②

新中国成立以来，高等农业教育在科技创新、培育高层次专门人才，促进农业现代化、消除贫困和全面建成小康社会的历史进程中做出了积极贡献。新时代，我国已全面建成小康社会，开始接续实施乡村振兴战略，高等农业院校的历史使命进一步凸显。履行好立德树人根本任务，为农业农村现代化培育合格的建设者和接班人，不仅需要革故鼎新，更需要守正创新。习近平总书记在 2020 年 12 月中央农村工作会议上的讲话中指出："从世界百年未有之大变局看，稳住农业基本盘、守好'三农'基础是应变局、开新局的'压舱石'。"③ 在中国共产党带领全国人民向第二个百年奋斗目标迈进的历史关口，巩固和拓展脱贫攻坚成果，全面推进乡村振兴，加快推进农业农村现代化，关系中国特色社会主义现代化进程，关系中华民族伟大复兴。

一　贯彻落实党的教育方针与"三农"工作全面结合

党的教育方针是党在一定历史阶段的理论路线方针政策在教育领域的集中体现，在教育发展中具有根本性地位，是教育工作的根本遵循。2021 年 4 月 29 日全国人大常委会通过的《中华人民共和国教育法》，对新时代党的教育方针做出最新表述，全面体现了习近平新时代中国特色社会主义思想，特别是习近平总书记关于教育的重要论述的要求，规定了新时代教育的性

---

① 刘浩源：《中国高等农业教育发展战略研究——以湖南农业大学为例》，湖南农业大学硕士学位论文，2006，第 1~9 页。
② 高昌海、刘克敌、梁君梅：《国民素质与教育》，山东教育出版社，2000，第 41 页。
③ 《习近平出席中央农村工作会议并发表重要讲话》，中国政府网，2020 年 12 月 29 日。

质、目标、任务和实现路径，将党的教育方针提升到国家法律规范层面，成为推动我国教育事业高质量发展的重要举措，是新时代中国特色社会主义教育的方向指引，对指导中国特色社会主义教育事业发展具有重大的战略意义。党的教育方针明确了"培养什么人"，即培养德智体美劳全面发展的社会主义建设者和接班人；"怎样培养人"，即教育必须与生产劳动和社会实践相结合；"为谁培养人"，即教育必须为社会主义现代化建设服务、为人民服务。这是遵循教育一般规律，根据新时代教育发展的形势任务而对教育工作提出的总要求和总遵循，使"培养什么人""怎样培养人""为谁培养人"的方向更加鲜明、内容更加完善、要求更加明确。党的教育方针是从宏观上对各级各类教育做出的统一规定，具有宏观规范和指导意义。具体到高等农业院校则需要根据办学目标和人才培养目标进行微观细化分解，从而达到教育思想从普遍到一般、从理论到实践的转化。赋予"培养什么人""怎样培养人""为谁培养人"更加鲜明、完善、明确的内容。同理，课程思政作为全面落实立德树人根本任务的战略举措，是对整个高等教育的总体要求，落实到高等农业教育必须进行具体的研究分析，这也是一个从普遍到特殊的转化。高等农业教育的课程思政区别于其他院校课程思政的特殊性在于其办学方向、学科专业、培养目标等，其课程思政的价值追求也不同于其他高等院校，表现出较强的行业特色。

习近平总书记强调，"我们要坚持用大历史观来看待农业、农村、农民问题"[①]，为人们深刻理解"三农"问题提供了一个全新的视角。"三农"问题是中国革命、建设、改革的基本问题，始终关系国家发展大局。新中国成立以来，1982～1986 年、2004～2010 年以及 2012 年至今，中央一号文件均以"三农"为主题，指导农业发展、农村建设，切实保障农民各项权益。党的十八大以来，习近平总书记结合农业现代化，把解决好"三农"问题上升至国家战略层面，强调其是"国计民生"的根本性问题，指出"全党务必充分认识新发展阶段做好'三农'工作的重要性和紧迫性，坚持把解

---

① 习近平 2020 年 12 月 28 日在中央农村工作会议上的讲话。

决好'三农'问题作为全党工作的重中之重来完成"。"三农"问题既是我国现代化道路上的短板，更是"压舱石"，农业、农村、农民的现代化决定我国现代化的程度，农村治理现代化决定我国治理能力和水平的现代化。农业农村现代化关键在科技和人才，高等农业院校承担着强农兴农、培养知农爱农新型人才、建设农业科技强国的时代责任。坚持面向世界科技前沿、面向经济主战场、面向国家重大需求、面向人民生命健康，开展农业科技创新、社会服务、知农爱农新型人才培养，是高等农业院校的基本职能。结合新时代党的农业农村现代化建设战略推进课程思政，既是贯彻落实党的教育方针的基本要求，又是高等农业院校落实立德树人根本任务的内在需求，这是由高等农业院校的办学性质和目标决定的。结合立德树人根本任务和办学治校实际，落实好课程思政，高等农业院校首先要对以下几个方面有明确的认识。

（一）新时代高等农业院校的性质和作用

进入新时代，我国社会发展的主要矛盾已经转化为人民日益增长的美好生活需要和不平衡不充分的发展之间的矛盾。粮食安全、人类健康、生态文明和乡村振兴是确保人民对美好生活追求的重要内容，也是农业肩负的神圣使命。[①] 当下，全球范围内的科技产业革命促进了生物技术、信息技术、新材料和新能源等技术与农业科技的结合，也促进了新兴学科的不断涌现，农业科技前沿持续前移，融合、绿色、智能、国际化等成为现代农业的基本追求，高等农业教育面临新一轮的改革。2019 年 9 月 5 日，习近平总书记在给全国涉农高校的书记校长和专家代表的回信中指出："中国现代化离不开农业农村现代化，农业农村现代化关键在科技、在人才。新时代，农村是充满希望的田野，是干事创业的广阔舞台，我国高等农林教育大有可为。希望你们继续以立德树人为根本，以强农兴农为己任，拿出更多科技成果，培养更多知农爱农新型人才，为推进农业农村现代化、确保国家粮食安全、提高

---

① 　吴普特：《以习近平总书记回信精神为指导　面向未来农业推进新时代高等农业教育综合改革》，《中国高等教育》2019 年第 21 期。

亿万农民生活水平和思想道德素质、促进山水林田湖草系统治理，为打赢脱贫攻坚战、推进乡村全面振兴不断作出新的更大的贡献。"① 回信精神成为新时代高等农业院校改革发展的基本遵循，也是加强高等农业院校课程思政的根本遵循。落实回信精神，涉农高校宏观上要深刻认识高等农业教育的政治属性，把握其对民族复兴的显性价值和隐性价值；微观上要把握高等农业教育同时具备普通高等教育服务于人的全面发展的内在要求，统筹个人和社会发展两个方面的性质和作用，坚持办好人民满意的教育。在实现中国共产党第二个百年奋斗目标和中华民族伟大复兴的大局中认识高等农业教育的使命职责，把落实立德树人根本任务实效作为教育教学质量评价的主要指标，融入教育评价、教育教学改革创新、人才培养质量提升等办学治校的各个领域。

《中华人民共和国教育法》第四条提出，教育"对提高人民综合素质、促进人的全面发展、增强中华民族创新创造活力、实现中华民族伟大复兴具有决定性意义"。《中华人民共和国高等教育法》第五条："高等教育的任务是培养具有社会责任感、创新精神和实践能力的高级专门人才，发展科学技术文化，促进社会主义现代化建设。"两个基本法都从个人和社会两个方面对教育的性质和作用进行了明确规定。我国高等教育从发端之初就以政治论②为其哲学基础，以服务于民族独立和国富民强为根本追求。教育从本质上讲是一种育人的社会活动，即个体的社会化活动，而社会化活动就必须根据一定时期的社会需求来对个体施加系统的影响，这一过程既尊重个体身心发展规律又服从于社会发展需求。高等农业院校是中国共产党领导下的社会主义教育机构，为人民服务、为中国共产党治国理政服务、为巩固和发展中

---

① 《习近平给全国涉农高校的书记校长和专家代表的回信》，新华网，2019 年 9 月 6 日。
② 布鲁贝克在其《高等教育哲学》中认为，20 世纪，大学确立其合法地位的途径有两种，即存在两种主要的高等教育哲学，一是以认识论为基础，二是以政治论为基础。前者指向真理性的高深学问，后者则因为高深学问的探索对国家有深远的影响，把教育作为政治的分支来看待。孔子、柏拉图、亚里士多德、杜威等都持政治论的观点。罗纳德·巴尼特则在《高等教育理念》中认为，高等教育建立在两大公理之上，一为认识论，体现为知识客观；二为社会学，集中体现为院校自治。

国特色社会主义制度服务、为改革开放和社会主义现代化建设服务，是新时代涉农高校发展的基本方向。坚持面向世界科技前沿、面向经济主战场、面向国家重大需求、面向人民生命健康，是高等农业院校开展人才培养和科技创新的根本要求。

（二）新时代高等农业教育的目标

高等农业教育面向"三农"办学，为农业农村现代化建设服务，是国家高等教育结构布局的需求，也是高等农业院校教育价值的体现。培养德智体美劳全面发展的社会主义建设者和接班人，是党的教育方针为各级各类教育规定的基本目标和基本任务。高等农业教育是我国教育的重要组成部分，培养的人是社会主义建设者和接班人的一部分而不是全部，其根本使命是培养服务农业现代化、为"三农"和乡村振兴做出贡献的新时代专门人才。教育部 2020 年印发的《高等学校课程思政建设指导纲要》，对农学类专业课程思政教学体系提出的基本目标要求和基本内容包括：生态文明教育、树立和践行"绿水青山就是金山银山"的理念、具有"大国三农"情怀、以强农兴农为己任、"懂农业、爱农村、爱农民"、具有把论文写在祖国大地上的意识和信念，增强学生服务农业农村现代化、服务乡村全面振兴的使命感和责任感。虽然这从专业类别和特点的角度对课程思政做了基本的规定，其内容基本涵盖了新时代高等农业院校人才培养目标中关于思想政治素质的要求，但仍属于较为宏观和模糊的规定。一是作为国家规范，体现的是国家对涉农专业人才素质的宏观要求，未能从思想政治教育的角度进行较为系统的归纳，需要高等院校在实施中结合实际再细化落实。二是只对重要或当前重要的高等农业教育目标和内容进行了规定，这些目标内容包括部分农科专业，但具体专业的人才培养目标还不够全面，未能包括涉农专业，如农业经济类、食品科学类、农业机械化类等专业，仍然需要在教育实践中细化落实。

服务"三农"是高等农业院校的战略任务，面对新一轮科技革命和未来农业产业的变革需求，高等农业院校必须对教育目标和教育方法进行改革和调整。其一要围绕粮食安全、生态文明、人类健康、乡村振兴等战略问题，调整优化学科专业，并确立新的人才培养目标。其二要以立德树人为根本，进行农业人才知识、能力、素质的研究，确立人才培养目标，明确不同类别、层次、规格涉农专业人才培养的要求和标准。其三要围绕人才培养目标全面更新人才培养方案，构建与新时代和未来农业人才需求相配套的课程体系，改革人才培养模式，提高人才培养质量。其四要根据人才培养目标，加强教师专业能力建设，更新教育教学方法，增强落实立德树人根本任务的师资能力，全面推进课程思政建设，夯实高等农业院校培养高质量知农爱农新型人才的基础。其五要坚持理论教学和实践教学并重的教育方针，使高等农业教育教学与生产劳动紧密结合。

教育与生产劳动相结合，是马克思主义特有的教育原则，是培养理论与实际结合、学用一致、全面发展的新人的根本途径，是逐步消灭脑力劳动和体力劳动差别的重要措施。高等农业教育因具有较强的实践性，更要注重教育与生产劳动的结合；要通过系统的课堂教学，使学生获得书本知识，更要通过教育实践活动，将学生掌握的书本知识应用到生产实践，在实践与应用中互为补充、相辅相成，共同实现教育的目的。教育与生产劳动和社会实践相结合，是理论与实践相统一、脑力劳动与体力劳动相补充的表现，是受教育者全面发展的内在要求。贯彻教育方针，就要改革高等农业教育教学的方法，在贯彻教育原则和体制机制的基础上不断提高教育质量。

（三）新时代高等农业教育的基本内容

"教育内容，究其实质是关于对受教育者施以什么样的精神影响，给以什么内容的文化的问题。"[①] 教育内容是教育目标实现的重要载体和根本保证，是选择教育形式的重要依据。教育目标决定教育内容，明确的教育目标是选择教育内容的基本标准和依据。新时代高等农业教育的目标是培养德智体美劳的知农爱农型社会主义现代化建设者和接班人，德智体美劳五育是教育教学的基本内容。德智体美劳五育并举的规定既是对传统高等教育思想的

---

① 胡德海：《教育学原理》，人民教育出版社，2013，第 369 页。

继承，也是对新时代高等教育人才培养目标的设定，更是面向未来对高等教育提出的要求。德育、智育、体育、美育、劳动教育是教育教学内容的宏观要求和内在形式，具体表现为人才培养方案、人才培养计划、教学计划、教学大纲、教材课程等外在形式。高等农业教育内容在基本构成上与普通院校是一致的，都是党的教育方针的具体落实，不同的是培养的行业和方向不同带来的差异，是高等教育人才培养目标在涉农高校的具体化。五育并举的教育内容在高等农业院校有特殊的内容体系，而不是与其他院校等同。高等农业院校依据德智体美劳全面发展的知农爱农新型人才培养目标，选择合适的教育内容，这成为落实立德树人根本任务、推进课程思政的内在要求。首先从教育内容的内在要求上，涉农高校的德育、智育、体育、美育、劳动教育与其他高校有不同的内容，不同的学科专业思想政治教育内容本身存在差异。其次人才培养方案、教学计划、教材课程等外在形式，也具有自身的特殊性。

当前，高等教育界普遍存在重智育，轻德育、体育、美育，特别是存在劳动教育被忽视或被形式化的现象。在智育和德育的关系上，存在明显的"两张皮"现象，认为德育是思想政治教育理论课和实践课的任务，与专业课没有关系。其实质是实证主义的工具理念在高等教育领域的延续，认为科学知识（或狭义的专业知识）是客观、普遍和价值无涉的，否认专业知识具有的教育意义或德育价值。在美育上，没有系统的教育观和实践体系，基本上通过公选课的方式来进行形式上的点缀，或单纯地开设美术和音乐等课程，缺乏对美育与德育关系的认识，对美育具有的对学习者深层次感悟和人格完善作用的认识也不足。在劳动教育上，用劳动课程来替代劳动教育，把劳动定义在体力劳动与脑力劳动的简单区分上，没能理解劳动对社会发展和人的完善的重要意义，没有形成系统的劳动教育观，实践中也未建立系统的课程体系。高等农业院校的学科专业和课程相对来说具有鲜明的实践性，在课程教学中融入美育、德育、体育和劳动教育，具有天然的优势。从这个意义上说，课程思政的落实最应该从高等农业院校抓起，高等农业院校也应该是课程思政的示范区。

二　贯彻落实党的教育方针与乡村振兴战略的全面结合

（一）教育方针与涉农高校

党的教育方针，要求受教育者在德智体美劳诸方面均得到发展，成为中国特色社会主义的建设者和接班人。这一目标毋庸置疑是明确的，具体到高等农业院校，必须结合院校人才培养目标对这一总目标进行明确和细化，提高人才培养的针对性。从培养农业农村现代化合格的建设者和接班人的定位来看，高等农业教育的人才培养目标和规格，除创新型、综合型、专业型、应用型、研究型等一般性要求之外，还必须结合个体和农业经济社会发展需求进一步明确。这里的培养目标的明确性，指围绕立德树人根本任务，结合学科专业所对应的职业素养，确定学生在知识、能力、思想、技术等方面必须达到的标准。立德树人是人才成长的根本规律，习近平总书记强调："人才培养一定是育人和育才相统一的过程，而育人是本。人无德不立，育人的根本在于立德，这是人才培养的辩证法。办学就要尊重这个规律，否则就办不好学。"[1] 教育部高等学校教学指导委员会对涉农类专业的培养目标进行了具体的规定[2]，但也仅限于高度的社会责任感、良好的科学文化素养、具有创新意识等一般性规定。对于从事农业现代化的高级专门人才而言，结合行业和职业的思想道德素养和职业素养却没有明确，而指导教育实践的政策法规也相对不完善。因此需要高等农业院校结合教育教学实践认真研究、统筹分析、细化明确到各门具体课程的学习中，把这部分教育内容放置在课程思政的范畴中加以落实。这无疑是一项广泛复杂且艰巨细致的工作，在当今存在功利主义和实用主义倾向的高等教育领域去落实这一工作，不仅需要教育者有极大的责任情怀，更需要政策制度规范和理论创新的指导。另外，我

---

[1]　习近平：《在北京大学师生座谈会上的讲话》，《人民日报》2018 年 5 月 3 日。

[2]　教育部高等学校教学指导委员会：《普通高等学校本科专业类教学质量国家标准》，高等教育出版社，2018。

们还必须看到中国传统农业社会以及城乡二元结构对高等农业教育的影响。现代化与工业化和城镇化联姻，工业和城市成为现代社会的中心，农业、农村和农民则相对落后，这种"现代化"的思维还在我国拥有大块思想阵地。消除长期以来形成的这种思维定式，需要经济社会的发展，更需要加强高等农业教育。从这个意义上讲，高等农业教育更需要课程思政，更需要把学生的思想政治教育放在首位，这既是对时代的回应，更是决定未来发展的崇高事业。①

（二）乡村振兴战略实施的时代背景

党的十九大提出实施乡村振兴战略，是决胜全面建成小康社会、全面建设社会主义现代化国家的重大历史任务，是新时代做好"三农"工作的总抓手。② 实施乡村振兴战略，是化解新时代我国社会主要矛盾、实现"两个一百年"奋斗目标和中华民族伟大复兴中国梦的必然要求。具体来讲，实施乡村振兴战略是建设现代化经济体系的重要基础、建设美丽中国的关键举措、传承中华优秀传统文化的有效途径、健全现代社会治理格局的固本之策、实现全体人民共同富裕的必然选择。③《乡村振兴战略规划（2018—2022 年）》中明确了乡村振兴战略的 8 个基本原则：坚持党管农村工作，坚持农业农村优先发展，坚持农民主体地位，坚持乡村全面振兴，坚持城乡融合发展，坚持人与自然和谐共生，坚持改革创新、激发活力，坚持因地制宜、循序渐进，这些原则是我国乡村振兴战略的根本遵循，也为实施这一战略提供了基本保障。

我国地形复杂，70%的土地是山地，耕地总面积少、分布分散、类型多、均质化差且人均耕地少，而且大部分农业生产集中区与人口稠密集中

---

① 习近平总书记在 2013 年 4 月致清华大学苏世民学者项目启动仪式的贺信中提出："教育决定着人类的今天，也决定着人类的未来。"

② 《乡村振兴战略规划（2018—2022 年）》，新华网，2018 年 9 月 26 日。

③ 《绘就乡村振兴宏伟蓝图——国家发展改革委负责人解读〈乡村振兴战略规划（2018—2022 年）〉》，中国政府网，2018 年 9 月 26 日。

区重合，在耕地资源紧缺且类型众多的条件下，实施规模化、集约化种植的不充分，打造集中连片的现代化农业发展模式也因此受限。适度规模经营，家庭小农生产与多种经营形式相协调的农业生产模式，是很长一段时期内我国农业的基本模式。提倡因地制宜、多元化、小规模、特色化、品质化、可持续发展是立足基本国情、循序渐进推进乡村振兴必须坚持的理念。实现农业农村现代化，消除二元社会，建设有特色的乡镇村镇，是乡村振兴战略实施的必然选择，也是化解5亿多农民①的城市化与超大城市持续增加之间矛盾的必然选择。根据乡村振兴战略的总体要求、基本原则、重点任务、基本格局等，基本可归纳出以下发展理念：可持续发展理念、统筹城乡全面发展理念、保护自然生态发展理念、尊重乡村和农民主体地位发展理念、因地制宜多元发展理念、协调社会和经济包容性增长理念、尊重并坚持生态和文明多样性理念等。这些理念统一蕴含在乡村振兴战略的基本原则和产业兴旺、生态宜居、乡风文明、治理有效、生活富裕的总要求中。

（三）乡村振兴战略的全球视野

乡村振兴战略并非脱贫攻坚行动的升级版，而是我国实现现代化的根本性战略，其理念具有全球化的视野，实践则带有普遍性特征。乡村振兴战略是全球可持续发展的中国方案。乡村振兴战略扎根中国大地，展望全球生态，立足人类永续发展，在传承中华传统优秀文化的基础上，与后现代主义视域下的农业发展理念相互印证，以生态文明和可持续发展为基石，借鉴现代农业技术，利用市场，旨在实现人与自然的和谐发展。这一战略是中国传统农业智慧在新时代与世界后现代农业理念的融合，从根本上缓解了农业生产与自然环境之间的紧张关系，在推动乡村振兴的同时，实现城乡统筹发展，消除二元社会，促进公平发展。在人类踏上现代化之路后，工业文明主导的城市化成为人类社会发展主要模式，乡村振兴战略正是在此基础上提出

---

① 2021年5月11日第七次全国人口普查数据。

的一种文明乡村的发展模式，肯定并延续了农业文明的价值，保持了人类文明宏大叙事的整体性。乡村振兴战略结合农业生产和区域条件差异，用因地制宜的原则有效推动了现代农业集约化、规模化发展。战略也从理论和实践上为我国农业现代化提出了根本遵循和基本路径，也为21世纪全球农业可持续发展提供了中国方案。在更为深层的意义上，乡村振兴战略的顺利实施，彰显了中华农耕文明的自信，为人类及农业的可持续发展提供了解决方案，是我国推动构建人类命运共同体的具体实践。

高等农业院校贯彻落实党的教育方针，坚持党对高校的领导，建设社会主义大学，办好人民满意的教育，扎根中国大地办教育，为党育才，如果仅将办学目标和人才培养目标定位在创新型、综合型、应用型等一般性规定上，或者将专业培养目标规定在培养具有社会责任感、良好的文化素养、较好的创新意识的人才等一般层面上，则培养目标的达成度将既不具体也不精准。在具体教育实践中，课程思政成为落实这些具体目标的基本依托和载体。所以，高等农业教育贯彻落实党的教育方针，必须与乡村振兴战略紧密结合，而结合点、出发点均在课程思政。

三　课程思政对立德树人根本任务的全面支撑

立德树人是中国高等教育的优秀传统，也是中华民族优秀文化传统。中国共产党继承和发扬优秀传统文化和教育理念，把立德树人作为教育的根本任务，是在深刻认识和把握国内外政治、经济、社会、文化形势，全面分析各国教育发展现状和趋势的基础上，对教育的历史性、本质性和规律性的认识。党的十九大报告要求落实立德树人根本任务，将立德树人的定位置于全面发展之上，这是以习近平同志为核心的党中央继承、丰富和发展党的教育方针的重大集中体现、创新发展和最新成果。具体包括三个方面的深刻含义：一是揭示了教育的本质；二是揭示了德育在学校教育中的突出地位，强调促进人的德性成长是教育的首要任务，体现了党对人的全面发展的最新要求；三是揭示了道德发展与人的全面发展的辩证关系，强调德性成长是人的全面发展的根本保障。① 从教育的政治性角度，"育人的根本在于立德。全面贯彻党的教育方针，落实立德树人根本任务，培养德智体美劳全面发展的社会主义建设者和接班人"②。从教育改革发展的角度，"要深化教育体制改革，健全立德树人落实机制，扭转不科学的教育评价导向"③。从落实人才培养目标的角度，"要全面贯彻党的教育方针，落实立德树人根本任务，发展素质教育，推进教育公平，培养德智体美全面发展的社会主义建设者和接班人"④。立德树人成效是检验高校一切工作的根本标准，高校落实立德树人根本任务，必须将价值塑造、知识传授和能力培养三者融为一体，统筹推进。课程思政作为落实立德树人根本任务的战略举措，影响甚至决定着接班人问题，影响甚至决定着国家长治久安，影响甚至决定着民族复兴和国家崛起。⑤ 高等农业院校落实立德树人根本任务，全面推进课程思政建设，必须处理好以下几个方面的问题。

（一）成人和成才的关系

教育活动作为人类历代积累起来的知识、文化的一种传递、传播的工具和手段，是直接以人为对象的，教育所传递和传播的社会知识、文化必然首先作用于个体。受到教育影响的人组成社会，即表现为人的生存与发展所根本要求的成人和成才两个方面。⑥ 人的生命存在，并不是一种纯自然的过程，而是身心统一体。既有自然的动物性决定的生存，也有社会性决定的生存。⑦ "成人"在教育学的概念中是"文化成人"或"文而化之"。人类进

---

① 教育部课题组：《深入学习习近平关于教育的重要论述》，人民出版社，2019，第48页。
② 习近平：《高举中国特色社会主义伟大旗帜 为全面建设社会主义现代化国家而团结奋斗——在中国共产党第二十次全国代表大会上的报告》，中国政府网，2022年10月25日。
③ 《习近平在全国高校思想政治工作会议上强调把思想政治工作贯穿教育教学全过程 开创我国高等教育事业发展新局面》，《人民日报》2016年12月9日。
④ 习近平：《决胜全面建成小康社会 夺取新时代中国特色社会主义伟大胜利——在中国共产党第十九次全国代表大会上的报告》，中国政府网，2017年10月27日。
⑤ 《教育部关于印发〈高等学校课程思政建设指导纲要〉的通知》，教育部网站，2020年5月28日。
⑥ 胡德海：《教育学原理》，人民教育出版社，2013，第249页。
⑦ 胡德海：《教育学原理》，人民教育出版社，2013，第249页。

化是文化进化，任何人的生存发展都是一个不断"成人"的过程，因此要把"成人"作为教育需要实现的首要功能，立足于人未来生存发展或社会化生活的基础上。对所有人来讲，社会化要求与社会相适应，才能培养合格的社会成员。就教育的功能来讲，即通过教育让个体成为物理性和精神性相统一的人。人之为人，在于其社会性。人从自然人变为社会人，是个人认识与适应既定环境的结果，既是文化的结果，也是社会教化的结果。"成人"之意不仅与社会学、文化学中的社会化同义，也与"成年"及古代的"弱冠"礼一致。成年礼仪之所以被人类学家称为"公民教育"，就在于在古代弱冠之后就可以进入高等教育阶段了。人的社会化和成人，都是教育的结果。现实的人存在于群体的文化环境之中，是人类普遍存在的现象。立德树人的根本是树人，这里既指成人也指成才，成人成才的基础是立德，课程思政是塑造人的教育实践活动，是育人与育才的统一。

马克思关于人的本质的论断包括两个方面。一方面是"人的类特性恰恰就是自由的自觉的活动"，"有意识的生命活动把人同动物的生命活动直接区别开来。正是由于这一点，人才是类存在物"。[①] 有意识和有目的的生命活动是人与动物的根本区别，实践活动构成人的本质并创造人，人通过实践活动摆脱异化走向自由。"人的思维的最本质的和最切近的基础，正是人所引起的自然界的变化，而不仅仅是自然界本身；人在怎样的程度上学会改变自然界，人的智力就在怎样的程度上发展起来。"[②] 这表明，主体对客体的感知认识，是一个生命实践和社会实践的过程，也是人自身发展确证的过程，也就是说对人的理解必须置于对象化的活动中，即社会实践的场景之内，人在认识自然界的同时也认识自身。"人作为对象性的、感性的存在物，是一个受动的存在物；因为它感到自己是受动的，所以是一个有激情的存在物。激情、热情是人强烈追求自己的对象的本质力量。"[③] 在这里，从事实际生命活动的人是感性活动的主体，

---

① 《马克思恩格斯全集》（第四十二卷），人民出版社，1979，第 96 页。
② 《马克思恩格斯选集》（第四卷），人民出版社，1995，第 329 页。
③ 马克思：《1844 年经济学哲学手稿》，人民出版社，2014，第 104 页。

人的自我生成是一个积极的过程，并需要注入激情、意志、精神等因素。

另一方面是"人的本质不是单个人所固有的抽象物，在其现实性上，它是一切社会关系的总和。"① 这是对感性的人在有意识的生命活动中，与外部具体世界发生关系时对人的本质的界定。感性的实践活动对象既包括人与自然的关系，又关涉人的社会关系。自然界是人类感性活动的条件和基础，人与自然界持续的交互作用使自在的自然转化为人化的自然，该过程体现了人的自然性。人与自然的关系又依赖人与人的关系，人与自然的互动必须在一定的社会关系之中，因此，人与自然的关系和人的社会关系互为介质，即"只有在社会中，自然界才是人自己的合乎人性的存在的基础，才是人的现实的生活要素"②。现实的人存在于一定的社会关系之中，而社会关系具有阶级性，不同的阶级具有不同的感性意识。所以，阶级成为塑造人性的感性的重要因素。处于自然界和社会关系中而非之外的现实的人，生命活动的对象和场域就是感性世界，人在对象化的感性活动中反观并确证自我。

教育的对象是人，是生活在现实社会关系中的具体而现实的人。教育对人的发展和完善，以提高人的认识能力、优化人的素质、提高人的生存质量为基础。教育对人的首要作用就是使其成为社会化的人，使人不仅可以适应社会生活，而且能够以自身拥有的素质为基础去享受生活。这里的适应社会生活、拥有素质就包括具体的阶级意识，这是教育使人社会化的基本特征。人的社会化首先是确认其阶级性，因为社会关系具有阶级性，社会化的人首先要把阶级性作为实现自身发展的内在必然性，这是教育发挥政治功能的基本依据，也是课程思政的主要目标。社会化还要培养人在需要基础之上的激情、意志、价值、精神等感性体验，人不是机械的存在，人在能动的感性实践活动中感知自然、体验社会，并在这一过程中形成和塑造思维意识。人的

---

① 《马克思恩格斯选集》（第一卷），人民出版社，1995，第56页。

② 马克思：《1844年经济学哲学手稿》，人民出版社，2014，第79页。

自我生成是一个实践的过程，也是一个感性体验的过程，需要情感、意志等精神因素的持续注入，并在实践中进行再生产或变革升华，这一过程直接构成人存在的意义范畴，成为人发展自我的内部动力机制，为能动的实践活动提供向导，并成为能动本身的一部分。这是教育使人社会化的另一个重要职能，也是课程思政的主要组成部分。

教育提高人认识自然能力的作用，首先体现在提高其认识能力上。人对自然的认识能力，首先是对人类已有知识的传授。人类在与自然界的互动中创造了大量的知识，这些知识既是累积的经验，又是人类互相沟通的媒介，表现为不同的学科系统。但进入课程的知识不可能包括人类全部的创造，教育的作用在于尽可能选择"强有力的知识"或"最有价值的知识"，通过系统规范的方法把这些知识传授和保存下去。在人类存在和改善生存境况并获得发展的意义上，人与自然和社会的关系处于持续的互动之中，而人类又在互动作用中进一步确证和认识自我。这一过程既是在已有知识基础之上的能动实践，又是新知识的生成过程。因此，教育不能停留在对已有知识的传承和保存上，还必须将自身职能延伸到对新知识的创造上。新的知识的创造是在已有知识基础之上，对人与自然和社会关系规律、原则、概念未知部分的开发，前提是对知识生产规律和方法的掌握。因此，教育提高人认识自然能力的另外一个职能是教会其创造新知识的方法。创造新知识的方法不是简单的科学方法，而是包括世界观、认识论和方法论在内的一系列范畴。这构成了知识传授的另一个层面。因此，马克思主义关于人的本质的理论拓展到教育领域，认为知识传授、能力培养和价值塑造统一于人的实践活动，教育是实现人、发展人、完善人的本质的基本手段，因此，在教育过程中割裂任何一个环节、剔除任何一项内容，都是对人的本质的异化。

教育是人类存在方式的自发自觉产物，在一定程度上是人类的基本存在方式，是"人的本质化对象"，即教育促使人的本质完善和发展。所谓成才，就个体来讲，是通过受教育获得自立和参与社会活动的能力，在此基础上从文化的角度、社会的角度、家庭的角度成为对社会有用的人。人们通常把有知识、有学问、德才兼备的人或拥有某种特长的人叫作人才。教育学的人才观是"人才高下，不能均同"，人才学认为辨别人才和非人才的标准在于德性，而不是知识水平。这里的德性指的是以其文化知识水平为创造社会文化、发展人类社会生活服务的品质德性。成人和成才是辩证统一的关系，二者相辅相成、彼此依存。人生就是一个不断"以文化人"的过程，教育的自觉就是文化的自觉，文化的自觉即人的自觉。当代生成主义的教育哲学所倡导的"学会生存"，揭示了人类的生存并不是自然状态的存在，而是自然人和社会人之间逻辑的生成，教育的作用在于促使自然人向社会人转化。中西方古代高等教育都致力于使人成为有德性的人，人才与德性不可分割，有德性的人也是政治的人，亚里士多德就认为"人天生是政治的动物"。文艺复兴时期，人本主义兴起，人高于自然成为主体；现代以来科学知识凌驾于人之上，人成为知识学习的对象，人才是指掌握了科学知识的人。科学主义所指的"才"是价值无涉、知识化、客观化、普遍化的存在。实用主义所指的"人"是在知识和情境并经由生活中介生成的，是个体和社会的人，也是政治的人。永恒主义所指的"人"又回归到苏格拉底、柏拉图所论及的人，即完善的人、理性的人、完美的人。因此，所谓"成人"，在教育学意义上，必须是社会化的人。所谓"人才"首先是一个有德性的人，而教育学意义上的"人"首先必须具备良好的品德且能对民族、国家、社会做出贡献的人。

高等教育发端之初就把人才与知识和德性融为一体，把价值塑造、知识传授和能力培养统一于教育之中，教育成功的标志就是知识的传授、德性的培养和人才养成。西方自实现现代化以来，实证主义占主导地位，其抛弃了知识和德性的内在联系，人才失去与道德的内在联系，成为工具性的存在，从而异化了人和人才。相反，高等学校人才培养是育人和育才相统一的过程，习近平总书记指出："人才培养一定是育人和育才相统一的过程，而育人是本。人无德不立，育人的根本在于立德。"① 实施课程思政就是为党育人和为国育才的统一。

---

① 习近平：《在北京大学师生座谈会上的讲话》，《人民日报》2018年5月3日。

（二）课程思政在教育实践中的主要方面

课程思政的基础在课程，灵魂在思想政治教育。在高等农业教育的课程思政实践中，在课程类型方面，主体是思想政治理论课，这是开展思想政治教育的主阵地和主渠道，既培育学习者的政治信仰、政治意识、理想信念、核心价值观等，又提高个人的品德修养和法律意识等。改进和完善思想政治理论课是开展课程思政的核心，具体实施上，可以以思想政治理论课的内容体系为主体，挖掘与整理其他课程思政内容体系，形成与主体内容相互支撑、补充、深化、辅助的课程思政内容结构体系，确保课程思政的总体方向。首先要把握"主渠道"和"责任田"的关系。"主渠道"在教育形态上指课堂教学，课程思政实施的主渠道是课堂教学，通过课堂教学实施课程思政是主要方面，活动课程、实践课程等则属于次要方面；在课程类型上，指思想政治理论课是课程思政实施的主要方面。"责任田"则指专业课、通识课、实践课各司其职，并对思想政治理论课发挥支撑作用。其次要加强教学理念和教学方法的创新，以提高育人效果。

课程思政教学是"教"与"学"两者之间的互动，因此要摒弃把学生当作"白板"和"容器"的思维和做法，这也需要教师掌握大量的教学知识和技能。课程思政的实施主体之一是高等农业院校的教师，但当下大部分专业教师并非师范院校出身，没有经过系统的师范教育训练，他们所具有的教学能力，大多来自个人经验的积累，与课程思政对其教育素养的要求存在较大的差距。同时，这些教师大部分未受到教育学的理论训练，更没有掌握认识论、知识观、课程知识观、课程论等专业知识。需要特别重视的是，专业课作为思想政治教育的主阵地能否发挥作用，专业课教师的课程思政能力就成为问题的主要方面。因此，需要转变专业课教师的教育教学理念，让所有课程都承担好育人责任，守好一段渠、种好"责任田"，使各类课程与思政课程同向同行，形成协同效应，实现知识传授与价值塑造和能力提高的融合，同时，加大对专业课教师的培训力度，提升其课程思政能力。

课程思政是把思想政治教育融入各类课程全方位育人的教育理念，这里的课程涉及全部教育经验范畴，对于高等农业院校来说，则涉及办学治校的各类育人经验。在教育存在形态和课程资源上，包括各类传统意义上的课程、实践活动、管理活动、服务活动，以及蕴含思想政治教育经验的各类平台、环境、文化传统、精神风气、体制机制等。在教育主体上，涉及各级各类专职教师、科研人员、管理人员、服务人员、学生等。在教育方法上，包括显性教育和隐性教育、理论教育和实践教育、讲授法、研讨法、实践法、示范法、熏陶法等多种方法的综合运用。在教育内容上，涉及德智体美劳五育并举的内容体系，包括政治引领体系、价值认同体系、科学素养体系、人文精神体系、公共参与体系等多方面内容要素。课程思政作为一种教育理念，既是对教育与德育关系的重塑，又是"大思政"工作格局和"三全育人"教育理念在高等教育中的统整，旨在把阶段性或分散实施的思想政治教育工作全部纳入高等教育体系之中，全面提高立德树人成效和高校人才培养质量。高等农业院校在实施课程思政的过程中，必须从教育理念的高度来把握课程思政，避免仅从狭义的课程层面理解，或仅从思想政治教育范围来建设。要把课程思政建设放在高等教育改革创新、教育评价方式改革、立德树人成效提升的战略高度来布局。要把课程思政融入办学治校的各个领域，融入人才培养、科学研究、社会服务、文化传承和创新、国际交流与合作工作的各个方面，用课程思政统领整个教育教学活动，为党育人，为国育才。

（三）人才培养体系与思想政治教育的关系

人才培养体系指在一定的教育理论和教育思想指导下，按照特定的人才培养目标和人才规格以相对稳定的教学内容和课程体系、管理制度和评估方式，实施人才培养过程的总和。具体包括：培养的目标和规格、实现一定的培养目标和规格的全部教育过程、实现该过程所要求的管理方式和评估制度、与之相匹配的科学的教学方式方法和手段。在 2018 年全国教育大会上，习近平总书记指出：要努力构建德智体美劳全面培养的教育体系，形成更高水平的人才培养体系，要把立德树人融入思想道德教育、文化知识教育、社会实践教育各环节。2020 年，中共中央、国务院印发了《关于全面加强新时代大中小学劳动教育的意见》，劳动教育重回党的教育方针，加强劳动教育成为国家决策，构建"五育并举"的教育体系成为大学教育教学改革的重点任务。围绕立德树人根本任务，构建新时代高等农业教育人才培养新体系，成为深化教育教学改革的主要任务。人才培养体系包括学科体系、教学体系、教材体系、管理体系。从立德树人的角度看，所有的体系都要围绕立德树人这个目标来设计，教师要围绕该目标来教学，学生要围绕该目标来学习。农业高校构建德智体美劳有机融合的人才培养体系，形成全员全过程全方位的"德育为先，五育并举"的育人体系，关键是把思想政治教育工作贯穿人才培养体系始终。具体来说，要摒弃以往德育、智育、体育、美育、劳动教育各成体系、独立分割、互不关联的格局，打破不同课程、不同科目的育人壁垒，促进各种教育资源作用的充分发挥，在每一门课程和每一个育人单元中实现德育为先、全面发展的育人目标，构筑高质量、高水平的人才培养教育体系。

思想政治教育和德育在外延和内涵上是一致的。① 将思想政治工作贯穿于人才培养体系是构建高质量人才培养体系的标志，也是检验人才培养体系实践效果的有效手段。将思想政治工作贯穿于整个人才培养体系，既涉及课堂教学、实践教学、校园活动、线上教育、社会实践等关键育人环节，又涉及党政管理干部队伍、师资队伍、后勤保障队伍建设，同时也需要校舍、校园环境等办学设施和条件的配套完善。高等农业院校在课程思政实施中，首先要优化学科专业课程知识结构体系。优化学科专业课程知识结构体系，在

---

① 国内有很多学者论述了德育和思想政治教育的区别，从内涵和外延上认为二者无论从教学内容、教育阶段还是教育层次都存在本质的区别。本书在历史考察和现实考察的基础上认为，从教育实践来讲，只有立足心理学关于人的认知能力的阶段划分来区分二者才有意义，而大部分学者既不从心理学的角度来分析论述，又不从认识论或知识论的角度来揭示。从根本上看，是一种语义反复或故作深沉，是为区别而论证。教育学本身就是在其他哲学指导下的一门综合学科，教育哲学从严格意义上讲，是各种学科的综合。如果沿着一门哲学或一个哲学流派演进，是有其理论意义的，但在实践中并不具有指导意义。中国的教育哲学更多的是在学习、吸纳、改造西方的教育理论，在各种哲学和主义的教育流派中，如果只是择其一或择其多而不注重对传统教育思想的吸收，在宏观上会造成教育改革的模糊，在微观上会造成教育教学的无所适从。埋头于分析德育和思想政治教育的区别，本身就是一种缺乏创新的表现，对高等教育研究无益，更会带来实践上的混乱。

于最大化地体现课程知识的整体性，在不同专业知识之间形成普遍联系，构建整体知识观。知识的爆炸促使学科分类和专业更加精细化，学校教育往往会在对知识整体图景的把握方面力不从心，而文理科的分野也不利于构建整体能力。不同的学科和专业壁垒在事实上使其他领域的知识和价值观难以互相融合，知识的创新和个体的意义生成却需要多学科的视角和融合。因此，课程思政要实现知识、能力和价值的协同，就需要建立更加宽泛的课程知识体系。专业课的知识结构能够使学生了解同类学科知识体系，使其在类学科之间形成知识关系图谱，初步具备跨学科思考并解决问题的能力。而通识课的知识体系要对接现实而具体的学习者，围绕其生命活动的展开和自我的发展完善，结合社会、时代、未来对学习者的要求，构建完整的意义和价值体系，为其感性的实践活动提供具体的指向。活动课程的结构体系，则是对上述两类课程的补充和辅助，起到深化促进的作用。

其次是教学体系的改革。教学体系的核心是教与学的关系，首先要确定教学的主体和中心。以教师为中心或以学生为中心的教学主体观，填鸭式、灌输式的教学方法都遭到过激烈的批判，也有过不少争论。以学生为中心能够提高教学质量和效果，这一点有很多研究已经证明并不成立；以教师为中心也不能从哲学理论和实践的角度揭示教育的规律。事实上，目前我国高等教育理论界多强调以学生为中心，而在实践中还没有具体落实，或不具备落实的思想基础和制度机制支撑。具体来说，以学生为中心的教学应建立在知识论、课程论、教学观的转变之上，强调在教和学的互动中发挥学生的积极性，在具体的情境和交往实践中实现客观知识向主体的生成，绝不是放任学生自由学习和自主选择。仅依靠学生个人实现知识的传递创新和自我完善，在一定程度上是对自为教育的否定。在课程思政实践中，互动和交流是教学的本质，尊重教师的主体地位，发挥其传道授业解惑的主导和示范作用，是课程思政实施的前提；尊重学生主体地位，调动激发其学习的热情，是课程思政效果的保证。要想使两个主体都发挥好作用，关键在于教学方法的变革，好的教学方法可以加速知识传递、意义生成和价值塑造，糟糕的方法将堵塞教学双方交流的渠道，不利于教育目标的实现。

（四）教材内容与课程思政

教材是课程标准的具体化实现，编写的标准是课程，表现是具体的教学内容，即按照一定的知识逻辑和认知逻辑编排的教学内容。教材是课程标准与学生发生联系的桥梁，是教师开展教学的具体依据，也是学生获得知识技能、提高思想道德素养的重要工具。编写教材要根据学生身心发展规律和认知特点，将一定的学科知识按照逻辑关系进行系统化、规范化的编排。学生根据教师的讲解分析、讲授传递，实现对教材知识内容的理解和把握，促进教材内容客体的主体化。互联网技术的进步，使教材的内容更丰富，形式更多元化，教材的内涵与外延都发生了极大的变化，教材不再是课程资源的主要或唯一形式，教材内容也不再是学生获取知识和情感价值的主要介质。这为传统教材内容编排提出了全新的课题，也对高等教育的教材编写提出了全新的挑战。课程思政教育理念下的教材，不仅是知识的载体，更是价值的载体，其内容选择既要服务于课程目标、学生的兴趣和认知发展水平以及社会发展需求，又要遵从学科逻辑与心理逻辑相统一、直线式与螺旋式相统一、纵向组织与横向组织相统一的原则，还要在知识生成论的指导下，使内容更加生活化、情境化和实践化，与学生的生存和发展紧密连接，从而有利于学生进行知识建构、获得价值生成和情感构建。

我国实行的是国家统编教材制度，从课程思政对立德树人根本任务的支撑角度看，当教育理念发生重大变革时，教材编写必须随之调整。如果延续之前的编写方式，仅依靠教师从教材内容中发掘思想政治教育元素和资源，课程思政的效果会大打折扣。同理，仅依靠教师教学和学生学习方式的转变无法获得可预期的课程思政实施效果。如农学专业课程知识的逻辑是按科学专业知识结构来组排的，每一章或每一节既没有对该章节知识点产生、发展和影响的评价，也未说明我国科学界对这些知识的贡献，同时未设置关于研究方法的专门课程。教师要花费大量的时间精力去搜寻和整理蕴含于知识中的思政元素，系统性和规范性难以保证。特别是在方法论层面，很多学生直至研究生阶段，仍分不清自然科学研究方法和人文社会科学研究方法之间的关系，对科学知识与人文知识的性质及其承载价值没有清晰的认知，普遍存在重科学知识、轻人文社会知识的现象。这与教材的编写有极大的关系，我们在强调专业化的同时，遗忘了专业知识对个体生存的教育价值，人为地割裂了不同知识的关联性。编写一套与课程思政实施相一致的教材，是当前课程思政实施中紧迫而现实的问题。

编写课程思政教材，要摒弃教材是课程资源唯一载体的看法，构建多元化的教材体系，形成综合化的教材内容。首先是国家统编教材的结构优化。国家统编教材要突破单一的学科知识逻辑，在分析当代农业院校大学生认知发展和已有经验的基础上，以培养学生的创新能力、实践能力、发展能力为主，在专业知识体系中融入更多的背景性和交叉性知识，增强学生对知识整体图景以及知识与政治社会发展的关系的认识，提高利用知识处理和解决问题的能力。从实践角度讲，可以从学生认知规律、层次和兴趣出发，考虑政治、经济、社会、文化、科技因素，促使学生学会思考、学会做人、学会合作、学会创新，把知识传授、技能培养和价值塑造统一起来。其次是校本教材的开发。校本教材一般是教师利用在课程思政实施过程中积累的典型经验，在符合课程标准的前提下编写的，也是课程思政在高校具体实践中的深化。这类教材是教师教学的反思性改进成果，往往包含教师自身对课程思政的体悟、思考和认识，反映的是教师在课程思政理念指导下对教育、教学、教学内容、学生发展的思考，高等农业院校在课程思政的实践中要建立有效的规范机制强化校本教材的编写。最后是综合类教材的开发。综合类教材是在全要素、全方位参与育人过程中形成的教育经验的总结，包括纳入课程思政育人体系的各类非主体性要素。该部分内容是传统意义上教材内容的拓展，具有鲜明的特色，主要体现为各类育人主体因岗位职能产生的教育内容、各类课程资源因育人成效延伸出的教育内容。这些教育内容是课程思政理念下课程资源拓展的体现，既有物质资源、精神资源又有人才资源和管理资源等，既是高等农业院校课程思政创新的表现又是办学特色的具体体现。

（五）教学管理体系与课程思政的协同

以往的教学管理是结果主义导向的，对学生的考核集中在考试成绩和知识的掌握上，并赋予不同的成绩和学分。近年来各高校虽都强调以过程管理为主，但事实上因教学过程涉及教材、教师、学生、管理、服务、课堂等多方面因素，往往把过程约化为课堂纪律、课堂提问、中期考核等，其实质介于形式主义和结果主义两者之间。如何建立与课程思政相协调的教育管理和质量评价体系，是一个全新的课题。笔者查询了中国知网的文献，基本没有找到一篇真正意义上就该问题的研究。问题的难点在于，思想政治教育的教学效果不应仅通过考试成绩来认定，而应将实践的效果考量在内。课程思政的教育管理绝不等同于之前或目前还在实行的管理机制，课程思政的提出是新时代高等教育改革创新的重要内容，因此不能从管理上建立与课程思政相配套的体制机制。就评价考核来说，课程思政的考核既不能是结果导向的，也不能是过程导向的。结果导向往往会因急功近利丧失考核的意义，过程导向无论是定量的还是定性的都存在顾此失彼的现象。从宏观上讲，教育效果和质量的评价是一个延后的过程，评价的主体也不能完全是教育者本身，而应是社会、用人单位、受教育者和第三方。目前所采取的最佳策略就是淡化以考试成绩对学生的品德进行等级划分，把更多的注意力放在实践方面或第二课堂。如果不得不选择，采用让学生自主参加、自主填报、自我评价、他人评价、第三方评价、活动评价、日常描述等方式显然更为可取。关于课程思政的考核评价在后面章节将进行专门讨论，此处只做简单分析。

（六）第二课堂育人功能的发挥

我们对第二课堂的界定是相对于教室的课堂而言的，这里面有的包括实践教学，有的不包括，更多的是将其统称为校园活动，包括各类学生社团活动。西方的校园活动和社团活动是德育的主要方式，但其发端于宗教课程被驱逐出正式课堂之后，是作为取代宗教教育的德育功能而设立的。特别是强制性的礼拜被学生遗弃之后，学校开始以社团活动来凝聚道德教育人气，最为突出的就是体育类的社团，尤其是篮球社团。自此以后，该类教育方式和课程类型逐渐被各国接受，并形成共识。在我国高等教育界，最有特色、最具代表性的第二课堂德育无疑是大学生暑期"三下乡"社会实践活动，其宗旨是"受教育、长才干、做贡献"。对农业院校的学生来讲，这无疑是最有效、最直接的课程思政方式，大学生有组织地到农业农村一线，不仅能感受农村自改革开放以来的巨大变迁，更能在与城市的对比中体会农业、农村、农民，从而形成自信和责任互相促进的领悟力。我们反对的是把社团活动和校园活动形式化、精英化、官僚化。这种现象与教育理念滞后密切相关，实质是科学主义的工具理性仍在主导院校的教育实践。教育部要求高校领导成为教育家和政治家不是口号，而是基于对高等教育规律和实践深刻认识基础上的基本要求，从落实立德树人根本任务角度看，教育者观念的转变和理念的树立更加紧迫和急切。围绕人才培养目标和课程思政落实，结合人才培养方案构建系统规范的活动课程体系，不是高等农业院校的选修项而是必修课，这一点关涉课程思政实施，关涉立德树人根本任务落实，关涉人才培养质量，更关涉民族复兴。

高等农业院校课程思政育人体系中的第二课堂，包括实践教学、社团活动、社会实践活动、校园活动等，是开展课程思政的主阵地之一。把第二课堂作为课程思政的主阵地，是高等农业教育的内在逻辑需求，也是高等农业教育的课程思政特色的体现。农业是人在与自然互动中获取生活资源的实践活动，具有强烈的伦理性和实践性。随着人类社会的发展，人口的急剧增加，人对自然的攫取与自然供给之间的矛盾愈加突出，社会进步与自然资源有限之间的紧张关系将伴随整个人类发展历程。建立人与自然的和谐共生关系，实现农业和人类的永续发展，是高等农业教育的首要任务，这一任务落实的基础是课程思政，而不能仅靠一门或几门课程。传统课堂教学以知识和技能培养为主，重点在于专业知识和专业技能的培养，智能培养是其主要方面，价值塑造和情感培育融合在学科知识的传授中，效果既取决于教育内容又受限于教师的专业素养。而第二课堂的教育内容则与生活经验和社会现实紧密相连，教育教学方法更多的是实践性、活动性、体验性和直观性的，学校可以通过精心设计的活动将课堂置于广阔的农业农村生产一线。学生借助观察、体验、劳动、访谈、实验等身体力行的方式，获取对农业、农村、农民、乡村振兴的直观感受和直接经验，形成对农业和农业教育的宏观认识和微观体验，从而对生态文明、天人合一、可持续发展等理念获得切身的认识。

另外，农业生产的特殊性决定了农业劳动的基础性和创造性，也决定了劳动和实践在农业教育中的基础性作用。农业与劳动的结合共同构成了农业生产，农业的基础性决定了农业劳动对人类社会存在和发展的基础性，自然资源的有限性与人类需求的无限性又决定了农业劳动的创造性和能动性。高等农业教育以培养知农爱农新型人才、发展农业科技为己任，培养的是从事农业生产和管理的人。学生既要认识到劳动对生物有机体生长、发育、繁殖的调节和控制作用，是一种遵从规律的创造性脑力活动，又要认识到农业和劳动、农业生产和社会再生产的同构性，从直接从事的体力劳动中认识劳动的本质是一个付出、实践、创造和个体社会化的过程，认识到劳动与个体的生存、发展、智力、幸福具有内在的一致性。农业生产的特殊性还体现在其季节性和不可控性上，季节性来自生物生长的规律，不可控性源于农业生产对自然环境和气候的高度依赖。要想认识这一特殊性就需要高等院校在课程思政中予以专门教育，而第二课堂就是主要的教育渠道。

高等农业院校构建第二课堂课程体系，其一要结合新农科建设和卓越农林人才培养需求，确定人才培养的目标素质结构，根据素质结构开发相应的课程体系，设计配套的教学计划和课程计划，给予相应的学分并有组织地实施。其二要加强实践教学基地建设。基地是第二课堂教学的主要载体，其主要特征在于与农业生产的密切连接，建立完善的基地配套设施既是农业教育高质量发展的需要，也是高等农业教育提升人才培养质量的主要保障。高等农业院校要把教学科研基地建设列入学校改革发展的重要事项中，利用校地、校企、校院、校校等方式建设一批实践教育基地，在协同育人中强化第二课堂，在第二课堂中提升学生的思想道德水平。其三要健全实践教学体系。要根据课程思政建设目标，科学配置实践教学学时，统筹考虑基础实践、专业实践、课程实践、社会实践、综合实践等，将理论教学和实践教育贯穿整个人才培养过程，突出高等农业教育鲜明的实践性，在大量的第二课堂实践中提升育人效果。其四要激励学生参与科研活动。农业科技创新具有突出的实验性，基础理论创新和科技成果推广紧密结合，既需要进行实验求证，又需要深入农业生产一线展开探索。这种"顶天立地"的科技创新活动，是农业院校特有的课程思政教育形式，需要各院校从制度、机制、体系、形式等方面进行综合设计，确保每一个学生在学期间都能参与到科研活动中，并从中获得对"三农"、乡村振兴、农业农村现代化以及自身职责使命的直接认识。

（七）专业教育和思政教育"两张皮"问题的解决

课程思政的目标在于发挥专业教育的德育功能，消除思想政治理论课在思想政治教育中的"孤岛"现象，从而与思想政治理论课形成协同育人的效应，最终完成立德树人根本任务。课程是学校根据培养目标设计的有计划、有目的的教学内容及其教学进程，培养目标内含立德树人价值取向和育人本质，兼顾课程设计组织及层次结构，涵盖学科体系和其他围绕培养目标开展的教育教学活动。为结合实际进行分析，本书在课程分类上采取纵横向结合的方式，强调课程要素在空间和时间上的组合和关联，将其分为专业课、通识课、思政课、实践课四类，使理论研究与实践相统一。

解决专业教育和思想政治教育的问题之前，必须就几个关键概念进行简单分析，即专业教育、通识教育、实践教育、思政教育。专业教育随着知识分化和学科化而产生，与职业或职业技能等具有逻辑的内在联系，教育目标指向受教育者的谋生，体现在学校设置的各类专业上，课程知识体现为学科结构和社会职业需求导向。从哲学基础的角度讲，专业教育的目的在于培养社会发展所需的人才，具有鲜明的世俗化特征。掌握系统化的科学知识、理论化的经验、学习解决实际问题，为生活或谋生做准备是专业教育的主要旨趣。通识教育则是古代自由教育在现当代的延伸和扩展，其提出的基础是知识量的持续扩充，"就性质而言，通识教育是高等教育的组成部分，是所有大学生都应接受的非专业性教育；就其目的而言，通识教育旨在培养积极参与社会生活的、有社会责任感的、全面发展的社会的人和国家的公民；就其内容而言，通识教育是一种广泛的、非专业性的、非功利性的基本知识、技能和态度的教育"①。从课程思政的角度来理解，"在中国的高等教育中，通专并重的通识教育旨在促进人的全面发展，这意味着科学精神和人文素养须协同发展"②。

区别通识教育、素质教育和思想政治教育需要回溯帕卡德（Packard）1829年关于通识教育的最早论述："我们学院应该给青年一种通识教育，一种古典的、文学的和科学的，一种尽可能综合的教育，它为学生进行任何专业学习做准备，为学生提供所有知识分支的教学，这将使学生在致力于学习一种特殊的专业知识之前，对知识的总体状况有一个综合的、全面的了解。"③ 所以，通识教育是一种建立人的主体性并与客观情境建立互为主体的关系的教育，也就是一种完成"人之觉醒"的教育④，指向人的主体性觉醒，并为终身教育奠基。而关于思想政治教育我们更倾向于认同如下观点："一定的阶级、社会、组织、群体与其成员，通过多种方式开展思想、情感的交流互动，引导其成员吸纳、认同一定社会的思想观念、政治观点、道德规范，促进其成员知、情、意、信、行均衡协调发展和思想品德自主建构的社会实践活动。"⑤ 该定义在强调思想政治教育工具性价值的同时，也体现了受教育者自觉追求生命意义的内在向度，反映了社会本位价值取向和个人本位价值取向的融合。

实践教育则是在"教育与生产劳动相结合"的马克思主义实践哲学观和教育方针下，提出的与理论知识教育相对应的教育领域。西方哲学把实践

---

① 李曼丽：《通识教育——一种大学教育观》，清华大学出版社，1999，第 17 页。

② 卢军燕、罗飞燕：《科学精神：竺可桢谈科学与人文的共性》，《浙江大学学报》（人文社会科学版）2024 年第 5 期。

③ 李曼丽、汪永铨：《关于"通识教育"概念内涵的讨论》，《清华大学教育研究》1999 年第 1 期。

④ 黄俊杰：《全球化时代的大学通识教育》，北京大学出版社，2006，第 48 页。

⑤ 张耀灿：《推进思想政治教育研究范式的人文学转换》，《思想教育研究》2010 年第 7 期。

理解为伦理、道德和政治领域的活动，马克思则把实践理解为社会生活的本质，认为实践是现存感性世界的深刻基础，也是认识的基础，人以实践的方式存在，政治、经济、道德、情感等都是实践的内在构成。人通过实践认识客体并在主客体相统一的过程中形成思想观念和理论知识。所以实践的特征是主观与客观的统一与发展，并与人的活动与精神成果相联系。本书在使用实践教育概念时既指所有具有实践性质的教育活动，又指实践哲学视野下的一种教育形式，也指课程领域较为狭窄的与理论教育相对应的实践课程教育，包括实验课程、社会实践活动、劳动实践、校园文化活动等，是一种与具体的教育目的和情境相联系的活动或行动。之所以分析通识教育、实践教育，是因为，从落实课程思政的角度来讲，专业教育与通识教育、实践教育、思政教育存在背离或"两张皮"现象。

据上分析，无论是专业教育、通识教育、思政教育还是实践教育都是在不同哲学思想指导下的教育分类，从高等教育的本质和目的的角度看都内含一定的知识、技能、价值和情感的传递和生成，都要坚持教育的合规律性与合目的性相统一、事实与价值相统一的原则。问题在于，在高等教育实践中，基于一定的哲学思想、政治社会需求、经济文化背景等往往更强调其中的一个方面，导致出现不同的教学观和课程观，造成知识传授、能力培养和价值塑造在不同时期的分离，或是只关注其中的某一两个方面而边缘化其他方面。近代以来，在科学教育思潮主导的课程知识领域，往往坚持知识中心，重视对科学知识和职业技能的培养而轻视价值塑造。出现该现象的原因在于知识观发生了根本性的转变，知识不再与"真、善、美"相一致，而仅仅具有"真"的属性。知识与知识的产生方式（科学的方法）紧密联系，是在经验观察的基础上得到的严格逻辑证明，与认识对象的本质相一致或相符，具有客观性、普遍性和价值中立的特点，其价值是绝对的、普遍的、无条件的，排除了价值判断的正当性，并隐含了主体与客体、个人与社会分离的二元论。如此，知识便与价值发生背离，进入课程领域的知识便不再具有对个体情感意志和价值的塑造功能，知识传授与价值塑造成为两个平行的轨道，进而造成科学技术知识的现代危机和专业教育与个体价值塑造的分离。

　　将专业教育与思政教育结合起来，就是要将专业知识的教育性、价值性、公共性在教与学的具体情境和互动过程中展现在个体意识中，从而实现教育的功能，即在主观与客观、主体与客体相统一的过程中使学生形成思想观念、知识能力和意义理解。这种课程知识观和教学观认为知识不是纯粹理性的建构，而是在共同体内个体间与课程知识公共性和特殊情境间的互动。而情境具有两重性，首先是直接面对的个体生活情境，其次是广泛的社会情境，前者与不同个体当下的体验、认知及其情感情绪等因素相关，后者关涉社会规范和文化结构对个体的影响，二者都关乎目的、价值等实践理性。[①] 这是课程知识的社会建构理论所倡导的知识的教育性。从课程理解范式的人本建构理论角度看，专业课程知识涉及学习者、社会、学科知识三个基本范畴，其课程研究框架的逻辑起点是学习者，从而区别于开发范式的学科知识—社会—学习者框架，既强调从"工具理性"主导的以外在性知识为中心的价值追求向"解放理性"主导的以学习者为中心的价值性主体发展目标转变，又强调课程是主体在特定情境下"体验、反思、交往、对话"与意义建构的统一。因此，在课程思政领域，强调专业教育和思政教育的融合，不是倡导全新的教育教学理念，而是摒除由工具理性主导的知识论、课程论在高等教育界的霸权，纠偏实用主义或社会本位在课程领域的主导地位，纠正批判主义和其他思想对课程知识的过度解读。专业知识是知识大爆炸背景下学科分化的结果，专业知识和专业教育是为某一职业而准备的，职业或者专业化则是社会分工的结果。专业知识作为课程知识的分支，具有课程知识的一切属性，有其客观性、公共性、普遍性等实然功能，更具有在特定情境中与主体互动后的意义生成和建构的应然功能。

　　更进一步讲，专业知识内在地与某个职业关联，必然包括该职业所要求的道德规范、伦理价值和职业诉求，如若不然，职业道德、职业素

---

　　① 　张生虎、张立昌：《论课程知识的属性及其实现》，《中国教育科学》2019 年第 4 期。

养便完全成为外在赋予，丧失其在教育中的内在价值。课程知识的属性、课程理解的范式、知识的社会和个人建构等都指向课程思政的实践，人为切断专业教育和其他教育与思政教育的内在一致性、整体性和统整性，无异于割裂知识的统一性和个体发展的整体性。当然，在全部课程体系中开展课程思政，其前提是对各类课程显性和隐性思政教育元素进行提炼整理，在此基础上根据个体和社会发展的需求建立分类分层的价值目标结构体系，并将课程设计、课程教学、实践活动、管理制度等融入各个教育环节，形成课程思政的协同效应。在思想政治教育层面，体现为对"大思政"工作格局构建和"三全育人"教育方式的全面整合。因此，课程思政对专业教育和思政教育"两张皮"现象的克服，不是停留在教育方法、教学观、课程观层面，而是在教育理念层面提供整体性解决方案。

四　教育教学与国家和区域社会发展战略的契合

（一）高等教育服务于国家社会的哲学基础

高等农业教育课程思政与国家和区域经济社会发展对人才的需求必须保持一致，这是高等教育的内在要求，更是社会主义高等教育的本质要求。布鲁贝克认为，高等教育存在、发展并确立其合法性地位的途径或哲学基础有两种，一是以认识论为基础，二是以政治论为基础。① 认识论认为对客观、普遍且具真理性的高深学问的自由研究是高等教育存在的主要意义，同时也是高等教育存在的内在逻辑。政治论则把政治目标作为高等教育存在的主要基础，也认为其实现源于是经验的逻辑。两个基础的高等教育也可以从以理性为目的的自由教育与解决生活问题工具的实用主义教育的对峙中体现出

---

① 〔美〕约翰·S. 布鲁贝克：《高等教育哲学》（第3版），王承绪、郑继伟、张维平等译，浙江教育出版社，2002，第13页。

来。两个基础冲突的根本，在于持认识论者认为，高等教育与社会服务或政治的结盟损害了大学对高深学问的自由追求，政治权力和社会利益侵蚀了高深学问或真理的客观性，削弱了高等教育对无价的智慧遗产目标的追求。贯穿整个 19 世纪的科学技术的迅猛发展及其为现代化赋予的力量，使高等教育领域内的知识对现实产生越来越重要的影响，把高等教育逐渐从社会的边缘推向中心，成为克拉克·克尔（Clark Kerr）口中"巨型"的"智力之城"。"对大学来说，基本的现实是广泛承认新知识是经济和社会发展的最重要因素。我们现在正在觉察到：大学的无形产品——知识——可以是我们文化中唯一最强大的因素，它影响各种职业，甚至是社会阶级、地区和国家的兴衰。"①

20 世纪以来，高等教育领域逻辑与经验更多的是分道扬镳，这种分道扬镳更多地表现为与基于一定社会现实需求的哲学态度的分离，并由此产生诸多的教育哲学理论。事实上，世界各国高等教育的实践表明，经验一再证明它比逻辑更富有生命力且更有合法性基础。这既依赖知识的应用产生的巨大社会推动效应，又由社会进步带来的更多的人对高等教育的需求决定。知识在"高深学问"和"现实技术"之间取得了良好的平衡，受教育者则从"精英"向"大众"转换并基本实现了对两者的普遍兼顾。认识论对高深学问和学术的限制及其美好期望，在高等教育大众化和普及化的趋势下被瓦解，特别是美国"赠地大学"出现之后，社会服务成为大学的基本职能。高等教育知识领域出现了与职业和生活联系更为紧密的课程，课程适应学生而不是学生适应课程成为普遍的要求。高等教育高深学问的围墙在经验中被推倒，不可避免地走出了理性自由教育的象牙塔，将自身的基础和合法性建立在政治论的根基上。这一趋势和现实不是对高等教育认识论的完全否定，而是在认识论和经验论的尖锐对立中调和完成的，调和的一个表征就是提供更多种类的高等教育以满足不同的目标追求。中国高等教育具有鲜明的政治性，个人和高深学问始终追随社会的脚步，而不是成为中心。马

① 〔美〕克拉克·克尔：《大学之用》，高铦、高戈等译，北京大学出版社，2019，第 1 页。

克思主义指导下的社会主义高等教育亦不存在类似的争论和对立，高等教育自身具有经济基础和上层建筑的性质，建立在人与社会关系、实践是人和人类社会存在的本质之上，高深学问的逻辑和社会服务的逻辑内在地统一于社会实践中，高等教育在实践中消融了个人、知识和社会之间的紧张关系。

在解决了高等教育服务于社会理论问题的基础上，还必须解决影响"高等教育为谁服务"的相关问题，该问题的解决涉及高等教育于服务社会后的策略选择，并影响其公正性和适切性。布鲁贝克认为这一问题的两个相互关联的方面是：学生的才能和学术课程的性质①，其实是教育的公平正义和高深学问分化。"学生的才能"涉及不同认知水平、不同能力的学生能够得到充分的教育机会并得到充分的发展，即如何根据受教育主体的差异分配教育资源，这是高等教育实现大众化和普及化后必须面对的难题，精英主义教育不存在类似的问题。约翰·B.罗尔斯（John B. Rawls）认为要机会均等，也就是一视同仁地公正对待其实暗含了另一种不公正。他认为由政治、经济、智力等不平衡带来的教育差别的正当性必须建立在对整个国家有益的基础之上。同时，任何拥有优越地位或能力的人不能因此获得比别人更高的起点，国家应该给那些处于相对弱势的人提供更多的均等机会。即在边沁确立的功利主义基础之上，考虑那些处境最不利的人获得教育的机会并发展自身。这一问题必须通过投入更多的教育资源，建立多种类型、多种层次的高等教育来解决。这也是新时代我国教育领域面临的重要问题：教育的公平性，即惠及所有人的教育。从经济学意义上讲，高等教育成为一种社会投资，投资主体是国家，作为由国家投资的社会机构，高等院校的主要职能是使用政府资金开发人力资源，并通过人力资源的开发服务于国家和区域经济社会发展。需要警惕的是，高等教育需要根据需求、事实和理想做出调整以便与国家和社会需求相适应，而不是打着国家和社会的旗号一味地流行什么

---

① 〔美〕约翰·S.布鲁贝克：《高等教育哲学》（第3版），王承绪、郑继伟、张维平等译，浙江教育出版社，2002，第65页。

就提供什么。① 高等教育满足的是国家和社会建设发展的现实和超越需求，而不是变味的欲望，要坚持内在逻辑和经验需求之间的平衡统一。

另一个问题涉及课程知识的性质和高深学问的分化，该问题我们在上文进行了分析和论述，在这里我们进一步分析课程知识是如何服务于国家和区域社会发展需求的，其基础和可能性何在。如果高等教育的内在逻辑是高深学问，那么当这种高深学问被应用到社会的复杂需求中，必然出现许多中间学问或职业。如此，高深学问自身就在教育实践中被各种层次的高等教育类型分化，正是得益于这种新型的、分化了的知识得到扩展，高等教育才能从精英化走向普及化。如果高深学问指向自由的真理追求，那么分化了的普及化、专门化、职业化的知识则指向经验的生活。高深学问因社会需求而分化为不同的类型层次，并通过教育在与受教育者经验世界的联结中展现出其服务社会的职能。高等教育如果要在当今社会中扎稳自身的根基，它的课程必须充满社会生活的味道。如果高等教育放弃对社会的责任，也就意味着它在拥有大量知识的同时，拒绝承担或缺乏把这些知识用于社会实践的责任，随之而来的就是其合法性的丧失。这是从高等教育自身逻辑出发延伸到具体服务领域的现实和经验的选择，也是高等教育为其合法性辩护的必然。

（二）知识社会学对社会服务职能的支撑

马克思认为知识是由社会决定的，意识存在的方式及对意识来说任何一个存在的方式都是知识，知识是意识唯一的行动并且是意识唯一的对象性关系，即社会存在决定意识，意识的对象是知识。马克思之后，尼采的思想和价值观成为知识社会学的来源之一，构成知识社会学的一般背景。狄尔泰进

---

① 高等教育对社会的迎合或迎合社会基于职业的欲望，表现在两个方面。一是市场经济理念在高等教育领域的过度运用，导致学科专业和人才培养的经济化，学校学科专业设置和人才培养的目的不是符合社会发展需求，而是设置一些所谓"热门"专业，迎合学生功利化需求，致使高等教育办学同质化以及基础学科被冷落，高深学问的逻辑基础有可能陷入坍塌的境地。二是高等教育与资本结合使效益成为办学的首要选择，这一理念进而渗透进高等院校管理、教育教学、服务保障等方面，导师逐渐"老板化"，保障服务呈现"社会化"趋向，致使教育的多个方面丧失育人功能，陷入经济利益纷争，损害高等教育功能的实现。

一步强调知识的社会决定作用与环境制约之间的关系，埃德蒙德·胡塞尔（Edmund Husserl）则把问题的核心定位在现代科学性的危机之上，认为现代科学知识已经丧失了对个体存在和生活的价值，人类只有通过意识才能认识自然和世界，对人有意义的世界和自然是在意识之中的，强调认识主体和客体之间的积极交往关系。孔德将社会发展阶段与知识阶段对应起来考察，开了知识和社会关系讨论之先河。迪尔凯姆主张要重视人类历史发展中的时空及其与社会结构之间的联系，认为只有从实际的人类生活与社会活动的各种表征出发，才能理解知识的性质与内涵。马克斯·韦伯（Max Weber）在继承马克思社会决定论的基础上，将精神因素导入历史，认为社会存在是诸多因素整合的产物，如果诉诸社会因素不能对知识做出合理的解释时，就应该转向精神因素寻求解释。之后的舍勒及曼海姆都坚信不能将知识社会学看作认识和思想的方式与成果，而要将知识看作精神现象，要研究知识与社会的关系以及思维与社会存在的相互作用。事实上，知识的产生和运用，总是与时代、社会、阶级等相关，知识服务社会的媒介是具体的、现实的、生活在特定时代和阶级中的个人。掌握了知识的个人，能在发展和完善自身的基础上，同时服务于社会发展。

石中英在分析人类知识型的基础上，将人类知识型分为原始知识型、形而上学知识型、现代知识型及后现代知识型。[①] 每一种知识型都建立在认识论不断变化的基础上，又滋养了与之相对应的社会组织、政治经济制度、意识形态等。现代化以来，科学知识型主导了人类的知识观念，规定了知识的内容、标准、描述等，确立了自身在知识领域的统治权，发达资本主义社会及其知识和文化霸权是其逻辑发展的结果。原始知识型以神秘启示为主要内容，以神话和仪式为主要方式，巫掌握知识生产、传播、解释的权力，具有口头性、神秘性、隐喻性、情境性、故事性、转述性等特点。这种特征建立在原始社会艰苦的生存条件和人类较低层的认识之上，基于对恐惧的克服和求知的冲动双重诉求，在原始社会扮演着解释世界、凝聚人心、建构社会体

---

① 石中英：《知识转型与教育改革》，教育科学出版社，2013。

系的认识论基础角色。随着原始社会政治经济的发展和私有制的出现，知识被归于难以把握的神秘力量启示及其叙事性表达方式与人类追求确定性解释本能冲动之间的矛盾，原始知识型的内在合理性和外在价值都遭到怀疑，知识分子和新兴统治阶级希望建立一套新的知识体系，思考万事万物本源的本体论知识开始成为主流，人类知识进入形而上学知识型时期。该阶段的起始大致对应于人类的"轴心时代"，知识的可靠性和获得知识的逻辑性紧密结合，知识从神秘性转向概念、逻辑和思辨。进入中世纪后，形而上学与精神权力合力为神权辩护，建立了完整的知识体系。形而上学知识型认为，世界的本体存在于感觉世界之外，获取知识的途径是逻辑而不是感觉，真正的知识是由一定的概念和逻辑构成的命题，是抽象的、绝对的、终极的，因此也是客观和普遍的，成为人类整体的精神财富。这种知识占据统治地位后，不仅维系其自身的霸权地位，更与同时代的统治阶级相互联结，控制人们的精神生活和世俗生活，为两者的真理性和合法性辩护，更为当时的社会制度、经济制度、主流意识形态的合法性提供认识论基础。形而上学知识型的衰败，是与以经验观察为基础的东方阿拉伯世界实用科学知识的传入同步发生的，科学知识型或现代知识型随之到来。现代知识型在经验观察的基础上又得到严格的逻辑证明，与认识对象的本质相一致或相符，具有客观性、普遍性和价值中立的特点，其价值是绝对的、普遍的、无条件的；知识的表达借助概念、符号、范畴和命题等形式。这种知识型与西方社会的联姻，助推了工业革命、资本主义、现代化等的发生，牢牢控制了全人类的精神生活，并随之产生了西方霸权，以知识的名义，界定了落后愚昧，为其殖民化提供认识支撑。对现代知识型或者科学知识型的质疑起始于 18 世纪，集中于科学的权威性、知识的客观性、知识的普遍性和价值中立上。认为知识的产生受认识者所处的社会环境特别是阶级和意识形态的制约，不可能超越社会条件；知识都是猜测性的，是我们对所提问题的暂时回答，反对科学权威主义、知识沙文主义，提倡知识的多元化和本土化，强调知识的文化要素和描述的多样性，揭示知识与权力、利益、环境之间的互动。这种知识型被称为文化知识型或后现代知识型。这一发展过程表明，知识型变革总是与特定的阶级、社会政治经济制度、意识形态保持内在的逻辑关系。

知识社会学的研究表明，知识的产生、传承、创新和发展总发生在一定时空的社会、经济、文化、政治环境中，受特定时空内社会、经济、文化的制约并形成内在的联结，同时又通过教育维护特定的社会组织、政治经济制度、意识形态，为其合法性进行辩护，并通过教育的人才培养活动为发展提供智力和人才支撑。延展到高等教育领域，课程知识的性质和选择便具有鲜明的意识形态属性，在服务于特定社会和阶级中的个体发展的同时又服务于政治经济和社会发展。因此，高等院校实施课程思政既是知识的内在规定性，又通过受教育者直接服务于特定阶级的社会发展。高等农业教育坚持面向世界科技前沿、面向经济主战场、面向国家重大需求、面向人民生命健康，开展人才培养和科技创新，核心在于人才培养，关键在于通过立德树人形成对国家和区域经济社会发展的支撑。

五　中华传统农业思想与课程思政的融合

人类进入原始社会以来，农业文明的曙光便开始出现，在经历了原始农业的采集、狩猎、畜牧阶段之后，我国便进入了长达两千多年的传统农业社会，并逐步形成了以天、地、人"三才说"为哲学思想，以土地整治、田间管理、集约经营和农牧结合为核心的技术经验和知识体系，成为传统农业社会人们从事农业生产经营活动的基本指南，也构成了中国传统农耕文化的优良传统。李约瑟·T. M. 尼达姆（Joseph T. M. Needham）认为，地理因素是造成中国和欧洲文化差异的重要因素[1]，中华大地独特的地理环境致使中国传统哲学思想及文化表现出稳定性、宽容性、广泛性、多元性、深刻性等特征。建立在以农为本的经济模式、以家庭为纽带的宗法血缘制度根基之上的中华文明，核心和基础就是中华传统农业思想。

---

[1]　〔英〕李约瑟：《中国科学技术史》（第一卷），《中国科学技术史》翻译小组译，科学出版社，1975，第 117 页。

（一）中华传统哲学思想

中华传统农业思想来源于中国传统哲学，最为重要的是天地人宇宙系统论，即"三才论"。中国早在包牺氏时就遵循天地人统一的"三才之道"，《易传·系辞传下》中说："古者包牺氏之王天下也，仰则观象于天，俯则观法于地，观鸟兽之文与地之宜，近取诸身，远取诸物，于是始作八卦，以通神明之德，以类万物之情。"老子在《道德经》中表示："道生之，德畜之，物形之，势成之。是以万物莫不尊道而贵德。道之尊，德之贵，夫莫之命而常自然。"庄子在《外篇·秋水》中表示："天在内，人在外，德在乎天。知天人之行，本乎天，位乎得。""人法地，地法天，天法道，道法自然。"① 深刻指出自然有其自身规律，人的活动是外在的，人类最高的德性就在于尊重自然，按自然的本性去行动，如此才有利于天地人物的统一。之后的《孙子兵法》《吕氏春秋》《内经》② 都对人与自然的关系进行了论述。在人与自然的系统中人处于中心地位，原因在于天地、阴阳处于对立统一中，而人则追求"顶天立地"和天地人的和谐统一，即"天人合一"。天包地、人受制于天且利用自然和改造自然，人通过社会实践活动协调各类生物有机体与环境的关系，并使进入该系统的一切因素有机协同成为一个整体。其核心特征在于以人为本的动态性、系统性、整体性。据现代科学史的研究，夏朝时就重视天时地利的经验总结，并据此安排耕作事宜，夏历把一年分为二十四个节气，但这不仅涉及天文历法，而且是融合了天文、气象、物候、农事的立法。把人的活动与自然界的规律视为一个整体，并据此指导农业生产，建立了天、地、人、物相互作用又统一的整体生态观。《氾胜之书·耕田》总结："得时之和，适地之宜，田虽薄恶，收可亩十石。"意味着若在耕作中做到天地人物的和谐与统一，即使在贫瘠的土地上也能获得丰收。《齐民要术·种谷》指出："上因天时，下尽地利，中用人力，是以群

---

① 《道德经》。
② 《内经》中关于天地人统一协调的理论，强调了"人与天地相应"，并对金木水火土五行、四季与农作物生长和人的健康之间的关系进行了系统论述。

生遂长，五谷蕃殖。"明代马一龙的《农说》中载："合天时、地脉、物性之宜，而无所差失，则事半而功倍矣。"强调在农作中做到因地、因时、因物制宜协调就能取得事半功倍之效，其农业思想与天地人物和谐统一、一脉相承。需要指出的是，这一思想的反面是：若人类不按照生态学的季节规律进行农业生产，随之而来的就是不良的生态后果。中华传统农业哲学思想同样为西方的系统论提供了思想源泉。协同学的创始人哈肯说："协同学含有中国基本思维的一些特点，事实上，对自然的整体理解是中国哲学的核心部分。"[①] 突变论的创始人托姆认为："在老子的理论中，有很大一部分关于突变理论的启蒙论述。"[②]

（二）"气论"的哲学思想

"气"和中国传统哲学中的"阴阳""五行"等范畴有着极为密切的关系。甲骨文中出现的"气"象形还原为"云气"[③]，并延伸至"水汽""烟气""风气"等，表明物体燃烧后为"烟气"，"水汽"蒸腾为云为雨，然后滋养万物，故"气"是万物共同的基质。《左传·昭公元年》载："六气曰阴、阳、风、雨、晦、明也。分为四时，序为五节。""气"包括阴气、阳气、风气、雨气、晦气、明气等相互对立又辩证统一的六种，其变化运动形成了春夏秋冬四季，产生了金、木、水、火、土"五行"。《易传·系辞传下》记载："天地氤氲，万物化醇。男女构精，万物化生。"以"一阴一阳"阐明"精气"运动变化的基本规律。天地人物共同的本原是气。《荀子·礼论》载："天地合而万物生，阴阳接而变化起。"《荀子·天论》云："列星随旋，日月递照，四时代御，阴阳大化，风雨博施，万物各得其和以生，各得其养以成。"意指阴阳二气交感产生天地万物，引发事物运动变化、星辰运转、昼夜交替、四季循环。而气的特点是"冲"，就是不停地运

---

① 〔德〕赫尔曼·哈肯：《大自然成功的奥秘：协同学》，凌复华译，上海译文出版社，2018，第13页。

② 赵松年：《突变理论：形成、发展与应用》，《世界科学》1989年第4期。

③ 郭文韬：《中国传统农业思想研究》，中国农业科技出版社，2002，第70页。

动。《道德经·第四十二章》载："道生一，一生二，二生三，三生万物。万物负阴而抱阳，冲气以为和。"《庄子·外篇在宥》中载："天气不和，地气郁结，六气不调，四时不节。今我愿合六气之精以育群生。"秦汉时期，"气论"又有进一步的发展，《黄帝内经》《淮南子》《春秋繁露》《论衡》中都有丰富的记载。特别是《黄帝内经》将"天地""四时""五行""生理""病邪"之气与阴阳思想结合形成了博大精深的中医理论。西汉刘安在《淮南子》中则提出"天地之气，莫大于和"的思想。之后历代思想家均对"气论"进行了不同角度的阐述，并使之更加丰富，《明儒学案·崇仁学案》记载黄宗羲的论述："气若不能自主宰，何以春而必夏、必秋、必冬哉！草木之荣枯，寒暑之运行，地理之刚柔，象纬之顺逆，人物之生化，夫孰使之哉？皆气之自为主宰也。"总之，气是天地人物共同的本原，天地气和则万物化生；天地之气分阴阳，阴阳之气交互感和为万物生化提供源源不断的动力，阴阳和则万物生。天地阴阳之气的运动变化存在秩序规律，顺则和、逆则乱，天地万物、人类自然莫不如此。人作为居于其中的智慧生物，当主动顺应并积极调试阴阳之气，顺承天地中和，以使之达到和谐统一。该思想延伸到农业领域，则是《吕氏春秋·审时》中："夫稼，为之者人也，生之者地也，养之者天也。"至清代戴震在《原善》中指出：植物"根接土壤肥沃以通地气，叶受风日雨露以通天气"，而动物则"呼吸通天气，饮食通地气"。均强调在农业生产中，天地人物的和谐与统一。

（三）尚中和制宜的思想

所谓"执其两端用其中"及"过犹不及"，追求最佳选择或最优结果。该思想建立在天地人物是一个统一的有机体的基础之上，是对非生物环境、生物环境两个最佳生态关系的持续追寻。非生物环境指天时地利条件，也就是最佳的光、热、气、土、水、肥等，包括与天争时和不违农时、农耕的最佳选择、合理轮作和三宜耕作、合理施肥和三宜施肥等思想。《吕氏春秋·任地》在论述农耕的原则时提出要处理好力和柔、息和劳、棘和肥、急和缓、湿和燥五对矛盾，寻求矛盾的中点从而达到统一。《氾胜之书》提及要采取"强土而弱之"和"弱土而强之"的方法保持土壤松紧适中。《齐民要术》更是提出了根据不同土壤条件和不同农作物要采取"耢""犁""耧""犁耢""垄种""纵横耕"等适宜的方法。清代的《知本提纲》中对施肥的经验进行了详细总结:"时宜者,寒热不同,各应其候。春宜人粪,牲畜粪;夏宜草粪、泥粪、苗粪;秋宜火粪;冬宜骨蛤、皮毛粪之类是也。土宜者,气脉不一,美恶不同,随土用粪,如因病下药。即如阴湿之地,宜用火粪;黄壤宜用渣粪;沙土宜用草粪、泥粪;水田宜用皮毛蹄角及骨蛤粪;高燥之处宜用猪粪之类是也。"体现了有机肥与无机肥、垫底肥与追加肥、因土施肥的博大思想。在我国古代始终没有出现过普遍的地力衰竭现象,与该耕作施肥思想有直接关系。在耕作制度方面,则更具有丰富深邃的优化思想。战国后期确立了土地连种制、轮作复种制,汉代创始了间作套种制,唐宋以后就形成了成熟的三熟制。在养地体系优化方面,则包括生物养地、物理养地、化学养地三个环节,包括豆类作物和谷类作物、粮食作物和绿肥作物的合理轮作,粮食作物和绿肥作物的轮作复种,豆类作物和谷类作物的间作套种等。这几种养地环节中伴随铁犁、牛耕、垄作法、平作法、耕耙耱、免耕法的综合运用,确保土、水、肥、气等因时因地因物制宜,虚实并存、取长补短、协调配合。至宋之前,北方旱地有了成熟的"耕、耙、耱、锄、压"相结合的耕作技术,南方水田则形成了"耕、耙、耖、耘"相结合的耕作技术。中国古代的"土"和"壤"是不同的概念,"土"指"万物自生"的自然土壤,"壤"则指"人所耕而树艺"的耕作土壤。因"土"和"壤"的性质不同就会有不同的耕作措施、养地方法,所谓"深耕细锄,厚加粪壤"[①]就针对"壤"而言,而"土"则更适合于通过自然的方法养护和耕作。这表明农业土壤是一个非封闭的系统,索取和给予要相结合并使之达到平衡,以便使"地力长新",达到永续使用的目标。不同的耕作方法和

---

① 《论衡》。

养地措施又蕴含了丰富的"耕道论"① 思想，核心思想仍是顺天时、量地力、用养结合、精耕细作、损益适宜等。

（四）重视农业的思想

中国传统农业文化在中国传统文化体系中既不是分支文化，也不是附属文化，而是整个中国传统文化的主体和根基，这种根植于农业文明中的文化，决定了自古以来历代统治阶级对农业的高度重视。从信史记载以来，中国历代政治家、思想家都树立了"以农为本"和"农为邦本"的治国理念，历代统治者都把"农桑"或"耕织"定为"本业"，推行"崇本抑末"和"重农抑商"的政策。"农为邦本"的思想和利农政策相结合在中国古代产生了巨大的生产力，孕育了灿烂辉煌的农业文明。中国最早的重农思想产生于西周时期，据《国语·周语》记载，西周后期虢文公规劝周宣王行籍田之礼建言："夫民之大事在农，上帝之粢盛于是乎出，民之蕃庶于是乎生，事之供给于是乎在，和协辑睦于是乎兴，财用蕃殖于是乎始，敦庞纯固于是乎成。"这是中国古代系统阐述重农思想的开端。春秋战国时期，更多思想家从立国和治国角度，强调农业在国民经济中的首要地位和重要作用，主张优先发展农业。如商鞅提出"国之所以兴者，农战也"，"圣人知治国之要，故令民归心于农"。② 韩非指出："仓廪之所以实者，耕农之本务也；而綦组、锦绣、刻画为末作者富。"③ 明确提出以农为本、以工商为末的主张。汉代承继重农抑商思想，认为："农，天下之大本也，民所恃以生也；而民或不务本而事末，故生不遂"。④ 之后的贾谊、晁错、王符等相继阐发重农思想。在传统农业社会，农业是国民经济最主要和最重要的生产部门，农业生产决定了国家的富裕和强盛，重农思想有其深刻的社会基础。同时，中国

---

① "耕道论"由郭文韬在其《中国传统农业思想研究》一书中提出，主要以阴阳五行说为哲学基础，从耕作与土壤、气候、物性、水汽等的相互协调和和谐统一的角度论述了中国古代博大精深的农耕思想。

② 《商君书·农战》。

③ 《韩非子·诡使》。

④ 《资治通鉴·汉纪五》。

古代的"重农"思想是与"富民"和"重民"思想内在统一的，历代统治者采取了很多安民、惠民和利民的政策，如轻徭薄赋、劝课农桑、兴修水利、储粮备荒、安辑流民等。孔子的"百姓足，君孰与不足？百姓不足，君孰与足？"①，孟子的"民为贵，社稷次之，君为轻"②，商鞅的"善为国者，仓廪虽满，不偷于农"③，管子的"仓廪实则知礼节，衣食足则知荣辱"④，荀子的"轻田野之税，平关市之征，省商贾之数，罕兴力役，无夺农时，如是则国富矣"⑤，墨子关于"畜种菽粟"对治国重要性的论述，贾谊的"民不足而可治者，自古及今，未之尝闻"⑥，董仲舒的"薄赋敛，省徭役，以宽民力"⑦，等等，无不把重农思想和富民联系在一起论述。如此，"农"和"民"成为农业相互依存、互为支撑、辩证统一的一个问题的两个方面。需要特别指出的是，中国古代重农思想在大部分时间里是与抑制商业的政策同时施行的，所谓本末倒置就是指颠倒了农业和商业的关系，我们需要正确认识其历史的局限性。

（五）传统农业思想的当代意义

现代主义的核心理念是崇尚人的理性，认为在自然和人类社会的各种表象背后存在某种必然的规律，尤其是人能够凭借理性去发现和掌握这些规律⑧，并利用所掌握的知识改造自然。随之而来的是，自然成为人类改造和征服的对立面，人类的利益作为价值原点和道德评价依据，科技成为解决一切问题的手段和工具。现代主义在农业领域的实践，加速了农业从传统进入现代，农产品供给的数量极大增多，人口急剧膨胀，城市及城市文明成为人

---

① 《论语·颜渊》。
② 《孟子·尽心下》。
③ 《商君书·农战》。
④ 《管子·牧民》。
⑤ 《荀子·富国》。
⑥ 《汉书·食货志·论积贮疏》。
⑦ 《汉书·食货志》。
⑧ 李丽纯：《现代农业的哲学考量与中国后现代农业发展路径》，湖南大学博士学位论文，2015，第12页。

类更高生存质量的价值追求。与此同时，大量使用以石油产品为动力的农业机械及以石油制品为原料的化肥、农药等农用化学品，使土地和环境被过度掠夺，造成环境污染和生态破坏。在社会领域，城市文明占据主导地位，二元社会形成，"拥挤的城市"和"凋敝的乡村"并存，农业文明衰落和农村空心化问题伴随而至。现代主义因缺乏对人类永续发展的关注，其理论自身在指导人类理想追求上的短视，催生了后现代主义哲学。后现代主义在农业领域的理论构建和实践，均立足于克服现代农业在伦理上的单一人类中心论，在环境上的不可持续性。

农业的基本功能及其对自然环境的依赖，使其基础性与脆弱性共生相伴。现代化以来，理性主义、科学主义、实证主义、人类中心论等思潮兴起，而技术的进步使人与自然的关系发生颠覆性的变化，理性自主原则成为现代性的指导，自然失去主宰人类的力量，其工具价值被进一步重视并挖掘，人类开始在理性的指导下利用技术重新安排山河。现代主义视野下的农业高度依赖知识和技术，关注单一的人类中心论和价值导向，缺乏对人类永续发展的持续关注，从理念上缺乏与自然主体的相互承认、尊重和沟通，导致生态破坏、社会二元发展、文明断裂和可持续发展受到威胁。随着现代化的不断推进，人类开始反思对理性知识的忠诚是否会忽视对更深层次价值的追求，这一过程被称为"现代性除魅的来临"①，也是后现代主义的最初启蒙。后现代哲学思潮虽发端于西方，但在农业领域，缺乏传统根基和文化及制度的支撑，加之现代主义占有主导地位及在农业领域的强势地位，导致其仅仅停留在思想层面而鲜有实践。

建设性后现代主义哲学及其理论基础在于对世界整体论（主客消融论、自然价值论、主体间性论）、中心外围论（绝对理性论、单元价值论、中心主导论）、多元互补论（相对理性论、价值多元论、尊重他者论）的反思和超越。②

① 〔英〕韦恩·莫里森：《法理学：从古希腊到后现代》，李桂林等译，武汉大学出版社，2003，第288页。

② 李丽纯：《现代农业的哲学考量与中国后现代农业发展路径》，湖南大学博士学位论文，2015，第14~24页。

其核心理论是强调协同性、开放性、多元性和整体性。2008 年 7 月，名为"后现代农业与西部开发"的国际学术研讨会在山西省太谷县召开，《新华文摘》全文转载了澳大利亚"绿色澳洲"项目主任大卫·弗罗伊登博格（David Freudenberg）的大会发言《中国应走后现代农业之路》，标志着我国开始了后现代农业理论探索和实践。综合理论界基于后现代主义视域的农业发展理念，主要包括：以人类"共同福祉"为宗旨，强调发展的可持续和代际性；以生产环境为中心安排农业生产，实现人与自然的高度和谐发展；始终保持对大自然的感恩之心，竭力保持生态、生物和文明的多样性；强调分散化、地域性，以小规模、复合型为美，但不排斥规模化、集约化；实现满足人类生存和更高质量发展需要的农产品供给；承认并尊重农业的崇高地位和农业职业的基础性特征；以乡村建设为中心，克服城市化发展的单一中心模式。这些理念与中国传统农业思想具有相同的理论旨趣，也佐证了中华农耕文明的时代价值。

2013 年 12 月，在中央农村工作会议上，习近平总书记指出，农耕文化是我国农业的宝贵财富，是中华文化的重要组成部分，不仅不能丢，而且要不断发扬光大。2017 年 12 月，在中央农村工作会议上，习近平总书记指出，走中国特色社会主义乡村振兴道路，必须传承、发展和提升农耕文明，走乡村文化兴盛之路。农耕文明是中华文化的鲜明标签，承载着华夏文明生生不息的基因密码，彰显着中华民族的思想智慧和精神追求。高等农业院校在课程思政的实践中，首要的是把中华传统农业文明的优秀基因融入学科专业，并在各类课程的教学中全面提炼融入，将中华传统农耕文明与新时代知农爱农新型人才培养全面结合起来，为以生态文明为特征的后现代农业的发展筑牢思想基础，充分发挥中国高等农业教育的优势。

第三章

高等农业院校课程思政育人体系的特征

　　系统的特征是指一个系统与其他系统的一种规定性的区别。系统的特征往往来源于系统的结构方式。高等农业院校课程思政育人体系由围绕课程思政目标的实现，能反映育人体系本质，相互联系、互为条件、决定课程思政实施的基本单元构成。这些要素的构成方式决定育人体系的性质、功能和特征。育人体系决定其构成要素的地位性质和结构功能，系统中的要素依赖系统并随系统的变化而发生调整。在育人体系的局部问题上，每一个组成要素又独立成为一个独立的体系，在各自范畴内具有相对独立的系统特性，在与其他子系统的相互配合中发挥协同效应，共同增进课程思政育人体系整体功能的实现和提高。高等农业院校课程思政的目标是：以习近平新时代中国特色社会主义思想为指导，在课程教学中将知识传授、能力培养和价值塑造全面结合，落实立德树人根本任务。从课程思政的角度论，"主渠道"与"责任田"的协同效应是其核心。从课程知识价值的角度论，知识传授与价值塑造的统一是其根本特征。从教育存在的形态论，理论教育与实践教育是教育方法的一体两面。从教育功能呈现的形式论，隐性教育和显性教育相结合是发挥教育实效性的必然之举。从教育的要素角度论，全要素的全过程参与是其内在要求。

一　"主渠道"与"责任田"的协同效应

　　根据协同学，一个开放的系统，系统内部和外界的能量、物质和信息等因素的传递互动和协同合作，可使系统发挥最大效能。也就是说，系统内部的各要素及各子系统围绕目标协同运作，就会产生系统效应，增大系统的功能。课程思政育人体系是一个开放动态的系统，以"立德树人"为根本目标，破除原有各类课程独立运行的模式，在挖掘各类课程思想政治教育元素的基础上，统整形成一个相互配合依存、彼此促进发展的协作共同体，实现各类课程的思政教育从无序向有序、从分散向聚合的协同。这里的协同，不是各种元素的简单叠加和堆砌，而是在协同状态下的系统各要素在相互协作的关系中产生协同作用和整体效应，并推动系统发生质变并达到具有新功能的有机整体。在高等农业院校课程思政育人体系中，思想政治理论课是育人的"主渠道"，其他课程各自承担"责任田"的职责，两个系统围绕立德树人根本目标，相互配合、相互作用、优势互补形成育人合力，取得课程思政育人体系的协同效应。高等农业院校课程思政育人体系的内向描述中，包含若干子系统，这些子系统可以划分为不同的层次，并具有不同的结构功能。思想政治理论课属于课程思政育人体系的一个子系统，并发挥主导作用。

（一）思想政治理论课的主导作用

思想政治理论课是落实立德树人根本任务的关键课程。思想政治理论课在课程思政育人体系中的统领作用是由其教育内容体系、价值体系和目标体系决定的，它是党的教育方针的具体体现，也是中国特色社会主义大学的重要标志之一。习近平总书记在 2016 年全国高校思想政治工作会议上强调，要抓好马克思主义理论教育，培养中国特色社会主义合格建设者和可靠接班人。根据这一讲话精神，思政课要引导学生增强中国特色社会主义道路自信、理论自信、制度自信、文化自信，厚植爱国主义情怀，把爱国情、强国志、报国行自觉融入坚持和发展中国特色社会主义、建设社会主义现代化强国、实现中华民族伟大复兴的奋斗之中。

所谓主导，就是统揽全局、把握方向并引领发展。办好思想政治理论课最根本的要求是贯彻党的教育方针，解决好培养什么人、怎样培养人、为谁培养人的根本问题。思想政治理论课在整个课程思政育人体系中具有不可替代的作用和价值。课程对主体需求和社会发展需求的满足程度是衡量课程价值的根本标尺，杰罗姆·S. 布鲁纳（Jeroms S. Bruner）指出："任何人只要一开始问到关于各专门课程的价值问题，他就是在问关于教育的目标问题。"① 思想政治理论课反映了教育主体对学习者成长和社会发展需求的基本要求，即课程教育对教育目标的满足。教育主体指在教育活动中处于一定社会历史阶段中的社会集团与个体，以及处在一定思想政治教育情境中的教育者和受教育者。②

思想政治理论课与课程思政是互相支撑、互相补充、互相配合的关系。一方面，思想政治理论课是课程思政的重要组成部分；另一方面，思想政治理论课是课程思政价值的重要组成部分。即课程思政要实现什么样的目标，由思想政治理论课的目标决定并构成，并体现思想政治教育的最高目标。把思想政治理论课纳入课程思政的范畴，是立德树人的根本要求，是高校思想政治教育工作科学发展的要求，既是对课程思政内容和目标体系的规范，也是对其实施效果的保障。就对农业院校而言，其根本目标在于围绕党的教育方针，为党育人，为国育才，为社会培养留得住、用得上的高层次专门人才。党的思想政治教育从早期的革命化、现代化、知识化到革命化、现代化和知识化的融合，从分散走向统整，都是围绕培养时代可堪大用的专门人才而持续进行的改革创新。新时代高等农业院校课程思政，是围绕培养目标在教育理念和战略举措上的创新，是思想政治教育的重要组成部分。思想政治理论课是其当然的组成部分，并因其鲜明的政治性在整个课程体系中居于主导地位。

高度重视思想政治理论课建设是中国共产党开展思想政治教育工作的核心举措和优良传统。在革命、建设、改革各个历史时期，党对思政课建设都做出过重要部署。新民主主义革命时期，我党在红军大学、苏维埃大学、抗日军事政治大学、陕北公学等高校开设"党的建设""中国革命运动史"

---

① 〔美〕布鲁纳：《教育过程》，邵瑞珍译，文化教育出版社，1982，第 29 页。
② 宇文利：《现代思想政治教育课程论》，北京大学出版社，2012，第 206 页。

"马列主义""辩证唯物主义""科学社会主义"等课程。① 新中国成立后，在高校开设"中国革命史""马列主义基础""政治经济学""辩证唯物论与历史唯物论"等课程，基本任务是用马克思列宁主义、毛泽东思想武装青年，培养坚定的革命和建设事业接班人。改革开放以来，党中央先后出台多个关于学校思想政治工作的文件，对思政课建设提出明确要求，不断推动思政课改革，体现了办好思想政治理论课的重大意义。进入新时代，中国共产党是站在党和国家事业发展全局、坚持和发展中国特色社会主义、建设社会主义现代化强国、实现中华民族伟大复兴的战略高度，来加强和改进思想政治理论课建设的。"学校是意识形态工作的前沿阵地……办好思政课，就是要开展马克思主义理论教育，用新时代中国特色社会主义思想铸魂育人，引导学生增强中国特色社会主义道路自信、理论自信、制度自信、文化自信，厚植爱国主义情怀，把爱国情、强国志、报国行自觉融入坚持和发展中国特色社会主义、建设社会主义现代化强国、实现中华民族伟大复兴的奋斗之中。"② 思想政治理论课是落实党的教育方针的关键课程，核心在于解决培养什么人、怎样培养人、为谁培养人的根本问题，在课程思政育人体系中居于主导地位。

思想政治理论课的主导作用还体现在其对课程思政育人体系其他要素的决定上。高等农业院校课程思政育人体系是一个结构化、相互作用的整体，育人目标由思想政治理论课的目标决定，并据此目标进行丰富拓展和具体化。围绕具体化的人才培养目标，高校订立不同的人才培养方案，设计不同的课程体系和教学计划，构建具有自身特色的人才培养体系和方案，贯穿其中的是思想政治教育体系，关键在于把思想政治教育的内容融入人才培养体系和各类课程的教育教学中，形成协同育人效应和"大思政"工作格局。这是课程思政在教育理念层面对学校思想政治教育工作理论的创新，融合了"协同育人三全育人""大思政"等教育改革举措，在广义的课程范畴内整合了高校思想政治工作的全部要素，体现思想政治教育科学化、学科化、学

---

① 习近平：《思政课是落实立德树人根本任务的关键课程》，中国政府网，2020 年 8 月 31 日。
② 习近平：《思政课是落实立德树人根本任务的关键课程》，中国政府网，2020 年 8 月 31 日。

科交叉的过程。在这个过程中，为党治国理政、民族复兴而培养一代代接续发展专门人才的教育方针贯彻始终。高等农业院校课程思政的目标是培养扎根基层、奉献"三农"的高级专门人才，解决的同样是培养什么人、为谁培养人的根本问题，根本导向和目标都来自思想政治理论课。因此，加强和改进思想政治理论课，提高其针对性、实效性、思想性、实践性，既是农业院校课程思政育人体系的内在规定性，又是实现培养目标、提高育人实效的根本要求。

（二）通识课的支撑作用

通识教育最早的意思是普通教育，英文是"General Education"。1829年，帕卡德从西方的古典教育出发，立足亚里士多德百科全书式的知识体系，提出通识教育是高等教育的延伸，是一种古典文学和科学的综合。通识教育的概念虽然是 20 世纪才提出的，但它源于古代西方亚里士多德提出的自由教育，该教育旨在培养在政治社会中的人。亚里士多德提出的自由教育和现代大学的通识教育是一致的，但他强调的自由教育不是一种实用的思想。西方中世纪抛弃了古典自由教育传统，文艺复兴时期又复兴了古希腊和古罗马的古典文学，同时还复兴了人文主义。人文主义对高等教育提出了全面发展的目标，其中一个目标就是提高通识教育，另一个目标是实施精英教育，最后才是监护。夸美纽斯提出"把一切知识教给一切人"，其哲学基础是"泛智论"，强调把人类创造的所有知识教给所有人，目标是构建教育的公平。之后，赫伯特·斯宾塞提出"什么知识最有价值"，把最有价值的知识导向了科学知识。此后，西方教育义无反顾地走向反通识教育的道路。培根为这个进程添加了"知识就是力量"的薪火。奥古斯特·孔德（Auguste Comte）的实证主义，把培根提出的经验可以验证的科学知识推向了无以复加的高度，直到杜威把他们拉下知识的圣台，通识教育才再次为西方高等教育所重视。1945 年，哈佛大学的哈佛通识教育委员会提交了一份报告《自由社会中的通识教育》（*General Education in a Free Society*），认为通识教育的目的是延续自由教育的传统，指出如果没有历史、地理、文学、哲学、艺术和语言，即便使一个人有再多的数学、物理、化学、天文、生物的知识也不能称之为通识教育。西方与通识教育对等的另外一个概念是博雅教育和自由教育。20 世纪 60 年代，英国教育学家保罗·H. 赫斯特（Paul H. Hirst）对自由教育的概念进行了详尽的论证，他认为自由教育绝不是职业教育。

　　严格意义上的通识教育理念在中国出现得比西方要晚，但通识教育思想和实践理念在中国有悠久历史。中国古代大学在发端之时就界定了高等教育的性质。《大学》开篇："大学之道，在明明德，在亲民，在止于至善。"先秦时期，中国创立了"辟雍""泮宫"等传统教育机构及私学，形成了以中华"原典"为载体，以官学、私学为媒介的通识教育系统。在这些遗产中，儒学教育理念占有突出地位。儒学就其本原和属性而言，乃是一种以人格培养为目的、以儒家经典为范本的通识教育。① 因此，中国古代高等教育从一开始就孕育了以培养德性为主的通识教育思想，之后的中国古代高等教育机构，都遵从了这一核心理念。从官办的国子监、应天书院到半官半私的岳麓书院再到白鹿书院，一脉相承的是注重品德和修身的关系，强调道德教化和品行修养的关系，追求博学和融会贯通。中国古代的高等教育虽然没有从科学的角度提出通识教育的概念，但从教育理念角度分析，与西方自由教育具有相同的志趣。从根本上讲，就是教给学生修身、齐家、治国、平天下，处江湖之远则忧其君，居庙堂之高则忧其民的家国情怀。蔡元培提出的"思想自由，兼容并包"，构成了中国现代大学的生命线。蔡元培还主张"五育并举"，认为健全的体魄是养成完人的基础，知识是独立人格和自由精神的根基。抗日战争时期，西南联大校长梅贻琦提出的通才教育，即通才，谓学识广博、具有多种才能的人。② 在他看来，大学过分重视科学知识教育，工科生即便是掌握了再多的科学知识也不过是有一技之长的匠人。梅贻琦认为，"社会所需要者，通才为大，而专家次之"③，提出了通才的教育目标。

---

① 张亚群：《中国近代大学通识教育与创新人才培养》，福建教育出版社，2015，第 14~15 页。
② 夏征农、陈至立主编《辞海》（第六版），上海辞书出版社，2012，第 1882 页。
③ 梅贻琦：《大学一解》，《清华大学学报》（自然科学版）1941 年第 1 期。

这种目标表现在三个层面上：第一个层面是知识和技能的通达；第二个层面是知识和德育的配合，意即明明德和修己；第三个层面是全人和自由人格的通达，就是在知有"博约之原则在"，在情有"裁节之原则在"，在志有"持养之原则在"，在此基础上"无所不思，无所不言"。①

高等农业院校通识教育课程主要指："全校性公共必修课程和文化素质教育选修课程两大类，此外还包括学校部分隐性课程等。"② 需要指出的是，这个分类较为模糊，在许多专业课程中也包含丰富的通识教育内容，从课程层次结构上看，这里并不涉及该类通识教育成分。通识教育课程思政的支撑作用，意味着在思想政治理论课之后把人文素养、艺术素养、中国文化、西方文化的不同和关系讲清楚，使学生对天文科学、地球科学、环境科学、生命科学的基本概念和体系有基本的了解；对经济学、社会学、政治学、心理学、行政学有概括性的掌握；对公关礼仪、舞蹈艺术、摄影艺术、音乐韵律等知识有基本的了解并学会欣赏美；对电影、照片、动画、绘画等艺术形式有自己的理解；把历史与文化、文明与变迁、环境与生态、文学与关怀、生活与奋斗的关系统一起来；能辩证地看待生死议题与临终关怀、人文关怀与心灵成长的关系；把爱情、亲情、友情、共情和忠诚统一起来。把风格、气质、大度、宽容和立学、求学、力学和治学等归结到对思想政治理论课的支撑上。虽然从诞生之日起，通识教育的目的就具有多重性和多样性，但首要是培养社会需要的健全的人，在这一点上古代西方和东方教育是一样的。不同的是，西方的通识教育培养的是除奴隶之外的精英，东方则培养的是能够支撑君主的子民。从教育的角度，孔子的"有教无类"思想是最早的教育公平理念，然后辅之以因材施教，"有教无类"支撑因材施教。这种通识教育支撑的是为君主培养"学而优则仕"的合格人才，如此形成了一个严密的逻辑闭环。通识教育还承担着培养学生具有广博学识和深厚文化修养的职责，使学习者能够汲取人类文明的优秀传统和成熟经验，包括一定社会的知

---

① 刘剑虹、杨竞红：《梅贻琦通才教育思想引论》，《宁波大学学报》（教育科学版）2005 年第 5 期。

② 杨德广、谢安邦主编《高等教育学》，高等教育出版社，2009，第 294 页。

识、信仰、观念、思维习惯、运行方式等，使其能够成功应对生活的挑战，提高生存的技能和质量。

在现代社会，通识教育被赋予了更多的意义。在社会层面是为培养合格的公民，在个人层面是为造就健全的人格。在高等教育进入大众化的时代，大学教育要保证每一个走出校门的毕业生都是合格的公民，唯有如此才能确保每一个毕业生都成为维持社会稳定的一分子。随着全球化的到来，培养世界公民的意义超出了单一的社会和民族，大学通识教育的支撑意义在人类命运共同体构建上显得更加重要。大学通识教育从个人的角度是为培养理性的养成，包括两个方面，一是心智训练，就是通过通识教育拓展大学生的心智；二是心智的装备，所谓心智是精神层面，所谓装备在思维层面。理性养成和心智训练不在于知识的多少，而在于提高学生的分析力、判断力、记忆力和想象力。罗伯特·M.赫钦斯（Robert M. Hutchins）认为，通识教育的目的在于指导学生向正确的方向发展，而不是帮助他们赚钱和升迁。通识教育培养心智的目的是教会学生比较、鉴别、分析的能力，进而提高其在工作和生活时的惬意、优雅、灵活和享受。从这个意义上看，通识教育的目的亦在于让学生拥有广博深厚的文化素养，让他们在面对不确定的将来时能够为从容应对那些未知的挑战做好准备。

与通识教育在同一层面上的概念是核心素养。核心素养建立在核心课程之上，其目的是让学生在有限的高等教育时间内了解人类传统的思想精髓，即那些历经岁月沉淀下来的最重要的知识传统。1978年，《哈佛大学核心报告》（*Harvard Repertonthe Core Curriculum*）首次将核心课程分成五类（文学与艺术、社会分析与推理、历史研究、科学、外国文化①）之后，核心课程的做法开始在大学流行。一般的做法是将课程按不同的素养进行分类，多采取选修课和必修课相结合的方式，如果采取必修课和任一课程组合的方式，则会让通识教育的目的落空。如果全部采取必修课的方式，则会导致无法考

---

① 王定华：《哈佛大学的通识教育》，《中国高教研究》1997年第12期。

察学生个性化、兴趣化及主动性和积极性，最后损失通识教育的功效。

随着科学技术的发展和现代化的来临，现代大学的通识教育再一次发生了转变。知识的分化和转化再次把一切知识导向了精深化，学科之间的壁垒再一次被打破，单纯的科学知识已经不能定义一个合格的公民。从大学培养合格人才的角度来讲，社会需要的人才越来越要求综合素质和核心素养，不是那些死读书和读死书的"书呆子"，这是从用人单位一方提出了通识教育的要求。学校必须教会学生人文科学知识、社会科学知识和自然科学知识，才能培养通晓广博知识的合格大学生。耶鲁大学教授布鲁贝克就早早预言："非熟练工作将日益减少，而且自动化技术甚至减少了某些工种的熟练性工作人数……一个人必须不仅为工作做好准备，而且要为工作变换做好准备。"[①] 这至今仍然具有理论意义。在人类进入后现代社会时，通识教育仍然能够为学生提供广博的知识和最宽泛的人生意义，拥有这些知识的意义在于避免毕业生就业时遭遇专业不对口的困境，减少工作以后的挫败感。另外，随着物质生活水平的提高，上大学不再是谋生的唯一手段，人们接受高等教育的目的在于提高个人的综合素质，成为具备美好心智、健康体魄、理性快乐的人。他们能够清晰地意识到："一个人要完全胜任工作而不摒弃充分享受工作的快乐，就应该懂得工作的社会学的、历史的、心理学的、文学的基础艺术的各个方面。"[②] 通识教育在当代注重的是培养"全人"，即不是那种抽象的人，而是在具体生活和工作中合格的、好的、有用的人。中国学界对"全人"的界定，在身体、心智、智慧、美德、兴趣、感情的角度见仁见智，并预言："展望 21 世纪，大学通识教育是迈向'全人教育'理想的重要的教学领域。"[③] 通识教育从根源上讲就是培养自由人的教育，自由人就是在灵魂上自我完善并能与社会的规范相一致的人。这是通识教育的全

---

① 〔美〕约翰·S. 布鲁贝克：《高等教育哲学》（第 2 版），王承绪、郑继伟、张维平等译，浙江教育出版社，1998，第 95 页。

② 〔美〕约翰·S. 布鲁贝克：《高等教育哲学》（第 2 版），王承绪、郑继伟、张维平等译，浙江教育出版社，1998，第 94~95 页。

③ 黄俊杰：《全球化时代的大学通识教育》，北京大学出版社，2006，第 27 页。

部意义和对政治社会化个人的支撑，即通识课对思想政治理论课的支撑意义所在。

进入数字化时代，通识教育被赋予的新任务是对学生新媒体素养的培育。新媒体蓬勃发展，迅速融入青年学生，并成为一种生活方式。相对于传统信息传播手段，新媒体具有对信息和知识传播时空的消除、舆论的交互性和同化性、信息的巨量和非主导性等特征，将带亲学生对传统教育方法和过程的抵触。平等、交互、民主、沟通、反思、分析等与新媒体特征相一致的教学方法和组织方式更容易为学生接受。不积极应对或滞后的变革将消减课程思政实施效果。意识形态的竞争性要求对一切影响学习者的领域进行布局占领。互联网数字化时代新媒体多元、场景虚拟，如果缺乏人性化的职能监管，海量的信息会致使课程思政顾此失彼。问题的关键不是加强监管，而是影响新媒体主体的思想，形成批判性思维和主导力量，培育生成与新媒体时代相一致的思想政治素养。这一任务，需要在通识课与互联网的融合中去完成，简单的引导和管控并不能解决所有问题。同时，新媒体素养的培育涉及学校教育教学的方方面面，特别是与学生生活密切相关的各个领域，融入具体的生活场景、具体的生活实践、丰富的个人经验才能增强教育效果。

（三）专业课的补充作用

专业课对课程思政的补充作用一方面体现在其知识发挥的德育作用方面。专业课指高等教育依据培养目标、行业标准、职业岗位并根据社会对人才和知识的需求开设的一组课程。从该意义上讲，专业就是几门课程的组合。专业是针对职业的，因此专业课是人才培养的核心组成部分，其核心是使学生做好工作岗位所需知识和技能的准备。在明确专业课作用后，我们需要理解的是专业课如何成为课程思政的组成部分，甚至成为思想政治理论课的补充。本书之前已用大量的篇幅论证了知识的初始状态、知识的分类、知识的价值和课程知识范式的变化。中西方最初都是将知识与美德联系在一起，中世纪更是把知识的美德等同于对上帝的虔诚。从知识论的角度，实证主义的知识论割裂了知识和德性之间的关系，造成了受教育者成为"白板"和"容器"，为灌输、不容置疑、强制记忆等教学方式提供了温床。杜威在批判科学知识中心的基础上，更加强调知识在社会改造和个人生存自由与个性发展中的价值，把知识与自由、个性、生存等价值联系起来。生成主义的知识论与杜威一样批判知识和受教育者之间的二元论，把知识的习得建立在教育者、知识、受教育者三者在具体情境中的对话之上，强调知识是具体的、情境的、变化的、主体性的，而不是中立的、永恒的、亘古不变的。该脉络确立了自然科学知识、社会科学知识、人文科学知识都具有德育的作用。

卡尔·梅顿（Karl Miton）所指的真理性知识在一定意义上就是专业知识，它对于个体来说更多地体现为一种先验知识，即先于经验的、不依赖经验的知识。我们这里的专业知识更多地指向科学知识，即那些在一定时空、一定场域、一定条件下可以被实验证伪的知识，这些知识是大学专业课程的核心部分。这里强调的是为什么专业知识具有思想政治教育作用，也就是专业的科学知识具备了哪些思想政治教育意义。传统的农科专业课程的目标是让学生掌握专业课程的知识和技能，并形成以知识为本位的课程质量观，对课程效果和质量的考察关注学生对课本或教材知识和技能的掌握情况，对学生情感和价值观方面的考察则表现得比较消极。以知识为本位的课程质量观，来自工具理性主义的知识观，学习者习得的知识是"实然"层面的，表现为科学的、普遍的、客观的、中立的"实然"知识，对学习者的情感和价值观形成是无能为力的。因此，专业课程的育人功能被限制在客观知识的掌握和技能的培养方面。随着知识观的变化，当知识不再是与认识主体分离的对立面，并与认识主体的情感、态度、价值以及认识发生的情境等具有内在联系时，它便由客观性向主体性、情境性和价值性转变，进入课程的知识具有了"实然"和"应然"两种状态，即不仅包括知识是什么，还内含了知识产生的背景和过程，即知识应该是什么，或者知识为什么是这样等。从教育学意义上讲，农科专业知识体系的构建是基于知识的客观性和价值性的选择，选择本身就体现了农科专业知识的思想政治教育属性，既包括了知识的科学性，又涵盖了知识学习对受教育者价值观的塑造性，教学由此从客观知识的传递演变为学习者知识的生成过程。农科专业课程知识自身所蕴含的思想政治教育性，是专业课程思政的基础，这从理论和逻辑上排除了生硬添加和教条增设课程的做法。《高等学校课程思政建设指导纲要》明确指出："要深入梳理专业课教学内容，结合不同课程特点、思维方法和价值理念，深入挖掘课程思政元素，有机融入课程教学，达到润物无声的育人效果。"[①] 强调的是按照不同专业课程的特点，以立德树人为根本，以强农兴农为己任，"审视隐藏在它们后面的社会和经济的意识形态以及制度上的范式价值"[②]。挖掘整理形成不同的思想政治教育内容，做到专业知识教育和知农爱农为农素养培育相统一。

农业院校的专业知识指高等农业院校为某一专业开设的专业必修课和选修课，比如数学、化学、生物、作物学、兽医学、植物保护、草学、林学、食品科学等。首先从数学说起，数学是探究科学知识最有力的工具，没有了数学，自然科学知识的大厦将成为空中楼阁。此外，数学也是所有知识中追求最简洁、最优美的知识，无论是牛顿的万有引力公式还是爱因斯坦的相对论公式，都因其简单直接，用最少的字符表达了最广泛的物理学规律，相继开创了物理学的新时代。另外，数学还是最追求程序的知识，它要求每一个步骤的连环相接，去除任何一个环节的知识都被认为是不严谨的，会导致结果的谬误。这些特性和追求从思想政治教育的角度分析，即从对知识的追求转换到对人的要求上，也就是说数学课程要教会学生对简洁、优美、严谨和程序的追求，并将这样的品质延伸到学习、生活和工作中。物理学是研究物质最一般的运动规律和物质基本结构的学科，研究大至宇宙、小至基本粒子等一切物质最基本的运动形式和规律。物理学把目光聚焦在物质、能量、空间、时间以及它们的性质和相互关系之上，并高度关注物理现象、物质结

---

① 《教育部关于印发〈高等学校课程思政建设指导纲要〉的通知》，教育部网站，2020 年 5 月 28 日。

② 〔美〕迈克尔·W. 阿普尔：《意识形态与课程》，黄忠敬译，华东师范大学出版社，2001，第 53 页。

构、物质相互作用、物质运动。物理学最大的特点是它是一门实验科学，它崇尚理性、重视逻辑、强调推理并追求精密。物理学上的静止与运动的关系以及绝对的静止与运动、光速的极限与时空的扭曲，是对辩证唯物主义最好的证明。从高等农业院校课程思政讲，就是要关注事物的结构、各种现象和物质的相互作用，学会用普遍联系的观点看问题；学会用实验、观察、调研的方法处理问题，避免陷入经验主义和陈旧思维；学会理性、逻辑地思考问题，并能将这些品质融入服务"三农"中去。如果说物理学统筹了微观和宏观，化学则是联系宏观和微观的桥梁，它研究的是原子、分子水平上物质的组成、性质、结构和转化及应用，来源于生活生产并服务于社会发展。化学也是以实验为支撑的基础学科，渗透并融合在物理学、生物学、地理学、天文学、作物学、动物学等多个学科之中，同时为更多新学科的产生创造条件，比如分子生物学。化学对元素分布规律的研究揭示了星际空间存在简单化合物，为天体演化和现代宇宙学提供了科学数据，并以此丰富发展了自然辩证法。实验和理论是化学研究中相互依赖、相互支撑和彼此促进的两个方面，为教育和生产劳动相结合并彼此促进提供了科学支撑。化学反应中的变量介入导致性质发生变化，与万事万物的发展变化以及从量变到质变表现出了高度的一致。同位素的理论让我们懂得相同的人和事在不同的时空和有了不同的经历后会有不同的人生和结果。从课程思政看，化学知识的学习不仅仅是科学知识的学习，还要在学习知识的同时掌握化学知识特性并将其转化为对个人素养的提升上。因此，没有一种知识能够远离德育，只要它进入教育的领域，就会发挥德育作用。高等农业院校开设的作物学、植物学、草学、生态学等学科的德育价值在下文的内容中会做分析，此不赘述。

专业课课程思政对思想政治理论课的补充作用还体现在其政治观塑造方面。该部分思想政治教育内容需结合具体课程内容的讲授来具体挖掘，在现行高等农业教育各专业课程教材中都没有具体的章节安排，相对来说处于隐性状态，需要教师通过课堂教学显现出来，转化为思想政治教育的显性元素，与思想政治理论课的理论讲授配合起来，形成理论和具体实例的结合，提高思想政治教育的实效性和情境性。这部分内容包括两个方面。

一是选择与课程内容最具适切性的典型案例融入教学实践，补充提升思想政治理论课教学的实效性。如在作物育种课程的讲授中，可以从小麦、水稻作物的种植起源讲起，使学生理解中华农耕文明的源远流长。通过新中国成立以来水稻的矮化育种、杂交水稻育种、超级稻育种的三次革命史讲述，引入黄耀祥、袁隆平等科学家扎根一线、接续奋斗，为国家粮食安全做出杰出贡献的事迹，从而树立民族自豪感；通过这些内容的扩展使学生认识到农业科学研究需要持之以恒的艰苦探索，需要在共同目标的指引下，跨地域、跨行业、跨专业、跨学科地组织合作，引导学生树立坚定的专业理想；同时，结合大豆、玉米等作物育种的现状，让学生充分了解我国在生物育种方面的短板和挑战，以及种质资源创新在大国竞争和国家安全中的重大意义，通过鲜活实例激发学生投入农业科学研究的责任心和家国情怀。在草学专业课程的教学中，要讲清楚作为一门较新的一级学科其发展历程，以及以任继周院士为代表的中国草学奠基者们躬耕祖国大西北，从无到有创建中国草学学科，并引领世界草学发展的卓绝努力和杰出成就。在水土保持与荒漠化专业课程教学中，在界定水土保持涵盖山水林田湖草沙系统治理及其与国家生态文明建设和构建人与自然生命共同体等发展战略息息相关之外，还要结合叶培忠、关君蔚等学科开拓者和奠基人扎根祖国大地、矢志不渝治山治水的崇高精神。

二是选择与课程内容最具相关性的中华传统文化元素，增强思想政治教育的吸引力和针对性。例如，在蚕学专业课程中，要在讲清楚中国养蚕、取丝、织绸的历史和丝绸文化与中华文明的依存关系，以及丝绸在礼仪、文化、乡俗等方面的重要意义的基础上，引出古代"丝绸之路"与"一带一路"，激发学生的爱国主义热情和民族自豪感。在茶学专业课程中，要在讲解"茶圣"陆羽及其世界第一部茶书《茶经》的基础上，延伸中国茶文化的博大精深以及"茶马古道"对民族团结、边疆统一的历史意义，引导学生在经济与政治的层面理解农业经济发展对国家统一、民族振兴的基础性作用。

（四）实践课的辅助作用

传统教育哲学大多基于认识论和知识观来有逻辑性地构建教学论和课程

论，虽然也强调实践课对知识传授、情感培养和价值引领的作用，但在教育实践中实践课往往被列为第二课堂，处在边缘化的地位。这既有知识无限与大学时光有限之间的矛盾，也有教育学理论取向与教学方法选择的限制，更有实践课本身的复杂性与难以实施和评价等多重原因。但毋庸置疑的是，虽被边缘化为第二课堂，实践教学在大学教育中的地位和作用是绝不可被替代的。在哲学范畴上，教育学本身就是一种实践哲学。马克思主义明确地把"实践"确立为其哲学的核心，一改由康德、黑格尔等西方思辨哲学的批判范式，把哲学的批判从概念延伸到现实生活领域，即实践本身，并指出全部社会生活在本质上是实践的。马克思在《关于费尔巴哈的提纲》中指出："人的思维是否具有客观的……真理性，这不是一个理论的问题，而是一个实践的问题。人应该在实践中证明自己思维的真理性，即自己思维的现实性和力量，自己思维的此岸性。关于思维——离开实践的思维——的现实性或非现实性的争论，是一个纯粹经院哲学的问题。"① 这一认识论取向的实践概念在中国历史和现实语境中体现为"实践是检验真理的唯一标准"，在教育领域中体现为"教育与生产劳动相结合"的教育方针和"教育实践论"的理论主张。从实践本体论角度看，具体的、感性的人的实践活动是解释世界和理论认识的基础，实践不是理论和真理的附属环节，而是认识真理和理论的根本。从价值维度看，"马克思的实践概念包含许多维度，其中首要的是价值维度，即把实践作为世界的价值本质、人的终极价值，亦即价值本体来看待"②。该价值取向最终指向中国"作为自由解放的教育"的表达。杜威把其教育哲学建立在改造传统经验主义哲学之上，把经验确立为其哲学构成的核心范畴，对个人与环境互动中的实践经验的强调和关注成为其哲学革命性特征，并提出教育即生活、教育即生长、教育即经验的改造等著名思想。不同的是马克思肯定客观规律和人的目的性和能动性，强调实践是合目的性和规律性的统一，而杜威强调个人经验的目的性需

---

① 《马克思恩格斯选集》（第一卷），人民出版社，1995，第 55 页。

② 徐长福：《从马克思实践概念的价值维度看"人文关怀"问题》，《哲学研究》2003 年第 3 期。

要和能动性本质，把实践看作一个合目的性的行动过程，从而否认了规律的存在和确定。我们讨论教育的实践性或实践哲学视域下的教育，目的不是澄清教育理论与教育实践的关系或属性，而是指出教育特有的实践特性，教育主体获得知识的能动性以及理论教育与实践教育的关系，强调实践教学在教育中的重要性和不可替代性，并将这一理论延伸到课程领域。

这里所指的实践课是指从课程开发角度理解的实践活动类课程，即活动课程，这是相对于以系统科学知识学习、间接经验掌握为主的学科课程而言。之所以采取实践课说法，是从理论与实践的教育学概念上进行区分，同时也与理论教学和实践教学的通常区分相对应，减少概念上的分歧和混乱。实践课的提出与对认识论中主客体分离的二元论批判相关，实践哲学为活动课程提供了理论基础，并为活动课程进入教育领域提供了合法性支持。同时，活动课程的出现也弥补了学科课程内容逻辑抽象、与实际生活脱离、知识获得间接与主体参与缺乏、知识技能传授与情感价值态度分离等弊端。活动课程立足课程目标，采取"做中学"即实践性学习的方法，重视学习过程和学习者获得直接经验，在思想政治教育中具有特殊而重要的意义。因为道德在本质上是一种实践理性，纯粹抽象的理论永远搁置在形而上的理念层面，道德教育如果仅仅停留在理论层面大张旗鼓地灌输，无论其理论多么具有真理性，缺少了主体的实践都是空中楼阁。因此，活动课程对思想政治理论课的辅助作用不是可有可无、适当兼顾或随机零散的。高校必须围绕思想政治教育目标和内容，对实践课进行系统设计和精心组织，使其与学科理论课形成相辅相成、相互表征的教育体系。强调活动课程在思想政治教育中的重要作用，也符合学界"内化论"①的思想政治教育概念内涵，突出受教育者在教育过程中的主体性和内在认可性，在一定程度上克服了"施加论"

---

① "内化论"是 20 世纪 90 年代以来影响较大的一种思想政治教育的概念，认为思想政治教育是教育者按照一定社会要求，通过特定教育活动，把特定社会的思想和道德规范内化为受教育者的思想意识和道德品质的过程。孙喜亭在其《教育原理》（北京师范大学出版社，1993）中就秉持该观点。

"培养论"① 对主体能动性的忽视，融入了更多的主体实践意义，减少了概念上的强迫和灌输意味。

在高等农业院校课程思政育人体系的范畴下，广义的活动课程包括学科课程的实践类课程、研究探索类活动、社会实践、社团活动，也包括服务于高等教育的管理活动、服务活动等。需要指出的是，学界一般认为活动课程在认识论上基于经验本位，在知识论上基于个人本位，其延伸逻辑是基于学生的兴趣和意愿来设计和开发活动课程。该认识在学科课程中有一定教育伦理价值，但在思想政治教育中存在社会本位取向的缺失，会降低思想政治教育目标的实现程度。因为思想政治教育是有目的、有计划、有组织的教育活动，仅根据学生的兴趣爱好设计组织活动课程，不能保证教育目标的聚焦，也不能保证教育活动的计划性和系统性。所以，教学层面的课程思政中的活动课程必须围绕教学目标来开发设计，内容选择要根据课程教学的进度，围绕教学目标精心筛选，方法则要灵活多样；教育层面则要围绕人才培养目标，从人才培养方案、管理育人体系、服务育人体系、实践育人体系等多方面系统规划，达到宏观和微观的无缝衔接、显性教育和隐性教育的统一协同、理论教学和实践教学的相互渗透，形成一个系统、开放、动态的育人体系。

（五）协同性的基本要求

高等农业院校课程思政育人体系"主渠道"与"责任田"的协同体现在层次性与协同性两个方面。层次性是课程思政育人体系本身规定的，也是高等农业院校课程思政育人体系构建的基础，反映系统从简单到复杂、从低级到高级的发展过程。不同层次的课程思政内容具有不同的属性和结构功能，并形成一个与整体思想政治教育内容相互联系的子系统，其中的每一个

---

① "施加论"和"培养论"对思想政治教育概念的界定，更多趋向于社会价值本位和教育者对受教育者的主动地位，缺乏以人为本的道德关怀，也与道德教育的实践性和知识习得的主客体互动的教育理念不够适切。而"内化论"的提出则体现了人们对思想政治教育认识的科学化水平的提升，也佐证了思想政治教育的历史性、时代性和发展性。

内容和要素都根据自身的属性和功能从属于对应的子系统，执行子系统分配的功能。具体表现为不同课程类型在高等农业院校课程思政育人体系中因地位和功能不同，而形成不同课程思政的子系统。子系统内的不同思政要素与本系统内其他思政要素在配合中共同服务于系统的整体目标，形成系统的有序化。层次性还意味着对系统的控制、干预、改造必须立足于对系统层次及要素之间的层次、地位、比例进行调整，使要素属性与变化的环境和目标保持一致，维持系统的平衡和稳定。这意味着思想政治理论课、通识课、专业课、实践课中的某些思政元素会随着环境和时代的变化，在整个系统中的地位和功能发生改变，从而引发系统层级和关系的调整，以便更好地服务于变化了的课程思政的目标。协同性指围绕立德树人根本任务，课程思政育人系统内部各子系统、子系统要素之间的相互配合、相互支撑、相互协作，构成一个完整的思想政治教育体系。各课程思政子系统在相互协作的关系下产生协同作用和整体效应，驱动子系统调整结构功能，使系统从各子系统间简单无序的思政要素堆积转变为有序聚集的组合，在协同作用下推动系统发生质变并达到稳定状态，形成具有新功能的有机整体。协同作用既是系统自身具有的属性，又受外部环境的影响。外部环境或信息进入系统后，系统会根据自身的服务目标，主动调整内部各要素之间的比例关系，达到新的平衡和稳定。

二　知识传授与价值塑造的统一

（一）课程知识与价值

知识传授与价值引领是课程思政的本质属性。这一内在规定性包括两个方面：一是知识与价值的关系，是课程价值的基本范畴，也是课程思政的基础；二是知识传授与价值塑造的关系，是知识与价值关系在课程实践领域的逻辑延伸，表现为把知识内在的价值通过课程教学转化为受教育者的情感态度，包括课程设计开发、课程实施和课程评价等多方面。课程知识的价值因课程类型和知识分类表现为不同的层次结构，从课程理论出发，理性主义知识观和经验主义知识观都不否认知识在塑造人的理性思维和能力方面的价值。不同的是，理性主义知识观关注逻辑、系统、标准化学科知识的传授习得，强调对受教育者理性思维和能力的训练，导致学习主体感性经验在知识获得过程中被漠视，以及人文科学、实践课程被轻视。经验主义知识观则立足经验事实，强调在经验与情境的互动中生成知识，达到理性知识与经验认识结构的一致，在关注经验的同时也否定了理性知识的真理性、系统性、中立性；但其从实践哲学的角度把实践与知识生产内在联系起来，从而把活动课程引入课程体系。随着思想政治教育范畴的扩大和知识社会学、课程社会学的兴起，自然科学知识、社会科学知识、人文科学知识等都被纳入思想政治教育的知识体系，知识本位和个体本位的课程知识价值观从对立逐步走向融合统一。在兼顾社会需求和个体全面发展需要的协同中，知识的意识形态属性与真理性、知识的客观性与主体间性、知识的事实性和价值性、知识的普遍性与民族性等，辩证地统一在现代思想政治教育学和课程论中。知识与价值的关系成为思想政治教育的内在属性，进入课程领域的所有知识在课堂领域也被赋予了知识传授与价值塑造的双重任务。

马克思和埃米尔·涂尔干（Émile Durkheim）都把知识大厦的根基建立在社会和社会实践之上，特别是马克思的实践本位知识论联合了知识本位和个体本位的认识论，并把在持续扩张中的主观性知识和客观性知识凝聚在真实性这一目标之下，既保留了知识与确定、客观、可靠、权威甚至真理的联系，又提供了知识与经验、情境、主体、地域的不可分离性。也就是说，知识的客观性、真理性与知识的文化性、社会性、历史性共同构成了其权威性和合法性，为课程知识的价值性奠定了基础，并使进入课程的知识具有了情感和意志的力量。实践本位知识论进入教育领域，知识的本质成为建立在客观性上的主观构建，知识具有了深刻的人性特征。在知识的价值上，知识的育智价值、育德价值、育美价值、育体价值等绝对价值，与不同类型知识对个体发展的相对价值，以及作为过程的知识与结果的知识、科学知识与人文知识等统一在课程知识中，并共同服务于课程目标。同时，进入课程领域的知识都是根据一定的标准和认识选择的结果，学校教育中学习者的选择就被限制在一个相对固定的领域，选修课就体现了这种有限的选择权。进入高等教育课程领域的知识是在区分了日常知识、基础知识和专门化知识、强有力的知识①之后的选择。也就是说，围绕教育目的实现一些知识比其他知识拥有更高的价值。进入高等教育课程领域的知识的开发、实施、评价等都受到特定时空内统治阶级意识形态的影响和调控。迈克尔·W. 阿普尔（Michael W. Apple）指出："课程是主流阶级的权力、意志、价值观念、意识形态的体现和象征，它实际是一种官方知识，是一种法定文化。"② 这是课程政治性的代表性定义，把课程作为政治文本来理解，认为课程知识的政治性是其本质特征之一。郝明君从课程知识的生成与选择两个方面详细论述了课程知识与权力的关系，并指出："随着哲学本体论向认识论的演变以及知识社会学、课程社会学，特别是社会批判理论的发展，人们清晰地认识到，课程领域中的课程知识不是客观中立的，而是具有情境性和价值关涉的。"③ 同时认为，课程知识生成的"外控"和"内控"类型都受制于一定的意识形态和社会权力，权力控制下的课程知识选择的主体、缘由、标准和内容等都是特定阶段社会主流阶级价值观的反映，并服务于该阶级对社会的控制。把课程作为政治文本来理解，其认识论基础是马克思主义的实践哲学，据此课程知识与价值之间具有了内在联系，并赋予课程思想政治教育的功能。总之，课程实践本质上是一种价值传递和创造活动，价值问题是课程开发、设计、实践、评价的根本问题和决定因素。

（二）知识传授与价值塑造的统一

价值塑造强调在知识与价值的对应和知识传授过程中更注重知识价值性

---

① 强有力的知识由英国教育哲学家约翰·怀特（John White）提出。他认为教育目的并不仅仅是从知识出发，在知识概念动态化下，区别有权者的知识和强有力的知识的概念必须成为思考教育目的的出发点，尤其是日常知识与专门化知识的差异。强有力的知识应该是学校专门化教育的最好选择，并把该类知识指向应用于自然科学与技术领域的那一类知识类型。

② 黄忠敬：《知识·权力·控制：基础教育课程文化研究》，复旦大学出版社，2003，第1页。

③ 郝明君：《课程中的知识与权力》，重庆大学出版社，2009，第87页。

的传输。从高等教育课程思政的功能出发，就是在课程知识的教育教学过程中，使受教育者在思想意识和精神状态上发生变化，产生新的思想意识和价值追求。高等农业院校课程思政育人体系包括主体、内容、实施、支撑等多个要素，但其基础是课程知识的思想政治教育性，并将课程知识的思想政治教育性延伸到课程实践和课堂教学中，从而实现课程思政的目标。这一目标的实现需要纳入该体系全部要素的相互作用，其他要素功能的发挥必须建立在知识与价值的内在对应上，并据此通过不同类型的课程教学实践，发挥思想政治教育的传输、启发、转化、塑造、引导、创新等功能，实现课程的德育、智育、美育、体育、劳动教育的全过程融通、全方位贯穿、全员参与。

　　高等农业院校课程思政育人体系的知识传授与价值塑造的统一，要求二者的整体性与全面性。整体性是系统最基本的属性，系统论在一定意义上是对整体性研究的科学。贝塔朗菲指出："一个元素在系统内部的行为不同于它在孤立状态中的行为，你不能从各个孤立部分概括出整体的行为；为了理解各个部分的行为，你必须把各种从属系统和它们的上级系统之间的关系考虑进去。"① 课程思政育人体系不是各个要素的随意组合和堆砌，是根据课程思政育人的目标体系需要，按照一定的层次、结构和功能，由相关要素组成的有机整体。进入课程思政育人体系的各要素在具体的教育情境中，围绕目标的实现，要素和要素、要素和环境之间相互作用、相互配合、相互联系，从而使系统整体的功能大于各要素功能之和，促使系统产生新的功能。其中任何一个要素的变化都会引发其他要素和系统整体的变化，而任何一个要素发生变化都不是孤立的，而是在与其他要素的相互依赖和相互制约中，使系统成为一个相互联系的统一整体。高等农业院校课程思政育人体系的知识传授与价值塑造的统一，具体到各类课程的子系统，以及各类课程思政教育的元素，都是围绕落实立德树人根本任务而组成的有机整体。理解知识传授与价值塑造的统一，必须将其放置在育人体系的整体

---

　　① 〔美〕冯·贝塔朗菲：《一般系统论：基础、发展和应用》，林康义、魏宏森等译，清华大学出版社，1987，第93页。

视域下，投射到体系的各个领域、各个子系统、各个元素中。

知识传授与价值塑造在整个课程思政育人体系中的统一，依存在各类课程、单个课程的思想政治教育以及每一堂课程的讲授中，并受育人体系整体的制约。任何一门课程和思政要素都不可能脱离育人体系单独存在。同样，随着思想政治教育目标调整，任何一类课程的思想政治教育要素在整个课程思政育人体系中的地位、功能、作用将发生相应的调整，这是由系统的结构功能和系统的整体性决定的。例如，市场规则泛化导致的市场思维和规则进入社会生活领域，造成人际关系物化和对物质的极度追求、学生理想信念低俗化和道德水平滑坡。针对这一变化，学校思想政治教育目标体系的结构必须做出调整，原来处于边缘或系统外的思想政治教育内容，根据变化了的要求，调整到更加重要的层次或吸纳进入系统，协调与其他课程内容的关系，共同构成体系的内容，并使系统整体功能发生变化。马克思主义关于事物普遍联系理论中形式与内容的关系，同样能够适切解释课程思政育人体系内容与结构层次的关系，其中内容是基础，系统内部诸要素的层次结构表现为形式，共同构成了内容与形式统一的育人体系。我们对育人体系内容的调整势必造成形式的变化，因为，形式对内容具有反作用，形式是否适合内容会导致积极或消极两种结果。

高等农业院校课程思政育人体系知识传授与价值塑造的统一，还要注重提高体系内各子系统和要素的质量，维持好系统各要素之间的有机联系，处理好稳定性、动态性和整体性之间的关系。比如，思想政治理论课在内容系统中居主导地位，不能因其是关键课程就放松其在课程质量建设方面的要求。思想政治理论课在课程思政中的主导地位是因其在思想政治教育中的性质和作用，而不是其高质量，反而要因主导地位而不断提升其作为系统要素的质量，从而提高整个育人体系的效能。这一特征也体现了思想政治教育一元主导与多元包容原则的基本要求，强调思想政治理论课改革创新正是基于这样的认识。另外，整体性体现了课程思政育人体系的部分效能之和大于整体效应，这一特征并不能做字面的原理性理解。当系统是线性时整体效应大于部分之和，当系统是非线性复杂时，系统就表现出非加和性，其整体效能取决于系统各要素之间的结构层次。马克思主义关于整体与部分的关系也揭示了整体功能并不一定等于部分之和，我们需要避免的是整体功能小于各部分之和的情况，这取决于组成整体的各部分按照何种关系构建。课程思政育人体系的全面性要求进入系统的要素涵盖系统目标实现的全部，凡是能够支撑系统目标实现的各类元素均要进入系统，并根据目标要求组成有机联系的整体。"大思政"工作格局、"三全育人"理念就是基于系统的全面性提出的，国内也有高校提出并实践"十大育人"的做法，也是把教学、科研、服务各个环节参与思想政治教育的主客体全部纳入育人体系，体现了系统论在思想政治教育领域的具体运用和实践。

三　理论教育与实践教育全过程融通

理论教育与实践教育全过程融通体现的是方法与任务、方法与目的之间的相关性。理论教育与实践教育是教育方法的最高范畴，是教育方法的一体两面。在课程思想政治教育中，理论教育与实践教育方法运用服务于实现教育目标的需求，贯穿、融合、统一在课程思政育人的各个环节。具体采取何种方式，取决于教育内容的特性和对思想政治教育目标的达成度，在采用界限上并没有明显的区分，在运用时空上亦没有专门的划分，二者水乳交融于课程思政的育人全过程。

（一）理论教育

学界一般把思想政治教育中的理论教育法称为灌输教育法或灌输宣传法[①]，指有组织、有计划、有目的地向受教育者传授系统完整的思想政治理

[①] 国家统编教材《思想政治教育学原理》，以及主流的思想政治教育学原理教材都认为，理论灌输法是指教育者有目的、有计划地向受教育者进行马克思主义理论教育，引导受教育者逐步树立正确的世界观、人生观、价值观的方法。主要包括理论讲授、理论学习、理论宣传、理论培训、理论研讨等具体形式。理论灌输法是思想政治教育人员最常用的基本方法之一。

论，以达成对受教育者世界观、价值观、人生观的影响和改造，从而提高其思想政治素质的教育方法，在教学原理上指向以理服人、心悦诚服等理论旨趣。对理论教育的理解必须建立在对知识和理论的分析上，即哪些知识属于理论、理论的分类，以及进入课程的知识与理论的关系及其表现形式。理论是系统性和规律性的知识，揭示事物发展的因果或目的手段之间的关系，而方法则关涉"A 到 B"、"条件—行动"或"思维—行为"的规范。理论和知识的关系问题，是一个存在分歧的问题，实质是对知识是否具有价值问题的争论，主张理论是价值无涉的人，严格区分知识和理论的界限，认为知识生产削弱了理论的客观性和真理性。反之则认为，知识具有价值取向，价值无涉的知识是不存在的。理论首先是具有真理性的知识，知识的真理性在哲学界经历了复杂的争论历程，似乎达成了知识与真理不完全等同的共识，但还是要区分人文知识、社会知识与自然知识才能更好地说明不同类型知识与真理的关系。一般来说，自然知识因其经验性的方法和情境性的限制更具备真理的性质，但也不能否认其在发展中的否定和超越。社会知识和人文知识则因其审美、主观、历史和意识形态特性，多采取规范分析法，在真理性方面似乎有所欠缺，或者欠缺真理的性质。这种认识建立在科学主义的态度上，姑且不去讨论其合理性，但为我们更加清晰地认识知识与真理的关系提供了一个明确视角。实际上，排除人的主体性、阶级性和特定的价值倾向性，在与自然的互动中形成纯粹客观中立的知识是不可能的。人类创造的一切被冠以知识和理论的信息，都是经过主体过滤取舍之后的结果，具有鲜明的探索性和创造性，内含主体的价值取向和追求。教育学意义上的"知识是教学用于培养人的内容，它形成学生理解人生、世界意义的心智框架，教学过程中的知识内涵的丰富程度某种程度上决定人化的过程"[①]。所以，经过选择进入教育和课程领域的知识和理论体系，当然包括人类创造的自然知识、社会知识和人文知识，选择的基本原则是是否有利于教育目标的实现。在该意义上，知识的真理性就降低为次级或从属性的问题。课程思政中的理

---

① 陈理宣：《对知识内涵与教学任务的反思》，《广西教育学院学报》2006 年第 3 期。

论教育就是把这些确定的知识或理论通过学校教育的方式传递给受教育者，实现知识的传承、创新，并内化于个体的内心、外化于个体的言行。

尤尔根·哈贝马斯（Jürgen Habermas）在 *Knowledge and Human Interests* 中，把人类创造的知识分为三种类型：经验——分析的知识，即各种旨在理解物质世界本质与规律的知识；历史——理解的知识，即致力于理解意义的知识；批判——定向的知识，即揭示人类所遭受的压抑和统治条件的知识。[①] 洛林·W. 安德森（Lorin W. Aderson）等基于本杰明·S. 布卢姆（Benjamin S. Bloom）的教育目标分类，按照认知水平提出了：事实性知识、概念性知识、程序性知识和元认知知识的划分维度。[②] 我国学者自 20 世纪 80 年代以来，在国外相关研究的基础上，根据知识的选择、组织及其有效性，把知识划分为六类：态度，指向主体信息的传达角度；价值，指对认识对象所做的判断；规范，即约定俗成的行为和精神的标准；概念，指关于人和事物的一般的或本质的特征的知识；规律，是对事物因果关系的概括；似规律，指社会科学中经常出现的对社会现象进行概括时得出的结论。[③] 不同的知识分类，体现不同的视角，但总体上还是可以归类到人文、社会、科学三个领域，在课程中表现为概念、原理、事实、规律、模型、结构、性质、作用、原因、评价、看法、提法或程序等，并通过词语或者其他符号系统表述出来。这些理论知识根据教育目标、学科结构体系、专业目标、课程设计开发等层级不同的选择机制进入课程领域，显性地表现在教材内容体系中，也隐性地体现在教材和活动课程中，共同构成课程思政的理论体系。

同时我们还要关注另外一个问题，就是如何把理论知识转化为能力，或者说怎样传递知识才能提高受教育者的能力，抑或理论教育的重点在哪里。我们知道，知识的掌握和能力的提升实际并不是对应的，掌握了一定的知识和理论并不等于拥有了相应的能力。该问题涉及知识的可传递性和教育方法

---

① 施良方：《课程理论——课程的基础、原理与问题》，教育科学出版社，1996，第 73 页。

② 〔美〕L. W. 安德森等编著《学习、教学和评估的分类学——布卢姆教育目标分类学修订版》（简缩本），皮连生主译，华东师范大学出版社，2008，第 63 页。

③ 洪成文：《现代教育知识论》，山西教育出版社，2000，第 172～173 页。

两个方面，知识的可传递性我们之前已经做过论证，采取何种教育方法增强知识的可传递性，或者说采取何种教育方式可以最大限度地提升学生的能力就成为重点。伽达默尔认为，理解是人存在的方式，理解开启了超越自我境遇的可能性，并使人获得自我发展的可能性。哈贝马斯认为，实践与交往是存在的方式，而理解则是认识存在的方式，是超越自我的认识基础。[①] 因此，在学生能力的构成方面，理解力是一切能力的关键和基础。通过知识传递增强学生的理解力是课程思政的重点，既涉及学生对事实性理论知识的理解，又涉及学生对知识蕴含的态度、价值的领悟。从教学论的角度，"认识说"的教学观，把教学视为认识的特殊过程，教师和学生通过教材中介认识客观世界，强调书本知识和间接经验，关注学生智力发展。"发展说"的教学观认为，教学过程是促进学生认知、情感、品德、个性发展的过程。"认识—发展"的教学观，既强调对学生知识技能的传授，又重视对学生情感、价值、人格等方面的教育。"交往说"的教学观认为，教学是教师与学生间的发展性主体交往过程，尤为关注教学过程中师生之间的交往、交流、对话与合作，强调教学交往对知识获得、能力发展和个性培养的重大价值。[②] 需要强调的是，无论是何种教学观，都是建立在知识的理论体系之上的教学，在课程思政的教学实践中，关注的是根据实现思想政治教育目标的需要，采取一种综合性的教学观来促进教学效果的提升，而不是拘泥于一种教学观。同时，不同的教学观会导向不同的教学方法，"条件—行动"或"思维—行为"的规范，同样服从于教育目标的实现。在高等农业院校课程思政中，教育教学方法必须根据课程知识的性质进行灵活选择，而非某一教学观的封闭逻辑。

理论教育在课程思政中最重要的作用是理论对实践的指导，尤其是在信息化时代，大学生面临思想多元化的背景下，正确的理论指导就显得极其重要。理论教育的一个显著特征是，根据教材内容，采取讲授、学习、宣传、

① 季苹：《教什么知识：对教学的知识论基础的认识》，教育科学出版社，2009，第87~89页。

② 潘洪建：《教学知识论》，甘肃教育出版社，2004，第130页。

培训、研讨等形式，把外在的客观理论向受教育者进行灌输，以科学的理论武装受教育者。在课程思政中运用理论教育的方式，建立在科学综合的教学观之上，是师生通过课堂教学进行互动、对话、交流的过程，在该过程中学生不是"白板"或"容器"，而是主观能动的教学活动参与者。另一个特征是，理论教育必须结合实际开展。在讲授理论知识的同时，要注重运用马克思主义普遍联系、辩证唯物主义、矛盾论等理论，把抽象的理论与具体的社会和个体实际结合起来，增强学生的理解力和教学的针对性，提高课程思政的实效性和生动性。同时，理论教育对教师思想理论水平提出了高标准的要求。习近平总书记强调："办好思想政治理论课关键在教师，关键在发挥教师的积极性、主动性、创造性。"[①] 思政课是教给学生正确思想的课程，思政课教师要把主责主业落到引导学生树立正确的理想信念、学会正确的思维方法上来，坚持教育者先受教育，做到教书和育人相统一、言传和身教相统一、做到理论性和实践性相统一、潜心问道和关注社会相统一。教师加强学习、拓宽视野、更新知识、丰富实践，不断提高业务能力和教育教学质量，才能讲好每一堂思政课，让学生真心喜爱、终身受益。从课程思政落实立德树人根本任务的角度，教师队伍素质成为基础性和关键性的要素，关乎课程思政实施的效果。

（二）实践教育

党的教育方针明确提出，教育必须与生产劳动相结合。思想政治教育本质上就是实践教育，这是由马克思主义的认识论和实践论决定的。"实践是人的存在方式和社会生活的本质，是客观世界与主观世界、自在世界与属人世界分化与统一的基础。"[②] 人类生产精神文化产品的实践活动是人类实践的一个不可或缺的组成部分。实践是认识的基础，而认识的直接目的是达到主客观的统一从而获得真理，并在认识与实践的辩证关系中检验和促进真理

---

① 习近平：《论党的宣传思想工作》，中央文献出版社，2020，第378页。
② 《马克思主义哲学》编写组编《马克思主义哲学》，高等教育出版社、人民出版社，2011，第73页。

发展。马克思的实践概念在价值维度上把世界的价值本质和人的终极价值作为价值本体来看待。在课程思政育人体系中，实践便成为教育追求其价值的内在规定性，实践教育方法的特殊性和重要性由此显现出来。实践教育的方法克服了理论灌输间接性的弊端，强调学习者在主客观世界的同步改造和具体实践中获得直观或直接经验，在"身临其境"或"躬身实践"中增强理解力，并在理论知识的直接经验中，从理解走向认同，从认同走向内化，并外化在思想和行动中。实践教育是中国古代教育的优良传统，《礼记·中庸》提出的"博学之，审问之，慎思之，明辨之，笃行之"，对学、问、思、辨、行在教学中的关系做了全面的论述。在知与行的关系上，强调知易行难，行是知的体现，强调"非知之艰，行之惟艰""敏于事而慎于言"。朱熹的"论先后，知为先；论轻重，行为重"、王守仁的"知行合一"都强调知中有行、行中有知，以知为行、知决定行，把穷理格物与践行统一起来，践行既正心、修己又治人，强调践行在教育中的重要作用。这些教育思想穿越时空隧道，面对西方各种认识论和教学论，站在新时代面向未来，仍然闪耀着真理的光芒，在新时代高等农业院校课程思政中更具有针对性的指导意义。

理论教育和实践教育在高等农业院校课程思政育人体系中的融通，是一种全过程的融通。既要把两种教育方法贯彻到思想政治理论课、专业课、通识课、活动课的设计、开发、实践、评价的每一个环节中，又要贯穿到教学、科研、管理、服务的每一个领域中。把理论教育"大张旗鼓"地与实践教育的"知行合一"统一在课程思政育人体系的各环节，融入各要素，根据课程思政的目标和内容，在教学实践的时空中选择采用。如在对学生"三农"感情的培养中，结合科研和教学的实践课程、社会调查等方式，更容易使学生在与农村、农业、农民的接触中，理解乡村振兴的丰富内涵和战略意义，了解农业生产的特殊性、农业增产的迫切性、农民增收的长期性，增强理论正面宣教的实效。而对马克思主义基本原理的教学，则更多需要采用理论教育的方式进行，以便使学生清晰理解马克思主义哲学的历史和思辨逻辑，增强教学效果。

四 隐性教育与显性教育相结合

（一）隐性知识与隐性教育

波兰尼指出："人类有两种知识。统筹所说的知识是用文字或地图、数学公式来表述的，这只是知识的一种形式。还有一种知识是不能系统表述的，例如，我们有关自己行为的某种知识。如果我们将前一种知识称为显性知识的话，那么我们就可以将后一种知识称为缄默知识。可以说，我们一直隐隐约约地知道我们确实拥有隐性的知识。"[①] 他关于意识的"焦点意识"和"辅助意识"立足于认识论和方法论，把人类创造的知识分为"显性知识"与"缄默知识"。"焦点意识"关注焦点觉知，"辅助意识"关注焦点觉知的依赖，即焦点意识是行动的意义所在。他著名的钉钉子例子，从意识和行动两个方面生动地阐释了二者的关系。波兰尼认为，缄默知识支配着认识活动，是人们获得显性知识的先导，为认识活动提供最终的解释性框架，显性知识建基于缄默知识并据此增长、创新、应用和理解。这就是"我们所认识的多于我们所能告诉的"[②] 著名论断的意义所指。波兰尼认为，缄默知识与显性知识相比，一是不能通过语言、文字、符号进行逻辑的说明；二是不能以正规形式加以传递；三是不能加以批判性的反思。从知识论的角度，缄默知识理论是对唯科学主义还原论和客观主义的否定，强调认识主体、特定情境、主观经验在知识生成中的核心作用。隐性知识在知识中内在地嵌入了人的因素，从而对现代科学知识产生的条件、知识的性质、知识的霸权进行了反叛和彻底否定。缄默知识是对现代科学知识客观性的否定，暗含了对知识文化性的肯定，即处于不同文化传统中的个体会受该文化潜移默化的影响，

---

① Polanyi, M., *The Study of Man*: *The Lindsay Memorial Lectures 1958* (London: Routledge & Kegan Paul, 2013), 12.

② Polanyi, M., *The Study of Man*: *The Lindsay Memorial Lectures 1958* (London: Routledge & Kegan Paul, 2013), 4.

从而形成缄默知识并构成根植于缄默知识的显性知识。这对于开展思想政治教育和课程思政具有重要的理论和现实意义。石中英对显性知识、缄默知识与教育改革进行了专门的论述，认为认识和理解教育教学活动中的缄默知识是整个教育教学目的得以实现的一个必要前提，是教师整个教育教学艺术的重要组成部分。①

波兰尼的隐性知识论主要是在对近代客观主义科学观和知识观反思的基础上提出的，"在于揭露完全的显性知识的思想（the ideal of wholly explicit knowledge）之虚妄，阐明显性知识的隐性根源（tacit root），证明隐性知识在人类知识中的决定性作用"②。证明"自然科学与人文学科知识一样，充满了人性因素，科学实质上是一种人化的科学，是一种'个人知识'，在非言传的'隐性知识'层面，科学与人文是相通的，一切知识都离不开个人，离不开意会的估价"③。波兰尼之后，弗里德里希·A. V. 哈耶克（Friedrich A. V. Hayek）、罗伯特·J. 斯滕伯格（Robert J. Stembery）、彼得·F. 德鲁克（Peter F. Drucker）、野中郁次郎（Ikujiro Nonaka）、维娜·艾莉（Verna Allee）等从不同角度对隐性知识进行了进一步的阐发。总体上都认为隐性知识是通过个体的体验、实践和领悟活动获得，存在于人的意识之中难以明确表达的知识，通常表现为行动导向类的程序性知识、个体的思维模式、信仰准则、心智模式、实践经验、组织文化、情感观念等形式，是人类发现和解决问题的关键。隐性知识本质上是个体在实践中形成的一种理解力和领悟力。隐性知识的提出是对科学理性知识客观中立、价值无涉态度的反叛，明确了隐性知识是整个知识体系不可或缺的一部分，扩大了知识的范围。隐性知识表明知识不是孤立、静止或客观、被动的，而与人的思想和行动息息相关，填补了感性认识、直观直觉和理性认识之间的鸿沟，实现了认识论和本体论的统一、科学和人文的统一，并引发教育领域知识传授的范围和方法的变革，隐性教育和显性教育由此

---

① 石中英：《知识转型与教育改革》，教育科学出版社，2013，第 238 页。
② 郁振华：《波兰尼的默会认识论》，《自然辩证法研究》2001 年第 8 期。
③ 黄瑞雄：《波兰尼的科学人性化途径》，《自然辩证法通讯》2000 年第 2 期。

进入教育视野。

隐性知识和隐性教育理论与格式塔心理学和发生认识论心理学具有强有力的关联。格式塔心理学认为，整体不可分割且不等于部分之和，整体优先部分又决定部分的性质和意义，强调从整体认识事物。科勒认为："按照格式塔的最概括的定义来看，学习过程、复呈过程、努力过程、情绪态度过程、思维过程、动作等等，就它们都不是由若干独立的元素所组成而是决定于作为一个整体的情境的这一点来说，都可以被包括在格式塔学说的题材范围内。"[①] 注重认知过程的整体性，把认知过程变为个体积极参与、主动塑造其经验、连贯叙事的过程，发挥与个体无法分离的无意识隐性认知功能，是其强调的重点。以让·皮亚杰（Jean Piaget）为代表的认知心理学派，从主客体之间相互作用方面来理解认识的发生，认为知识是主客体相互作用的结果，认识的形成与主体的知识结构、思维模式、价值观念等强关联，应当深入个体的思维和行动中去理解和寻找认知，认知是内化于个体感性行为的过程和结果。隐性知识与学习者的个体体验内在相连，学习的过程与个体的感性行为中的隐性认知功能具有高度的一致性，教育由此成为教育者与学习者在具体情境中的积极互动、客观知识与学习者感性经验的互动交融过程，价值塑造、能力培养和知识传授因此成为教育的内在要求。

随着人们对知识和认知过程观念的转变，显性教育缺乏对个体关注、价值引领不深入、认知过程单一等弊端逐渐显现。适应变化了的知识观和认知观，把教育的目光更加聚焦在个体积极参与和与之相关联的隐性认知能力开发上，既是教育理论转变的需求，也是增强教育实践效果的内在要求。与隐性知识相联系的还有潜在课程理论[②]，主张把课程分为正规课程和潜在课程

---

① 杨清：《现代西方心理学主要派别》，辽宁人民出版社，1980，第258页。

② 潜在课程最早由美国学者菲利普·W. 杰克逊（Philip W. Jackson）于1968年在其《课堂生活》（*Life in Classrooms*）一书中提出，国内也称之为隐蔽课程、隐性课程、潜隐课程和无形课程等。杰克逊认为，学生在正规课程获得文化知识，而态度、动机、价值等成长则经由非学术、非正规、非计划的教育途径潜在或间接地传递给学生。

两大类，潜在课程隐蔽在正式课程之外，具有不公开、非预期等特性，却属于学校经验中经常而有效的一部分。

隐性教育在课程论上，体现为与显性教育的稳定性、客观性、确定性相对的偶发性、暂时性和情境性；在课程资源论取向上，体现为课堂教学之外的环境、传统、风貌、氛围、言行等，区别于理论资源的概念、事实、规律、原则等；在存在论取向上，体现为不具备独立学科形式、依附于显性教育资源的非直接、不明晰、背景性的存在。隐性教育的研究在国内外学界的共识下，已经具备了较为成熟的理论体系。一般来讲，隐性教育较显性教育而言具有渗透性、生活性、开放性、潜隐性的特征。渗透性融入教育的全过程，更多地体现在实践中，教育的核心是隐性施教；生活性建立在课程思政不能脱离具体的生活遭遇和场景上，避免空洞、苍白的说教和灌输，必须根植于生动的社会实践和丰富的个体生活体验中；开放性指向课程思政的教育实践不局限于一定时空，要求思想政治教育要超越课堂教学的时空限制，把知识传授、人格养成、价值塑造与学习实践、感悟体验统一起来；潜隐性更多地指向教育方法，指向采取隐蔽的方式，在暗默的"隐"和"寓"中实现思想政治教育的目标。

隐性教育从方法论角度来看是一个历史的范畴，与寓教于乐、潜移默化的教育理念相关。隐性教育的理论虽然产生于 20 世纪，但其思想和实践在中西方教育历史中一直存在，如中国古代的身教示范、以乐化民、熏陶教育、笃行隆礼的教育思想，中国近代的以情化德、生活育德等。西方从古希腊开始就认为道德、教育、政治都是为了生活，主张知识就是美德，亚里士多德就把教育学、伦理学和政治学都归为实践的学问。中世纪宗教和教育的全面嫁接，奠定了西方通过宗教开展道德教育的历史传统。夸美纽斯的自然主义教育观、卢梭的教育优良环境说、裴斯泰洛齐的德性教育生活化、杜威的教育即生活等从不同侧面反映了缄默知识的作用，蕴含了丰富的隐性德育思想。这种理论和实践旨趣与中国古代教育中的身教示范、以乐化民、熏陶教育、笃行隆礼等隐性施教理论是相似的。

从课程思政的角度，隐性教育建立在阶级性和客观性基础之上。"隐"

是指隐去了思想政治教育的专门化和理论教育方法的单一化，其"显性"的一面体现在鲜明的阶级和意识形态属性。从思想政治教育灌输性和自发性角度，隐性教育与显性教育的传递性和内化性共同构成教育的主客观方面，但更强调其对教育者自然而然、潜移默化的作用，如"盐"无声无息渗透入"水"。隐性教育要求在课程思政的具体实践中，结合课程目标，有组织有计划地采取激励、示范、体验、调查、审美等实践性的教育方法，统筹课堂教学与课外活动、理论讲授与实践教学，把显性教育与隐性教育结合起来，充分调动学习者自我教育的主动性和主体性，使隐性知识显性化，实现教育过程中知、情、意的统一。

（二）隐性教育与显性教育

显性教育的概念建立在显性课程之上，指与显性课程相对应的一种教育方法。显性课程是指"学校教育中有计划、有目的、有组织地实施的正式课程，通常指学校有计划列入课程表内的所有课程，是以教学计划中所明确规定的各门学科为内容的课程"①。显性教育则指"教育者充分利用各种公开手段、公共场所，有领导、有组织、有系统地开展教育的方法"②。显性教育通常指学校有计划、有目的，以明确公布的课程为教学内容，以直接的课堂教学为主开展的教育实践活动，属于理论性和知识性的教学体系，表现为以直接的、鲜明的、有意识的教育教学方式和逻辑结构、层次分明的知识内容体系，具有目标明确、形式公开、内容统一、组织规范等特征。从高校思想政治教育来讲，显性教育的目标是事先确定而明确的，教育内容由国家统一规定，教育形式公开透明，并且有专门的组织和队伍来保障教育目标的实现。从思想政治教育的资源上讲，显性教育具有系统、全面、规范的特点；从教育的组织安排上，有规定的教材、明确的课程时数、标准的教育内容、规范的课程知识，受教育者通过学习得到系统的学术性和理论性知识。

---

① 王宇：《马克思主义大众化视野下的高校隐性德育研究》，广西人民出版社，2011，第29页。

② 文学禹、韩玉玲：《新时代高校课程思政教学创新研究》，吉林大学出版社，2020，第96页。

显性课程和显性教育在高等教育领域主要表现为，进入教学计划和课程计划具有鲜明目的性、计划性、规范性和外显性的课程和教育。

显性思想政治课程在高等农业院校主要表现为思想政治理论课、党课、团课、专题讲座、报告会等形式。显性教育则更多指与这些课程相联系的教育方法，相对于隐性教育，显性教育表现得直抒胸臆、显山露水、直截了当且有声有色，是一种"正规"和"专门"的教育形式。在思想政治教育领域，这种教育形式既来自思想政治教育需要大张旗鼓、理直气壮讲述的内在需求，也是传统教育理论和实践的延续，有其理论和实践的合理性和合法性。但不可否认的是，显性思想政治教育亦存在教育效果不佳、针对性不强、实效性不高、吸引力不好等弊端，这在我国高等教育中已是普遍共识，同时也是隐性教育或隐性课程被引入教育领域并逐渐受到重视的原因。

课程思政实践中对隐性教育和显性教育方法的选择，取决于知识的性质。亚里士多德曾把知识分成三类：纯粹理性、实践智慧和技艺。纯粹理性类知识更多地表现为显性知识，实践智慧和技艺类知识则更多归属于隐性知识的范畴。约翰·R. 安德森（John R. Anderson）从信息加工的角度，将知识分为陈述性知识和程序性知识。陈述性知识，即对事实、定义、规则和原理等进行描述的知识，指怎样进行推理、决策或者解决某类问题的知识。陈述性知识容易被人意识到，而且人能够明确地用词语或者其他符号将其系统表达出来。而程序性知识与一定问题相联系，在一定的问题情境面前，它会被激活，而后被执行，这一过程几乎是自动进行的，不需要太多的意识。[1]教育是对知识或信息的传递，也是在传递过程中对信息的继承和加工。"加工"涵盖了两个方面：一是在知识的传递过程中，通过主客体的交往互动，把客观的知识转化为主观的知识；二是在继承保存已有知识的基础上，培养学习者的批判反思能力，在比基础上推动知识的创新。知识继承、传递、加工、创新的主体都是人，显性知识通过教育介质成为学习者的一部分，必然要与学习者的认知、体验、信仰、品格等个体性因素发生关系。学习者总是

---

[1] 舒晓丽、李莉、吴静珊主编《学生发展与学习心理》，华南理工大学出版社，2021，第118页。

怀着一定的信念和认知体验在进行认知活动。隐性知识相对显性知识的客观性和陈述性，更肯定在知识生产过程中的个体性因素，从课程思政隐性教育内容的角度，隐性教育方法的采用更多地与程序性知识（那些与立场、观点、方法、价值、情感等相关的非理性知识）联系在一起，具有更强的情境性、实践性、文化性和弱理论性。[①]

从显性知识和隐性知识的性质出发，课程思政关注的焦点是把两类知识融入思想政治教育实践之中，增强教育效果，换句话说，就是如何使隐性知识显性化，或采取何种方式使隐性知识显性化。隐性知识是认知模式的变革，必然导致教育方式的转变，显性教育关注陈述性和显性知识的传递与创新，而隐性知识与认识者个体体验性融合，并成为认知的关键，个体的体验和实践构成认知的基础并成为认知的一部分。知识在文化、环境、历史、阶级、社会、兴趣、利益、价值等更广阔的范围内被界定，学习或知识的增长必须关注知识的整体图景、生成性、非逻辑性、内在性、个体性、情境性等因素。虽然我们不能准确地判断显性知识和隐性知识的界限，但至少能够确定隐性知识的大量存在，而且对显性知识的认知、理解、应用具有决定性的作用。隐性知识显性化是学习者认知、理解、领会的过程，实际上是一个实践的过程，因为人是知识和认知的参与者和构建者，连接知识和人的介质是教育实践活动。通过教育实践，显性知识和隐性知识实现相互配合和转化，也就是隐性知识在从个人化向社会化、外显化的转变过程中，实现二者的融合，把显性知识转化为隐性知识，实现知识的个人内化。因此，关注个体、回归生活、理解文化、注重实践在逻辑上成为隐性教育的指导性原则，这一点在课程的思想政治教育中尤为重要。因为，课程思政的目标是立德树人，不关注个体体验、生活实践经验和历史文化环境的思想政治教育，在传统知识论和隐性知识论的视野中是无法理解的，摒弃个体感性体验或生活实践的认知不是理论的偏执，就是实践的虚妄。

---

① 白显良在《隐性思想政治教育基本理论研究》中提出，隐性思想政治教育的内容具有实践要求的多适应性、内在构成的弱知识性、存在形态的弱理论性等特征。

显性教育和隐性教育在课程思政中的统一不是阶段性的，而是全时空的接续和融合统一。我们区分显性知识和隐性知识的目的在于阐发知识的性质和认知的过程，以此来讨论针对不同知识的教育方式，这并不意味着我们能够在课程思政教育中准确地找到显性教育和隐性教育的边界，并对应地加以应用，因为这种想法会导致教育的另外一种工具理性。我们能够确定的是对目标的追求，以及围绕立德树人目标实现的一些原则的确立。比如，以学生的发展为基本追求的有效教学及其方法，以调动和发挥学生主体性的生态教学环境追求，以学生发展为取向的教师教学言行以及适切的教学策略，畅通愉悦的师生沟通渠道以及学生最佳学习状态的激发，等等。根据这些原则，尊重教育规律和认知规律，在师生双方的协作下追求教育的最佳效果。显性教育和隐性教育在课程思政中的灵活应用，归根结底是一个育人的问题，全面发展的人是教育孜孜以求的目标，尊重和关注人在教育中的主体性是问题的关键，割裂感性的、具体的人与知识的联系，等于割裂人与社会的联系，进而否定了课程思政对人的社会化的作用机制。

　　显性教育与隐性教育相结合的根本目的在于增强思想政治教育的针对性、实效性和亲和力。具体到课程思政领域，就是要把正规的、专门的、规范的教育和潜隐的、渗透的、潜移默化的教育结合起来，形成课程领域统一融合的思想政治教育体系，从而克服思想政治理论课"单打独斗、孤军奋战"的局面。这里的显性教育和隐性教育不仅仅局限于思想政治理论课教育，而且包含了整个高等院校的所有具有教育经验的课程。对这一范畴的强调，是为了从教育哲学和高等教育理论高度出发阐述习近平总书记关于课程思政重要论述的理论性，阐明这一论述不仅具有深厚的哲学根基，更有广泛的认识论、知识论、课程论、教学论的支撑。之所以强调，是因为当今高等教育研究中，一些研究者对习近平总书记关于教育、高等教育、课程思政等重要论述的研究，存在简单重复、浅尝辄止、千篇一律的现象，缺乏深层的理论分析，缺少学深悟透的研究意志，有明显的形式化、功利化倾向。这种研究趋势和态度对习近平总书记关于教育重要论述研究的深入开展造成一定程度的损害，也对我国扎根中国大地办教育、落实立德树人根本任务的实践毫无裨益。

五 全要素的全过程参与

整体性是系统科学的灵魂，系统的整体功能不仅由各要素功能组成，还因各要素的相互联系和作用产生新的功能。系统结构各要素的非线性相互作用和开放性构成其有序演化的基础，开放的系统内的各要素与系统内外部发生联系，形成反馈回路，促进系统运行与目标趋于吻合适切，维持系统稳定运行，而系统的内部运行则更强调在没有干预的情况下能够获得稳定的结构。课程思政育人体系的要素及其组成结构决定其整体性、有序性、反馈性和自组织特征，并影响整个育人体系的结构功能和目标实现，体系内的各要素具有特定的功能，依赖与其他要素的相互作用。高等农业院校课程思政育人体系是根据立德树人目标形成的复杂系统，要素的构成涵盖了教育目标实现的各个方面，各要素在系统中处于不同的地位，且随着观念和目标的变化不断调整变化。在宏观方面，高等农业院校课程思政育人体系的要素由教育的主体和客体构成，这些要素是课程思政教育实践的必要组成部分或充分条件，缺少这些要素则不能完成立德树人根本任务，或不能有效实现立德树人教育目标。

（一）主体要素

课程思政作为立德树人的教育实践活动，是多个主体为共同实现知识传授、能力培养和价值塑造教育理念而建立起来的特殊教育关系。就学校内部而言，其主体包括教育行政管理者、教师、学生，不同主体在课程思政育人体系中具有不同的主体性。课程思政教育活动大致可以分为管理类活动和学术类活动两大类。管理类活动内含管理和服务两类主体，学术类活动包括教学、科研活动主体。管理类主体追求教育目标的达成和办学效能，以价值活动为主。学术类主体以知识的传递和生产为己任，侧重于实践活动和认知活动。

行政管理主体仅指高等农业院校的办学者，而不包括院校以外的教育管理者和举办者。这样界定的目的在于对高等农业院校课程思政育人体系的主体要素进行限制，把问题讨论的范围缩小在院校内部，提高系统构建的清晰度，提升系统运行的可操作性。在高等农业院校内部，行政管理主体包括学校党委、校长和行政内设的各类教育管理部门、学院、教学部等由高等教育法和大学章程赋予责权利的办学主体，负责贯彻落实党的教育方针，开展招生培养、科学研究、社会服务、文化传承与创新等工作，落实立德树人根本任务，健全完善和落实党委领导下的校长负责制，制定实施办学治校的各项规章制度和运行机制，提高办学效能，促进学校高质量有特色发展，办好中国特色社会主义大学。行政管理主体从事的教育行政活动与国家权力具有直接或间接的关系，并以国家权力为基础制定政策，通过计划、组织、控制、协调、监督、评估和改革等方式，最优化地实现国家预先规定的教育任务和目标，培养中国特色社会主义建设者和接班人。在课程思政实践中，行政管理部门根据习近平总书记关于课程思政的重要论述和教育部《高等学校课程思政建设指导纲要》，围绕落实立德树人根本任务，负责制定并落实课程思政实施的制度体系、运行机制，组织协调课程思政有序推进，并开展评估改革，在课程思政育人体系的主体要素中居于主导和支配地位，是课程思政运行实施的组织领导者，决定课程思政的实施进程，保障课程思政实施的条件，评价课程思政实施的质量，并根据实际情况及时调整和改革课程思政实施的策略。

教师是高等农业院校课程思政实施的基础性要素，是课程思政实施效果和质量的关键要素。这里的教师是指具有高等教育教师资格证、具备良好师德师风和一定专业能力、能够独立开展教育教学工作的教育主体，并不包括高等农业院校教育系统中所有的工作人员。百年大计，教育为本。教育大计，教师为本。习近平总书记提出"教师是立教之本、兴教之源"①，"今天

---

① 《习近平书信选集》（第一卷），中央文献出版社，2022，第 10 页。

的学生就是未来实现中华民族伟大复兴中国梦的主力军，广大教师就是打造这支中华民族'梦之队'的筑梦人"①的重要论断，把教师队伍建设提升到教育事业发展基础工作的战略高度。在高等农业院校课程思政育人体系中，教师具有极端重要的地位，承载着传播知识、传播思想、传播真理，塑造灵魂、塑造生命、塑造新人的时代重任，是培养社会主义建设者和接班人的主体。新时代教师队伍的基本要求是：坚持教育为人民服务，为中国共产党治国理政服务，为巩固和发展中国特色社会主义制度服务，为改革开放和社会主义现代化建设服务，忠诚党的教育事业，坚持政治性和学理性相统一、价值性和知识性相统一、建设性和批判性相统一、理论性和实践性相统一、统一性和多样性相统一、主导性和主体性相统一、灌输性和启发性相统一、显性教育和隐性教育相统一，做到政治强、情怀深、思维新、视野广、自律严、人格正，做学生锤炼品格、学习知识、创新思维、奉献祖国的"引路人"。从开展课程思政的角度，教师还必须具备一定的政治素质、人格素质、能力素质和专业素质。其中，政治素质要求教师贯彻落实党的教育方针，忠诚党的教育事业，拥护党的领导，理想信念坚定，具有正确的历史观、民族观、国家观、文化观，坚定中国特色社会主义道路自信、理论自信、制度自信、文化自信，准确理解和把握社会主义核心价值观的深刻内涵，并能带头践行社会主义核心价值观。人格素质指与高尚的道德情操、深厚的家国情怀、渊博的学问知识、文明的言行等相联系而形成的固定的人格结构，能够在教育实践中形成潜移默化或示范教育作用的个人素质。能力素质指拥有开展教育教学所必需的学习能力、工作能力、组织能力、决策能力、应变能力和创新能力等。专业素质则更多指向开展课程思政所需的专业知识储备、教育教学理论、教育教学方法等。

学生是高等农业院校课程思政的教育对象，是课程思政育人体系存在的必要条件。学生的数量和结构变化影响学生在高等教育中的地位，同时也促进高等教育组织形式的变迁，是影响高等教育改革发展的重要因素。

---

① 《新时代教师队伍建设的根本遵循》，《中国教育报》2022 年 9 月 15 日。

进入高等教育系统的学生是身心发展到一定程度、具有一定知识经验储备、有一定自我管理和批判能力的人。进入高等农业院校课程思政育人体系的学生，是经过一定的筛选、有一定的个人目的、具有不同的能力素质、来自不同阶层和环境的复杂个体。但不论是具有何种目的和能力素质的学生，其共同之处在于，都必须在学校和教师的指导下进入有计划、有目的、有组织、规范化的学习系统，以确认其学习者的身份。作为进入系统化、规范化教育系统的学习者，大学生的学习更加强调个体主动性和创造性的发挥，自觉参与教学活动，发挥主体能动性，在与教师的积极互动中达成身心全面发展的目标。从现代大学治理角度看，学生还通过合理合法的途径维护其合法权益，参与学校民主管理。对高等农业院校来讲，根据党的教育方针和立德树人根本任务的要求，围绕学习者全面发展和培养社会主义建设者和接班人的目标，制订人才培养方案、教学计划、课程安排，通过配置师资、图书馆、实验室等教育资源，积极优化育人环境、提升教育者素质等，开展对学生的教育培养活动，实现为党育人、为国育才的教育目标。对教师来说，要在具备良好的师德师风的基础上，尊重关爱学生，持续提升自我核心素养，不断改进教育教学方法，激发学生学习的主动性，在师生的互动中促进学生全面发展。

从课程思政育人体系的协同性角度，学校各级管理者和服务人员都是育人体系的主体要素。课程思政是综合了"大思政"工作格局和"三全育人"工作的教育理念，强调育人的全员性和全要素性，凡是对学生的思想政治教育具有一定影响的主体，均具有育人体系的主体性。这些人员包括学校的各类工勤人员和服务人员，承担结合自身岗位的育人职责，主要表现为实践性、示范性、服务性的育人活动。这类主体纳入既是课程思政显性教育和隐性教育相统一的基本要求，也是课程思政育人体系形成协同效应、构建全员全过程全方位育人大格局的内在要求。

（二）客体要素

客体是指与主体活动有功能联系且被具体指定的对象，是课程思政育人体系主体活动所指向的对象，是被主体对象化了的客观事物。在高等农业院校课程思政育人体系中，主客体间通过一定的教育活动，把客体所承载的内容转化为主体活动的方式，最终成为主体知识生成、能力养成、价值塑造等本质力量的重要构成因素，实现客体的主体化运动。在主客体的相互运动中，客体需根据主体需求不断调整丰富，并在调整中实现自身的深化发展。

首先是课程思政教育目标。"目标和目的具有一致性，从哲学角度来讲，都是指被意识到了的人的需要，是主体对价值的自觉追求。"① 教育目标涉及培养什么人、为谁培养人的根本问题，是对要培养造就的人的质量、规格、原则的基本要求。教育目标对教育者的教育活动具有导向作用，并统摄教育活动，是评价教育活动的基本标准，对受教育者的学习具有指引指导作用。一般来讲，教育目标的制定要结合时代发展，兼顾社会、国家、个人发展需要，其中个人身心的全面发展需要居于基础地位。因为教育目标归根结底是关于人的发展的问题，人的发展既是社会发展的需要，又是个体存在发展的内在要求。教育目标是统一性和多样性相结合的结果，还是在同一目标指导下，各高等院校结合自身学科专业、办学特色和实际具体化的层级系统。

培养德智体美劳全面发展的社会主义建设者和接班人是中国高等教育的培养目标。这个目标是各级各类高等学校总的培养目标，既是对培养目标的功能分析，又是对培养对象素质和结构内容的界定。"德"指道德品质、政治和思想素质。"智"包括科学文化知识水平、技能养成和科学精神等。"体"包括良好的生理素质和心理素质。"美"指健康的审美能力、观念和情趣。"劳"指正确的劳动观念和通过劳动创造美好生活的能力。五育并举的素质结构是高等教育的统一培养目标，用以规范高等教育活动。根据教育部《高等学校课程思政建设指导纲要》，高等学校课程思政的目标要求是："围绕全面提高人才培养能力这个核心点，在全国所有高校、所有学科专业

---

① 胡德海：《教育学原理》，人民教育出版社，2013，第 358 页。

全面推进，促使课程思政的理念形成广泛共识，广大教师开展课程思政建设的意识和能力全面提升，协同推进课程思政建设的体制机制基本健全，高校立德树人成效进一步提高。"① 从纲要的目标要求来看，课程思政的目标是提升高校人才培养能力，健全课程思政育人体制机制，提高立德树人成效。因此，对课程思政目标任务的理解，要从全面推进课程思政建设是完成立德树人根本任务的战略举措、课程思政建设是全面提高人才培养质量的重要任务的方法论角度来切入。以提高立德树人成效和人才培养能力为中心，落实课程思政建设目标。高等农业院校课程思政育人体系构建必须充分考虑影响教育目标达成的全要素，把影响立德树人成效的各类教育要素纳入课程思政实施的全过程之中，在改进中不断提升人才培养能力。

其次是教育内容。教育内容是实现教育目标的保证，也是选择教育途径、形式和方法的重要依据②，是高等农业院校课程思政客体要素的主要组成部分。明确的教育目标和与之相匹配的教育内容是学校教育的基本特点，教育内容的选择确定、结构层次、调整变化受教育目标限制。围绕德智体美劳全面发展的教育目标和人才素质结构，高等农业院校课程思政的教育内容要围绕坚定学生理想信念，以爱党、爱国、爱社会主义、爱人民、爱集体为主线，围绕政治认同、家国情怀、文化素养、宪法法治意识、道德修养等重点优化课程思政内容供给，系统进行中国特色社会主义和中国梦教育、社会主义核心价值观教育、法治教育、劳动教育、心理健康教育、中华优秀传统文化教育。③ 智育包括各类学科专业知识，以学科形式存在的知识因学科自身的创新规定而具有传承和创新发展的特点，由此产生对科学精神和创新能力的培育；以专业课程表现的知识更多指向对专业能力和专业技能的培养，服务于特定的职业需求；以通识课存在的知识则更多指向对人及人类存在意

① 《教育部关于印发〈高等学校课程思政建设指导纲要〉的通知》，教育部网站，2020 年 5 月 28 日。

② 胡德海：《教育学原理》，人民教育出版社，2013，第 369 页。

③ 《教育部关于印发〈高等学校课程思政建设指导纲要〉的通知》，教育部网站，2020 年 5 月 28 日。

义的追问、精神家园的构建、社会关系以及社会能力的培养。体育要体现强身健体的本质功能，通过有计划、有组织的教学设计和内容组织，传授锻炼身体的知识、技能、技术，培养学生的道德和意志品质；体育是身心合一的教育活动，强身健体还包括良好的心理素质，要根据大学生的生理和心理发展规律，以专门性的身体和心理活动为基本手段，增强体质和心理素质。美育是审美教育和美感教育的结合，基本包括认识美、理解美、欣赏美、创作美的能力，是人的全面发展的重要组成部分，体现人对存在形式和意义的不懈追求，其中艺术是美育最集中、最典型的形态。劳动教育进入课程思政具有重要的时代意义，对大学生开展劳动教育是培养时代新人的特殊需要，高等农业院校在开展劳动教育方面具有天然优势，要通过课程实践、劳动实习、科研活动等，教育学生理解生产劳动是人类社会赖以生存和发展的基础，是人类最基本的实践活动，培养学生树立正确的劳动观念和劳动态度，养成劳动的习惯，热爱劳动、热爱劳动人民，通过辛勤劳动创造美好幸福生活。农业院校在课程思政内容设计方面要充分考虑当代大学生具有的思想活动多样性、价值观取向多元化、思想关注点宽域性以及强烈的参与意识等特点，有针对性地设计开发教育内容，提高育人和立德树人的实效。

再次是教育方法。教育方法与教育活动相联系，因教育对象、教育内容、教育目标不同而发生变化，是教育实践活动得以开展的基本形式和手段。高等农业院校课程思政的教育方法是一般教育方法和思想政治教育方法的结合，是在融合基础上的创新，是完成课程思政的途径和手段，既具有系统性又具有灵活性。良好的教育方法可以调动教育者和学习者的积极性，提升教育效能。农业院校课程思政是完成立德树人根本任务的战略举措，课程思政的内容是围绕德智体美劳的人才培养目标构建的系统科学的结构体系，因而其教育方法必然是系统且符合课程思政规律的。课程思政的教育方法，从宏观上可以分为课堂教育法、实践教育法、情感教育法和综合教育法四类。课堂教育法大体上可以分为理论灌输法、启发式教学法、讨论式教学法、研究式教学法、问题式教学法等形式。实践教育法基本包括实验教学法、实习教学法和活动教学法。情感教育法趋向于采取情感适应、情感感染、情感渗透等形式对学习者的学习情感、主体性、价值观等产生积极影响，从而产生认知和教育效果。综合教育法指根据教育目标和内容，在同一教育活动或同一教育活动的不同时空中灵活采取多种教育方法。综合性指博采众长、取长补短。灵活性指根据教育内容和对象灵活采用不同教育方法或某一方面，是在遵从课程思政规律的前提下原则性和灵活性的统一。从知识的性质角度，还可以把课程思政的教育方法分为显性教育法和隐性教育法。显性教育法表现为有目的、有计划、有组织、有意识且可以明确观察的教育教学手段。隐性教育法则更多指向那些不能明晰观察发现，以言行品德、实践活动、潜移默化为主的"无声无形"的教育形式。我们也可以从思想政治教育的角度，进一步把课程思政的教育方法细化为说服法、示范法、陶冶法、自我教育法、奖惩法、实践法等。高等农业院校课程思政教育方法的选择，要围绕提高立德树人实效，在高等教育规律和思想政治教育规律指导下，坚持目标性和灵活性的统一，贯彻党的教育方针，完成立德树人根本任务，提高高等院校培养高质量人才的能力，围绕大学生德智体美劳全面发展的教育内容，因时因地、因事因人采取不同的教育形式。

最后是教育情境。这里的教育情境区别于教育环境。教育环境一般指教育实践的情景和境地，是开展和进行教育实践的具体场合。而教育情境则包括教育环境以及教育实践效能得以提升的各种内外部影响因素的总和。教育情境包括教育环境，但增加了教育环境所不能包括的、在教育活动中影响教育效果的内部因素。需要强调的是，本书称的教育情境是指高等农业院校课程思政育人体系内的教育情境，并不想当然地涵盖影响高等教育的社会、经济、政治等外部环境。从课程思政育人体系的角度出发，教育情境的要素性来自其对课程思政实施效果施加的影响，换句话说，就是对课程思政效果的有效性。因此，凡是对课程思政实施效果具有影响的情境都是课程思政教育的客体要素。从存在的形态来讲，可以把课程思政的教育情境分为物质的和精神的两类。物质的教育情境包括学校的整体校园环境，即道路、建筑、公共空间、园林景观、雕塑、图书馆、博物馆、展览馆、实验室、教室、研修室等。这些教育资源是课程思政育人体系的重要组成部分，通过自身蕴含的优美环境、文化风格、人文精神等给学习者带来愉悦的身心体验，并对教育对象产生潜移默化的教育效果。精神类的教育情境包括学校的教育理念、办学精神、办学传统、校训、校风、学风、校史等。这些精神文化类的教育资源，因其鲜明的人文性和强烈的感染力，对受教育者起到耳濡目染的教育作用。精神类的教育情境还包括优良的师德师风、良好的师生关系、热情周到的服务态度、尊师重教的育人氛围等教育因素。这些要素或显性存在，或隐性存在，都构成高等农业院校课程思政育人体系的教育情境，共同服务于立德树人根本任务的完成，共同作用于课程思政教育实践。

第四章

高等农业院校课程思政的内容体系

内容要素是高等农业院校课程思政育人体系的基础性要素，是课程思政目标的具体化，是课程思政得以开展的前提条件和主要载体。课程思政的内容是对思想政治理论课内容的补充完善，隶属思想政治教育内容体系，且较思想政治教育的内容体系更为宽泛。相比思想政治教育内容体系的相对稳定性、理论性、系统性、时代性等特征，课程思政内容体系具有整合性、人本性、灵活性、渗透性、开放性、依附性、协同性等特点，这些特征是在思想政治教育内容体系领下表现出的独特性，是服务于立德树人根本任务下的不同部分的关系。课程思政内容来源于各类课程知识，有显性和隐性两种存在形态，教学实践中必须围绕教育目标和课程目标进行挖掘、提炼、整理，使其形成横向衔接、系统完整、易操作的结构体系，并在各类课程中有针对性地加以实施。结合理论考察，我们发现当前思想政治教育和课程思政研究，都把研究的关注点更多地集中在形式方面，即为何开展思想政治教育，而对教什么的针对性研究偏少。特别是关于新时代大学生思想政治教育内容体系的研究极少，且已有的研究亦尚未形成统一的认识，内容构建角度不同、结构不同，内容组成也不相同。高等农业院校课程思政内容体系因其横向的分散性特点，在内容体系构建上存在较大的难度，理论界对其尚未进行系统的探索，大多沿用思想政治教育的内容体系，针对性和可操作性不强，这一现象对于火热开展的课程思政实践来说，探索如何构建科学的课程思政内容体系，形成与形式相匹配的内容体系，切实落实课程思政战略就显得极其紧迫和必要。

一　课程思政内容与思想政治教育内容的关系

课程思政的内容与其主要任务是联系在一起的，并共同受制于思想政治教育的目标，即课程思政的主要内容和目标是由思想政治教育的目标决定的，是思想政治教育目标实现的具体表现。思想政治教育目标指一定社会对教育所要造就的社会个体在思想政治品德方面的质量和规格的总的设想。[①]也有学者将其定义为：思想政治教育目标是思想政治教育主体根据社会要求与人的发展要求，在教育对象的思想品德方面所要达到的预期结果和规格要求，它是思想政治教育目的的具体化，是一个复杂的可分解的系统。[②] 思想政治教育的目标具有规定性、计划性和变动性等特点，是思想政治教育的出发点和归宿，与思想政治教育的内容、任务相统一，共同组成思想政治教育的过程。思想政治教育目标的规定性和计划性，体现的是国家社会和教育者对受教育者在思想政治品德方面的基本要求和发展方向，而其变动性则表现为教育主体根据社会发展需求，在现实性基础上对受教育者思想政治品德提出的超越性要求。我国高等院校思想政治教育目标的确定依据主要有社会发展的客观需求、党和国家的奋斗目标、教育者人格完善的需求及思想实际等三个方面，其根本目标是提高受教育者的思想道德素质、科学文化素质和认识改造世界的能力，为建设社会主义现代化国家和实现中华民族伟大复兴培养有担当的建设者和接班人。思想政治教育的根本目标是唯一的，其具体教育内容和任务却是复杂、多元的，这些复杂多元、动态变化、多层次的内容体系，共同作用于思想政治教育过程并服务于教育目标。

高等农业院校课程思政的根本目标与思想政治教育的目标是一致的，最

---

① 《思想政治教育学原理》编写组编《思想政治教育学原理》，高等教育出版社，2016，第173页。

② 侯坤、段冉主编《思想政治教育学原理》，电子科技大学出版社，2016，第118页。

终目标都是促进人在一定的社会生产关系中全面发展，这既取决于教育的性质和任务，也取决于课程思政的意识形态功能。人是教育的对象，人的完善是一个实践的过程，课程思政的根本任务就是促进人的社会化。课程思政中的"现实的人"或"个人"不是超越阶级和一定生产关系的个人，而是处于特定的阶级和一定的社会生产关系中的"现实的人"，对个人的考察必须建立在马克思主义"只有在集体中，个人才能获得全面发展其才能的手段，也就是说，只有在集体中才能更有个人的自由"① 的思想上。强调这一点，一是为克服课程知识论方面在由表征主义向生成主义转变的过程中，在强调主体与情境的交往互动过程中生成知识时，忽视或者从理论根基上抹杀知识的文化属性，在知识的生产和教学过程中消弭个体的阶级性，从而导致另外一种知识的中立性或价值无涉。二是为克服在课程开发范式从"课程开发"向"课程理解"转换的过程中，由目标控制走向过程体验、实体知识关系建构的课程开发范式，其由于人本主义的哲学取向，可能陷入唯心主义历史观或抽象空洞的人道主义立场，从而损害思想政治教育功能的发挥，甚至违背马克思主义关于思想政治教育的根本论述。从本质上讲，课程思政就是坚守意识形态的主导地位并通过教育教学进行灌输，具有导向性、广泛性、综合性、动态性等特征。因此，课程思政内容的确定必须根据时代需求、人的全面发展需要确定并体现思想政治教育的性质和目的。其中政治性是最根本的特征，即通过社会主义意识形态教育，使受教育者在观察、分析、处理问题时能够坚持正确的政治立场并坚守正确的政治方向，并在此基础上体现其目的性、科学性、系统性和时代性。

具体来讲，高等农业院校课程思政的内容体系包括：马克思列宁主义，毛泽东思想和中国特色社会主义理论体系，习近平新时代中国特色社会主义思想，党的基本路线、基本纲领和基本经验，中国革命建设和改革开放史、基本国情和形势政策、红色文化，社会主义核心价值体系，中华优秀传统文化，公民道德和民主法治，生态文明，心理教育、劳动和审美教育，体育，

---

① 《马克思恩格斯全集》（第三卷），人民出版社，1960，第 84 页。

全球视野及面向未来的超越思维，等等。

高等农业院校思想政治教育是思想政治教育的有机组成部分，其教育目标、内容和任务在涵盖思想政治教育全部的基础上，因其教育定位、教育实践和人才培养目标的特殊性，在教育内容体系上具有自身特色，即具有鲜明的农业特色。具体讲就是围绕培养"一懂两爱"农业专门人才而形成的内容体系。但其主要内容除包括正确的世界观、人生观和价值观教育，中国特色社会主义理想信念教育，爱国主义教育，民主法治教育，全面发展和综合素质教育等，还体现在对农业领域理想信念、家国情怀、法治思想、基层民主、道德素质、科学文化素质、改革创新精神、中华传统农业、时代精神、生态文明、劳动观念、乡土文化等先进文化的强调和特别关注。其出发点和落脚点就是培养对党忠诚、理想信念坚定、有担当、懂农业、爱农村、爱农民的高素质现代化农业建设者和接班人。核心育人目标是以新时代党的"三农"思想为主导，培养现代化农业领域的建设者和接班人，为农业现代化和乡村振兴筑牢人才和智力基础。

高等农业院校课程思政的内容体系从课程类型上可分为思想政治理论课内容体系、专业课程内容体系、通识课内容体系和实践课程内容体系四个方面。思想政治理论课居于主导地位，是"主渠道"，其他三个体系为有机补充和辅助，即"责任田"。处于主导和核心地位的思想政治理论课内容体系统摄其他三类课程思政内容，其他三类课程思政对思想政治理论课的内容进行辅助和补充，并通过教育过程和教育实践活动形成统一、完整、协同的教育体系。高等农业院校课程思政的内容体系从课程内容上可分为政治教育体系、价值认同体系、科学素养体系、人文精神体系和公共参与能力体系。高等农业院校课程思政内容体系是相互融合、统一协调的整体，其对"一懂两爱"思想政治教育内容的特殊关注或全面融入各类课程的实践，是在整体内容体系的各个方面进行全面融入、在各类课程中进行相关思想政治教育元素的挖掘，并将这种融入和挖掘贯穿整个教育过程，贯彻整个教育体系，而不是割裂或单列。因内容体系的系统性、规范性和动态性，把其中的某个方面或某个子系统分离出来单独进行教育，会造成教育过程中的生硬填塞；

简单认为增加一两门课程就是课程思政，同时也会造成受教育者思想上的困惑和学习效果上的碎片化。这就是理论和实践意义上的思想政治理论课与其他课程之间的协同性，协同是全过程、全体系、整合优化的，是建立在整体意义上并服务于根本目标的协同，来自思想政治内容体系的结构功能以及课程要素和资源的全面整合，形成一个全过程内各内容体系、诸要素体系相互作用、相互制约、相互协调，统筹发挥最佳效能的关系或状态。通过课程的教育教学实现思想政治内容的传输、启发、认同、转化和创新，从而体现课程思政教育过程连续性与间断性的统一、贯通性与反馈性的交织、针对性与有效性的强化等特点。

二　政治教育体系

课程思政的本质属性是政治属性，这是由思想政治教育的性质和根本任务所决定的，政治价值是课程思政最直接、最根本的价值。课程论不仅是对课程规律的描述，还包含关于课程价值的理论，美国教育家埃利奥特·W.艾斯纳（Elliot W. Eisner）指出："因为教育事业是一项规范性事业，对其进行探究不可能是价值中立的。价值中立的立场，会将教育者置于一个既没有舵又没有指南针的境地。"[①] 课程思政是一种教育理念，指向知识传授与思想政治教育在人类教育进程中总是或明或暗、或现或隐、时主时次地交织在一起，即便是在科学主义工具理念完全主导的时代，也从未出现过完全的分离。从基本属性上，课程属于文化的范畴，即课程既有科学的属性又有文化和政治的规定性，社会主流意识形态总是根据其自身需求和个体发展需要通过课程进入教育，影响教育实践和结果。中国特色社会主义高等教育的课程是科学理性与政治理性的有机结合和协调统一，是在坚持政治导向性和科学基础性兼备的前提下，有机协同个人本位和社会本位的价值需求，统筹考

① 〔美〕埃利奥特·W. 艾斯纳：《教育想象——学校课程设计与评价》，李雁冰主译，教育科学出版社，2008，第 53 页。

虑并发挥好"国家课程""个人课程""社会课程"的育人功效的教育。因此，政治性既是思想政治教育的内在规定性，也是课程思政的内在要求。高等农业院校课程思政的政治引领内容体系取决于目标和对象，即与教育目标和教育教学过程紧密联系，是按照课程目标选择和组织而成的教育经验总和，为教育实践提供知识、能力和思想素材，呈现目标外在扩张的工具性特点。

政治教育指通过教育使受教育者形成一定的政治信念、政治信仰，在高等农业院校课程思政内容体系中处于核心地位，是课程思政意识形态根本属性的主要体现，属于竞争性的内容。竞争性的思想政治教育内容集中体现在意识形态领域的竞争，具有信仰性、攻击性、捍卫性等典型特质，是以观念意识的形式对社会成员的政治观念、政治实践产生深刻影响，通俗地讲即培养接班人的教育。政治教育的关键是世界观教育。世界观是人们对世界的本质、人与世界的关系、人作为世界中的存在及其价值意义等一系列基本观点的总和。世界观具有历史性和文化性，是在人类社会实践中不断形成和完善的，同时也因文化和阶级的不同而不同，它决定人们观察、分析、处理问题的基本态度，并进而决定人生观、道德观、政治观、法治观等。政治教育的核心目标是牢牢把握马克思主义在意识形态领域的主导地位，重点是用马克思主义经典理论和马克思主义中国化时代化的最新成果武装青年学生的头脑，教育引导大学生坚定中国特色社会主义道路自信、理论自信、制度自信、文化自信，牢固树立理想信念。高等农业院校课程思政的重点是培养学生马克思主义的世界观和方法论，并据此树立正确的人生观，主要内容包括辩证唯物主义、历史唯物主义和马克思主义认识论、国情教育、党的基本路线教育、形势政策教育、爱国主义教育。然后是人生观教育，指向人作为存在的价值和意义的态度和看法，包括理想信念及完善的人格教育，以及在此基础上的人生目的、人生价值、人的责任教育。

政治教育是思想政治教育的意识形态至上性和决定性产生的根本价值，社会层面体现为对政治、政权、政策一贯的维护和支持；个体层面体现为对政治意识、政治思维、政治觉悟、政治精神、政治素养和政治态度的培养，是农业院校课程思政必须坚持和发展的基本价值取向。① 在一般思想政治教育内容的基础上，农业院校课程思政的政治教育特殊性，体现在对党的"三农"政策的理解和贯彻执行方面。中国共产党的思想政治教育史表明，卓有成效的思想政治教育是中国共产党领导人民取得革命、建设和改革开放伟大成就的优良传统和政治优势，无论是在新民主主义革命时期、社会主义建设时期还是在改革开放时期，农业农村的改革都是其重要内容。革命时期宣传革命思想、团结革命力量的重点在农村，宣传、发动、组织农民投身革命，坚持依靠贫农、团结中农的阶级路线，相信群众、依靠群众、放手发动群众的群众路线成为新民主主义革命取得胜利的重要法宝。社会主义建设时期，为巩固新生的社会主义政权，党通过土地改革对农民进行了"谁养活了谁"的阶级教育，确保了社会主义制度的基本建立。改革开放时期，我国改革的大幕首先从农村拉开，促进了思想的解放，对"实践是检验真理的唯一标准"的实事求是思想路线的确立，起到了极大的推动作用，全面开启了改革开放的新的历史阶段。党的十八大以来，党领导人民历史性地实现了全面建成小康社会的伟大目标，并从社会主义新农村建设全面转向乡村振兴，这都充分说明了"三农"工作在中国特色社会主义建设伟大事业中发挥"压舱石"作用。高等农业院校学生政治观的培育，必须从党的思想政治教育发展历程中汲取丰富的教育元素，并据此拓展教育资源，形成与人才培养目标相一致的课程思政内容体系。

新时代高等农业院校课程思政政治教育体系内容基本包括：马克思主义基本原理、毛泽东思想、中国特色社会主义理论、习近平新时代中国特色社会主义思想、党的基本路线、党的治国理政方略、形势政策、党史、新中国史、改革开放史、社会主义发展史、党的"三农"政策法规及战略等。结合这些内容的教学，关键是要让学生学深悟透"马克思主义为什么行、中国共产党为什么能、中国特色社会主义为什么好"的历史逻辑、理论逻辑和实践逻辑。政治教育的理论性和方向性决定了这部分内容教学必须采取时

---

① 宇文利：《现代思想政治教育课程论》，北京大学出版社，2012，第213页。

空对比分析、历史与现实结合、理论和实践相结合的方法。要把抽象理论和既定价值观的培育融合在中国共产党领导中国人民进行的伟大历史实践中，把中国特色社会主义道路的优越性放在世界范围政治道路的对比分析中，把中国特色社会主义文化的先进性置于西方霸权文化的历史根源和现实表现中。通过系统教育，引导学生对党的指导思想、中国特色社会主义制度、党领导的历史必然性、坚持和加强党的领导的必要性有全面深刻的认识，从而牢固树立马克思主义的指导地位，坚定中国特色社会主义的道路自信，坚定对中国共产党的领导的拥护。通过课程教学，消除当代各种思潮对青年学生思想带来的冲击，增强青年学生对党和国家的自信心，为其职业发展奠定深厚的思想基础，为其树立正确的政治意识、政治思维、政治觉悟、政治精神、政治素养和政治态度打牢政治基础。

课程思政的目的在于引导学生在与重要理论形态的对比中理解马克思主义的理论品质，在与中国近现代史的结合中领悟马克思主义与民族解放、国家富强、人民幸福的契合点。通过对"四史"、党的路线纲领方针的学习，使学生深刻领悟中国共产党在革命、建设和改革开放时期的伟大探索和贡献，全面理解其领导地位的合法性和必然性。深刻理解中国特色社会主义道路是中国共产党领导中国人民，将马克思主义与中国具体实际相结合艰苦探索的结果，是中国人民的历史选择，是中华民族伟大复兴的必由之路。在与实践的结合中使学生深刻理解，中国特色社会主义理论体系是马克思主义基本原理与中国实践相结合，以其实践特色、理论特色、民族特色、时代特色为特征构成的科学完整的理论体系。中国特色社会主义制度，是坚持中国特色社会主义的根本保障，也是当代中国发展进步的根本制度保障。中国特色社会主义文化是面向现代化、面向世界、面向未来的，是民族的、科学的、大众的先进文化，是社会主义现代化建设的精神动力和智力支持，以培育有理想、有道德、有文化、有纪律的公民为目标。

课程思政的内容要围绕党的十八大以来新时代中国特色社会主义的伟大实践，采取理论讲授、社会实践、讨论研讨、考察交流、新媒体等多种方式，以习近平新时代中国特色社会主义思想为主线，围绕其治国基本方略、新理念、新思想、新战略,深刻领悟马克思主义与时俱进的理论品质,全面认识党领导人民克服困难勇毅前行而采取的一系列战略性举措、推进的变革性实践、实现的突破性进展、取得的标志性成果。重点结合党在新时代提出的实现中华民族伟大复兴的中国梦,统揽伟大斗争、伟大工程、伟大事业、伟大梦想,明确"五位一体"总体布局和"四个全面"的科学完整战略布局,党和国家事业取得的历史性成就、发生的历史性变革,推动我国进入全面建设社会主义现代化国家新征程的伟大历史意义。学懂弄通中国式现代化的本质要求是:坚持中国共产党领导,坚持中国特色社会主义,实现高质量发展,发展全过程人民民主,丰富人民精神世界,实现全体人民共同富裕,促进人与自然和谐共生,推动构建人类命运共同体,创造人类文明新形态。教育引导青年学生树立"四个意识",深刻认识"两个维护"是党和国家前途命运所系,是全国各族人民根本利益所在,是最根本的政治纪律和政治规矩。切实增强青年学生永葆初心跟党走的自觉性、坚定性,把自我发展融入中华民族伟大复兴的时代大局中,努力成为有理想、有本领、有担当的中国特色社会主义现代化的建设者和接班人。

围绕新发展理念、"五位一体"总体布局、生态文明战略、脱贫攻坚、全面建成小康社会的历史过程,结合党农业农村优先发展的战略安排和"三农"政策,引导学生全面认识党领导人民打赢脱贫攻坚战、全面建成小康社会、实现第一个百年奋斗目标历史性成就的伟大意义。围绕乡村振兴战略,学懂悟透坚持绿水青山就是金山银山的理念,坚持山水林田湖草沙一体化保护和系统治理,深刻领会乡村产业、人才、文化、生态、组织全面振兴的深刻内涵。围绕总体国家安全观和农业现代化建设,结合专业学习和实践,深刻理解全方位夯实粮食安全根基、牢牢守住十八亿亩耕地红线、确保中国人的饭碗牢牢端在自己手中的重大战略意义,教育引导青年学生树牢为农业现代化努力奋斗的专业理想,激发青年学生投身"三农"建设的责任感,为培养知农爱农型高级专门人才打牢思想根基。围绕农业概论、中华传统农业文明、农业农村现代化等课程内容的教授,使学生深刻认识"三农"工作是中国特色社会主义事业的基石和重要组成部分,赋予自身即将从事的职业坚定的理想信念和崇高的荣誉感和责任感，把人生理想、职业理想与中国特色社会主义共同理想融为一体，在相互守望的践行中更加坚定为中华民族伟大复兴和共产主义理想而奋斗终身的理想信念。围绕中华优秀传统文化教育，弘扬以爱国主义为核心的民族精神和以改革创新为核心的时代精神，教育引导学生深刻理解中华优秀传统文化中讲仁爱、重民本、守诚信、崇正义、尚和合、求大同的思想精华和时代价值，教育引导学生传承中华文脉，富有中国心、饱含中国情、充满中国味。

三 价值认同体系

知识的产生总是基于人类一定的社会需求和利益，课程知识的选择和传递也总是基于一定的意识形态。任何一种知识背后都隐含一定的价值观，都不是价值无涉的，课程思政正是基于这样的知识论，并把知识传授和价值认同统一起来。简要来说，价值教育就是形成价值观的教育，为树立正确的世界观和认识观奠定基础。价值观教育属于文化的范畴，内容十分广泛，指向人的意义生成和价值构成，在内容体系上比思想政治教育更为广泛，在范畴上也大于广义的德育范畴。价值教育的根本是人的问题，是人的价值形成和健康发展的问题。价值教育以存在论为基础，"人之存在是价值教育的发生前提，伦理人性假设是价值教育的展开基础，人格理想实践是价值教育的路径和归宿，道德价值尺度是价值教育的杠杆"①。价值教育的文化属性决定其与本土文化的同构性，是国家民族文化和时代精神的充分表达和反映，以批判的、反思的态度思考和回应时代的核心问题，引领时代精神的发展方向。②

高等农业院校课程思政的价值与价值认同是两个不同的概念。课程思政的价值是指课程思政自身所具有的价值，从存在形态上可以分为经济价值、政治价值、社会价值、文化价值。价值认同是指通过课程思政的实施，受教

---

① 李乾夫、赵金元：《论价值教育的哲学基础：基于中国传统哲学之视角》，《教育理论与实践》2016 年第 22 期。

② 孙峰、龙宝新编著《德育原理》，陕西师范大学出版总社，2020，第 147 页。

育者对课程所传递的价值规范的认同和接受，指向课程思政实施的效果和目标的实现。价值规范是社会规范的核心，是社会秩序的基础，属于公共知识，是所有人，尤其是学生必须学习的内容。① 新时代高等农业院校课程思政价值教育的重点是社会主义核心价值观教育，核心价值观在人们的价值观念体系中处于中心、主导、支配地位。它反映社会发展的内在需求，代表统治阶级的根本利益，起着规范行为、稳定秩序、提供精神动力的作用。② 在高等农业院校课程思政的实践中，知识内容体系通过合理性的讨论分析和讲授促进社会价值规范的建构，价值规范通过融入课程内容体系实现人的价值行为与国家意识形态的适应和融合。主要表现为国家意识形态的核心价值体系与学生的生活价值观之间的互动和适切，在个人生活价值观和国家意识形态价值观两个方面建立坚实的基础，既在生活层面规范个人的行为，又在社会、国家、民族层面实现核心精神统一和凝聚力的增强。这里需要区分的是，在价值教育中存在个人中心和社会中心的区别，个人中心侧重于对自我而言的工具意义，社会中心则更强调利他性或社会性方面的价值。马克思主义的基本观点是，自我和社会中心都辩证地存在于人与社会的关系之中，这是由个人性与社会性的辩证性关系决定的。③

高等农业院校课程思政价值认同体系内容的重点是社会主义核心价值观。社会主义核心价值观是社会主义核心价值体系的内核，体现社会主义核心价值体系的根本性质和基本特征，反映社会主义核心价值体系的丰富内涵和实践要求，是社会主义核心价值体系的高度凝练和集中表达。"核心价值观是文化软实力的灵魂、文化软实力建设的重点。这是决定文化性质和方向的最深层次的要素。一个国家的文化软实力，从根本上说，取决于其核心价值观的生命力、凝聚力、感召力。培育和弘扬核心价值观，有效整合社会意识，是社会系统得以正常运转、社会秩序得以有效维护的重要途径，也是国家治理体系和治理能力的重要方面。历史和现实都表明，构建具有强大感召

---

① 季苹：《教什么知识》，教育科学出版社，2009，第 201 页。
② 贾英健：《核心价值观及其功能》，《光明日报》2007 年 10 月 23 日。
③ 季苹：《教什么知识》，教育科学出版社，2009，第 207 页。

力的核心价值观，关系社会和谐稳定，关系国家长治久安。"① 2014 年 5 月，习近平在北京大学考察时指出："青年的价值取向决定了未来整个社会的价值取向，而青年又处在价值观形成和确立的时期，抓好这一时期的价值观养成十分重要。"② 要"把培育和弘扬社会主义核心价值观作为凝魂聚气、强基固本的基础工程"③。刘云山在 2014 年 5 月 30 日人民网发表的《着力培育和践行社会主义核心价值观》一文中对社会主义核心价值观内容体系进行了分析，全面揭示了社会主义核心价值观的内容体系和基本内涵。这为高等农业院校课程思政的价值认同内容体系提供了基本内容和基本解读，是开展价值认同教育的基本遵循。

"富强、民主、文明、和谐"是我国社会主义现代化国家的建设目标，也是从价值目标层面对社会主义核心价值观基本理念的凝练，在社会主义核心价值观中居于最高层次，对其他层次的价值具有统领作用。富强指国富民强，是国家强盛和人民富裕的统一，体现中国特色社会主义现代化国家经济建设的应然状态，是中华民族梦寐以求的美好夙愿，也是国家繁荣昌盛、人民幸福安康的物质基础。人民民主专政下民主的实质和核心是人民当家做主，是党的领导和人民当家做主的统一，体现"江山就是人民，人民就是江山"的执政理念，是社会主义民主的本质特征和生命，为中华民族伟大复兴和人民美好幸福生活提供政治保障。文明是社会进步的重要标志，也是社会主义现代化国家的重要特征，是社会主义现代化国家文化建设的应有状态，是对面向现代化、面向世界、面向未来的，以及民族的、科学的、大众的社会主义文化的概括，是实现中华民族伟大复兴的重要支撑。和谐是中国传统文化的基本理念，集中体现了学有所教、劳有所得、病有所医、老有所养、住有所居的生动局面。它是社会主义现代化国家在社会建设领域的价值

---

① 《习近平在中共中央政治局第十三次集体学习时强调把培育和弘扬社会主义核心价值观作为凝魂聚气强基固本的基础工程》，中国政府网，2014 年 2 月 25 日。
② 《习近平在北京大学考察时强调青年要自觉践行社会主义核心价值观　与祖国和人民同行努力创造精彩人生》，新华网，2014 年 5 月 4 日。
③ 《习近平谈治国理政》（第一卷），外文出版社，2018，第 163 页。

要求，是经济社会和谐稳定、持续健康发展的重要保证。高等农业院校课程思政在国家层面的核心价值观内容方面，还必须围绕人才培养目标对"富强、民主、文明、和谐"的"三农"思想政治内容进行深度挖掘。要有针对性地讲清楚，国富民强建设目标的基础和主要方面是农业经济高度发达和农民收入的持续增加，繁荣富强的农村是国富民强的基石。社会主义民主是国家治理体系和治理能力现代化的主要体现，而乡村治理现代化则是国家治理现代化的根基，其现代化程度决定国家治理体系和治理能力现代化的程度。在社会主义文明方面，包括农耕文明、生态文明并辅助以时代精神和乡土文化，让学生认识并理解农业的崇高地位和农业职业的基础性特征。在和谐层面，要把中国传统农耕文化的优秀基因提炼出来，通过教育继承并接续好传统农业的天人合一、人与自然高度和谐、因时取宜、顺应自然、循环共生、用养结合等思想；结合并融入生态文明理念，让学生充分理解推进山水林田湖草生命共同体全方位、全地域、全过程建设，打造美丽宜居、和谐共生的乡村生活环境的现实意义，激发学生参与的动力和热情，筑牢乡村振兴的文化根基。

"自由、平等、公正、法治"是对美好社会的生动表述，也是从社会层面对社会主义核心价值观基本理念的凝练。它反映了中国特色社会主义的基本属性，是党矢志不渝、长期实践的核心价值理念。自由是指人的意志自由、存在和发展的自由，是人类社会的美好向往，也是马克思主义追求的社会价值目标。平等指的是公民在法律面前一律平等，其价值取向是不断实现实质平等。它要求尊重和保障人权，人人依法享有平等参与、平等发展的权利。公正即社会公平和正义，它以人的解放、人的自由平等权利的获得为前提，是国家、社会应然的根本价值理念。法治是治国理政的基本方式，依法治国是社会主义民主政治的基本要求。它通过法治建设来维护和保障公民的根本利益，是实现自由平等、公平正义的制度保证。高等农业院校在社会层面的核心价值观内容上，要结合各类课程补充拓展的内容包括以下几个方面。"自由"在"三农"领域的基本内涵，包括村民个体的自由与法律规范和政策制度之间的关系，理解自由是在一定社会规范内的自由，农村、农民、农业存在和发展的自由，基础政权在领导和服务乡村振兴中的权利与村民自治的关系等。在"平等"方面要明确并理解农业、农民、农村在中国特色社会主义建设发展中享有的与其他社会领域共存的平等发展权利，国家促进"三农"发展与建设农业现代化的职责使命，国家统筹城乡发展，坚持在发展中保障和改善民生，在发展中补齐民生短板、促进社会公平正义，在幼有所育、学有所教、劳有所得、病有所医、老有所养、住有所居、弱有所扶等方面实施的政策举措。在"法治"和"公正"方面，要在全面理解法治国家、法治社会、法治政府一体化建设基础上，以"三农"政策法规为主，重点包括资源承包权与经营权的界定，矛盾纠纷要通过法律途径化解的法律观念，以及"让人民群众在每一个司法案件中都感受到公平正义"的人民利益至上和执法为民的法治理念。通过这部分内容的学习，让每一个毕业生在走上工作岗位后，都能成为社会层面核心价值观的践行者和传播者，成为"三农"领域合格的建设者和接班人。

"爱国、敬业、诚信、友善"是公民的基本道德规范，这是从个人行为层面对社会主义核心价值观基本理念的凝练。它覆盖社会道德生活的各个领域，是公民必须恪守的基本道德准则，也是评价公民道德行为选择的基本价值标准。爱国是基于个人对自己祖国依赖关系的深厚情感，也是调节个人与祖国关系的行为准则。它同社会主义紧密结合在一起，要求人们以振兴中华为己任，促进民族团结、维护祖国统一、自觉报效祖国。敬业是对公民职业行为准则的价值评价，要求公民忠于职守、克己奉公、服务人民、服务社会，充分体现了社会主义职业精神。诚信即诚实守信，是人类社会千百年传承下来的道德传统，也是社会主义道德建设的重点内容，它强调诚实劳动、信守承诺、诚恳待人。友善强调公民之间应互相尊重、互相关心、互相帮助，和睦友好，努力形成社会主义的新型人际关系。高等农业院校课程思政在个人层面的核心价值观方面，需要融入的内容有：全面建成小康社会的奋斗史，国家惠农政策、促进农民增收政策、脱贫攻坚、乡村振兴战略；土地与农业、农民的关系，以及勤劳致富、勤俭持家、耕读传家等优良传统，农业产业结构调整与勤劳致富的关系；传统习俗与社会主义新风尚，优良家训家教家风，家庭美德与公序良俗等。这部分内容是实现"一懂两爱"人才培养目标的基础性内容，只有走进"三农"的一线，深入农村和农民中，才能因为懂得而油然而生深沉的爱和强烈的责任感。

政治教育体系和价值认同体系，体现高等农业院校课程思政的本质，在整个课程思政内容体系中处于主导地位，统摄其他内容的组织和挖掘，并与其他内容共同构成一个系统化、协同性的结构体系。这两部分的内容指向立德树人根本任务，解决思想政治教育中的重大和原则性问题，关涉国家的"指导思想""发展道路""领导阶级"等方面，处于课程思政的核心地位，既体现统治阶级的意识形态控制，又体现人民群众对发展的需求。这两方面教育的效果取决于课程思政目标的实现程度，关系党和国家的前途命运。高校课程思政其他内容的教育效果和社会整体思想政治教育素质的提升，都内在地包含在该部分内容体系之中。同时，课程思政教育的实践性，决定该部分内容的教育，必须与解决当前思想领域的重点难点问题全面结合起来。课程思政不是脱离现实的空洞说教和灌输，其主要目的在于解除思想认识方面的困惑，在问题的剖析和解决中达到统一思想、凝聚共识、汇聚力量的目的，因此，必须结合中国特色社会主义的建设发展，特别是以农业农村现代化建设发展中具体问题的解决为主要教育内容，并在问题剖析和解决的过程中引导学生坚定理想信念，从而体现出课程思政的政治性和阶级性。

四　科学素养体系

科学素养是科学课程的总目标。[①] 1983 年，美国科学素养国际发展中心主任乔·D. 米勒（Joe D. Miller）将科学素养界定为三个维度：对重要科学概念和术语的理解、对科学过程和本质的理解、对科学技术对个人与社会的

① 何灿华：《从科学知识迈向科学素养》，浙江科学技术出版社，2008，第23页。

影响的理解。[①] 1996 年，美国一批学者根据文献调查，认为科学素养包括六个方面：概念性知识、科学的理智、科学的伦理（科学态度或科学精神）、科学与人文、科学与社会、科学与技术。我国 2006 年颁布的《全民科学素质行动计划纲要（2006—2010—2020 年）》把科学素养界定为："了解必要的科学技术知识，掌握基本的科学方法，树立科学思维，崇尚科学精神，并具有一定的应用它们处理实际问题、参与公共事务的能力。"[②] 结合国内学者的研究和教育界的实践，我们把科学素养体系的内容分为：科学知识、科学方法、科学能力、科学精神、科学品质五个方面。科学知识主要为概念性、客观性科学知识概念体系、基本原理和本质观念；科学方法为科学知识产生的规范，对科学研究过程和结果进行评价的过程性标准；科学能力指开展科学研究所具备的技能和把科学与技术结合起来的能力；科学精神为批判和探索的精神取向，并由此产生的献身精神和持之以恒的毅力；科学品质则指科学的伦理以及能正确处理科学与其他方面关系的思想、品性、认识和价值观等。高等农业院校课程思政的科学素养体系内容由以上五个方面构成，并在具体教育实践中，结合各类课程围绕以上五个方面展开。

（一）科学知识

学科是知识的分类，不同课程的组合构成高等教育的不同专业，而科学知识是构成课程的基本内容。高等农业院校学生的科学知识应该包括三个层次。第一层次为对科学发展史及科学知识分类、结构和体系的基本认识。在各类课程的教授中，要结合知识点的教授对该类科学知识的发展史进行阐述，掌握科学知识的过去、现在和趋势，让分散和处在不同时空中的知识形成一个纵向的图谱，构建科学知识的整体体系，理解科学知识的整体性与专

[①] Miller, J. D., "Scientific Literacy: A Conceptual and Empirical Review", *Daedalus*, 1983, 112 (2): 36.

[②] 中国科学技术协会：《全民科学素质行动计划纲要（2006—2010—2020 年）》，科学普及出版社，2008，第 21 页。

门化、精深化之间的关系；认识自然科学、社会科学、思维科学的基本分类、研究领域及其相互关系，并在此基础上引导学生尽力拓展科学知识以应对知识爆炸和知识交叉融合的理念，从而使学生通过不同课程的选修和学习，构建面向未来的、符合职业能力发展和专业能力发展的知识结构体系。第二层次为对农业科学知识结构体系及其作用的基本认识。农业科学包括基础知识和专业技术在内的全部科学技术，是一个包含自然科学和社会科学知识体系的综合性学科。农业科学知识是农学领域科学知识体系的组成部分，以农业科学知识概念规律、农业科技活动规律、农业科技活动与环境的关系为主要研究对象。由农学概论、农业发展史、农业科学体系结构及发展、农业科技活动系统、农业科学与农村社会、农学经济学、农学社会学、农业科技管理学等基本内容构成，具有实践性、应用性和综合性的特点。这部分内容是高等农业院校课程思政的基础，也是当前高等农业院校教育的短板。在笔者统计的全国农业院校农学类专业人才培养方案中，只有部分院校开设了单独的农业概论课程，而对其他方面基本均未涉及，国家颁布的《普通高校本科专业类教学质量国家标准》中也没有对农学类专业的此类课程内容进行专门要求。事实是，此类知识的学习和思维的习得要等到学生毕业后在具体的工作实践中学习，更多地表现为一种经验性的零散知识。这与高等农业院校的人才培养目标以及专业培养目标、社会对高级专门"三农"人才的能力需求极不相适应。这既有高等农业院校专业、课程领域改革不深化的原因，也有高等教育人才培养质量评价体系同质化、不健全、不精准等原因。第三层次是对农业科学知识体系交叉融合的认识。现代科学研究和技术创新越来越强调知识的交叉融合，农学是一门服务人类生存和发展的基础性学科，涉及自然科学知识、社会科学知识、思维科学知识，包括农业生产的种植、养殖、加工贮藏、农业工程、管理、经济等多方面，每一个领域的知识体系都与其他领域存在纵向或横向的紧密联系，在课程设置和教学中培养学生知识交叉的理念是教学的重点，以此来达到提高学生创新能力的目标。

（二）科学方法

科学方法，指对科学知识产生的规范和对科学研究过程、结果进行评价过程性标准的掌握。人类对一项知识是否为科学知识的判断有两个基本的要求，一是知识的产生是否遵循了科学的程序和规范，二是在该程序和规范下产生的结论是否在同等条件下具有可验证性。科学方法是科学知识产生的前提和基础，也是科学界进行交流、评价和知识传播的基本规范和标准，是人类科学知识大厦得以建立的基本规范，也是一般认识与理性知识的分野和壁垒。高等农业院校的课程思政除对学生进行自然科学研究方法、社会科学研究方法的基本训练之外，更为重要的是培养学生的农业科学研究方法。农业科学研究方法要建立在农业自身特点基础之上，即从生物的生长发育规律发现到产量、质量提高的过程中，积极建立与生态环境的良好关系。农业科学的研究对象主要是生物有机体，具有不可逆性、难以控制、有序发展等特点。农业的生态、经济、技术的综合性，表现出鲜明的多因素性、复杂性和系统性；农业的生物、环境、劳动要素的互动关系，要求农业科学研究方法要全面广泛借助和移植其他领域（特别是化学、物理、数学、生物学、气象学、地理学、遗传学、信息科学等领域）的研究成果，如农业工程学就是其他工程技术在农业科学领域移植后产生的学科。另外，应用性是农业科学的基本特征，这一特征下的农业科学包括应用基础科学和应用技术科学，应用基础科学为基本理论，应用技术科学则体现在新技术、新工艺、新产品的设计及其在生成中的应用。以上特征对高等农业院校学生的研究方法提出了特殊要求，一是坚持自然科学和社会科学方法相互融合渗透的综合性研究原则，处理好生物与环境、微观和宏观、有机农业和无机农业、主要矛盾和次要矛盾的关系。二是树立辩证的思维。恩格斯说："辩证法对今天的自然科学来说是最重要的思维形式，因为只有它才能为自然界中所发生的发展过程，为自然界中的普遍联系，为从一个研究领域到另一个研究领域的过渡提供类比，并从而提供说明方法。"[1] 农业生产的

---

[1] 恩格斯：《自然辩证法》，人民出版社，1971，第 28 页。

复杂性要求研究者必须把辩证思维贯穿农业科学研究的始终，坚持做到具体与抽象、分析与综合、归纳与演绎、类比与移植的统一。三是要树立系统研究的理念。要具备系统学的基本理论知识，在系统的内向描述和外向描述中，把握系统的组成要素及其结构层次，考察系统在更大的系统中的定位及其与环境的关系，从而全面考察研究对象的要素、特征、结构功能、环境、目标。如果仅把科学方法的教育停留在一般自然科学和社会科学研究方法层面，既不符合农业自身的特性，也不符合农业科学技术创新的内在要求。

（三）科学能力

科学能力是指为开展科学研究所具备的技能和把科学与技术结合起来的能力，表征为个体科学劳动生产力，一般还包括科学队伍、条件装备、信息情报等内容。高等农业院校学生科学能力是围绕人才培养目标展开的、与毕业后所从事职业相联系的科学研究方面的能力。在基本科学研究技能的基础上，更强调把科学与技术结合起来的能力。当然，其他学科专业也有类似的要求，但农业领域对这一能力的要求更为强烈，根植于农业学科自身的内在规定性。学科作为高等院校的基本组织和单元，本身就有知识创新的基本追求，而专业则指向具体的职业技能并体现为一种人才培养的方式。因此，科学能力的培养必须在学科层面进行，即主要通过大学生参与科学创新活动来培育。首先是资料和信息的占有能力。在各类课程的教学中，必须根据农业科学知识创新对基础资料和信息的要求，科学合理地设计课程内容，并尽可能拓展学生的知识总量，使其具备开展科学技术创新的基本知识体系。其次是对科学仪器及现代信息技术的掌握和运用能力，这部分能力涉及开展科学技术创新对工具的掌握和使用要求，通过学习使学生掌握农业科学研究中基本仪器设备的功能和使用维护方法，并对最前沿最新设备有基本的了解。通过信息技术与农业研究的交叉，使学生熟练掌握应用信息技术获取科研资料的方法，并具备将信息技术运用到农业科研领域的能力。最后是科学的劳动社会化能力的培养。科学的劳动社会化能力关系国家现代化和民族复兴，是一个国家创新能力和核心竞争力的主要体现，科学能力在一定程度上是科学劳动社会化的产物。农业科学知识的应用性和实践性，要求农业院校学生的科学能力必须将科学劳动的社会化能力作为首要且核心的能力。农业科学技术的进步既体现在基础研究领域的创新发展，更强调农业科技自主创新能力的增强，体现在加快农业科技成果的转化应用、提高科技对农业经济发展和农业现代化的贡献、促进农业的永续发展方面。所以，高等农业院校在学生科学能力的培养上要围绕科技成果的转化能力，科学设计课程内容、优化实践教学、合理设置研究项目和推广课程，在破除"五唯"的教育实践中，培养学生农业科学研究的基本理念和基本方法。

（四）科学精神

科学精神属于科学文化的范畴，是科学本性的内在和自然延伸，是科学的文化底蕴和灵魂，表现为科学研究主体在科学研究活动中展现的信念、思维方式、情感态度、行为规范等。经验和现实中的科学精神主要通过教育的形式获得，先验的科学精神主要表现为好奇心。一般来讲，科学精神的现实形态主要包括理性思维的客观精神、批判思维的质疑态度、勇于探索的创新精神和持之以恒的实践态度。理性思维是基础，批判思维是核心，勇于探索是动力，持之以恒是保障。高等农业院校大学生科学精神培养的特殊性体现在其创新对象的特殊性上，其内容体系与农业科学的特征和农业生产的独特性紧密相连，除具备一般学科所要求的科学精神之外，在精神、态度、实践层面还有其特殊的要求。一是对农业、农村、农民的深刻理解和深厚感情。农业科技创新的内生动力来自学生对农业基础地位、"压舱石"作用、农民历史和现实崇高地位的认识，即要建立在懂农业、爱农村、爱农民基础之上，农业科技工作者必须把创新的双脚坚实地踏在广阔而充满希望的田野大地上，在乡村振兴的伟大实践中建立与农业、农村、农民深厚的感情，为科学技术创新增添持续动力。二是扎根一线持续探索的毅力。农业科技创新不同于其他自然科学和社会科学研究，它的成果创新场域是广阔的大地。这需要农业科技工作者长期驻扎在农业生产的第一线，驻守在田间乡陌、圈场车间，在日复一日、年复一年的观察、测试、试错、求证中经受四季轮回、风吹雨打的岁月洗礼。恶劣的工作环境和高水平的创新要求，要求这部分科研群体必须具有坚忍不拔、持之以恒、甘愿寂寞、艰苦奋斗的精神。袁隆平院士的一生和河北农业大学的"太行山精神"就完美地体现了这种精神，是对农业科技工作者精神追求的典型诠释。这种精神和态度的培养是高等农业院校课程思政独有且必须坚持的，如果在教育实践中不能给予特别的关注，农业科技创新有可能成为空中楼阁，并产生后继乏人、生产力下降的危险后果。

（五）科学品质

科学品质指向科学的伦理以及能正确处理科学与其他方面关系的思想、品性、认识和价值观等。科学理论即科学道德，属于价值判断的范畴，既表现为科学工作者的伦理道德，又体现为科学研究自身的道德性。包括实事求是、诚实守信、信任质疑、相互尊重、公开守法，对真理的坚守、对创新的尊重、对严谨缜密和简洁的追求、对普遍性和客观性的信仰、对科学社会化期望等诸多方面，还包括能够正确认识科学知识及其应用所产生的后果，并能在科学研究中加以控制。农业科学研究的对象涉及自然和人类社会的所有系统，科学技术创新成果的社会化与人类社会及其对内外在环境的不可逆影响，要求农业科技工作者必须树立人与自然和谐共处、良性互动的生态伦理观，必须珍惜、尊重生命的价值、伦理和尊严，在遵循生物自身规律、自然规律和人类社会基本伦理的基础上进行科技创新。如在兽医学、畜牧学、生物学中对动物伦理的尊重；在作物学、植物保护学、土壤学、林学、水土保持与荒漠化防治学、草学等学科的科学研究中对生态文明理念的贯彻；在食品科学与工程、茶学、养蜂学中对食品安全理念的严格执行；在土地管理、资源与环境、生态学中对国土资源科学规划、可耕地红线等政策不打折扣的贯彻落实；在植物育种方面对国家粮食安全、种业安全的全面理解和紧迫感、责任感及艰苦奋斗的精神；等等。这些科学品质都是农业科学研究中独有的，是农业科技创新得以开展的基本要求，高等农业院校在教育教学中必须结合课程的实践，在各类课程、各个环节，全过程地予以培养，并在教育实践中体现出自身课程思政的特色，而不是视而不见或混同于普通高校的课程思政。从高校特色办学的角度来讲，挖掘整理独特的课程思政资源，将其融入学科体系、教学体系、教材体系、管理体系和评价体系，在课堂教学、实践教学、校园文化活动、社会实践等育人环节进行系统培育，既是扎根中国大地办教育的具体实践，也是在激烈竞争中突出办学特色、提高核心竞争力的必然选择。

五　人文精神体系

（一）人文精神

对人文精神的理解必须放置在人性—文化—人文主义—人文精神统一的结构中，立足于马克思关于人是生命的感性需要、有自由自觉的活动、一切社会关系的综合这三个层面上，从族类和社会、伦理的角度来理解人的本质，避免因人的现实社会性不同而导致人文精神具有相对性的结论。在这个意义上，人类具有知、情、意三种独特的精神能力，求真、向善、爱美作为人类特有的生命活动，是人类区别于其他动物的根本特性，因而可以说是人的本质。[①] 文化既指"人类主体在存在的历史上和社会实践中，持续外化、对象化自我的本质力量，去适应、利用、改造客体即自然、社会及人自身，同时又确证、丰富、发展自我本质的过程和成果"[②]，又指"以文化人"，即通过文化外化而确证自身。在教育领域体现为通过文化知识的学习，从而达到对真善美的追求和完善人性的涵养。这些文化知识包括指向实然"求真"类的科学文化知识，追求应然"向善"维度的意志能力类道德文化，立足现实而又追求超然的"爱美"类艺术文化知识。通过这些文化知识的学习，

---

① 汤忠钢：《传统文化与人文精神》，光明日报出版社，2020，第48~49页。
② 王国炎、汤忠钢：《"文化"概念界说新论》，《南昌大学学报》（人文社会科学版）2003年第2期。

全面发展人的理性、丰富人的情感、确证人诗意存在的意义。

人文精神总体上指立足人性和人类文化的精神内核，是对人类自身存在和发展的一种普遍关怀。人文精神因其历史和现实性又表现出时代、地域和民族的差别，是绝对性、相对性和超越性的统一。在课程思政中培育大学生的人文精神必须考虑中国传统文化中的道德主义、西方传统文化中的理性主义、中西方传统人文精神的批判继承与综合创新、当代中西方人文精神的现实和前瞻、时代精神与人文精神的结合等多个方面。总之，就是回归人本身，实现人的全面发展，在人类文化的传统、现代、未来的转换和融合中，关切人的尊严、价值、命运、追求，正确处理人与社会、人与人、人与自然的关系，在现实和理想的交织中实现人的全面发展，为高质量的人类生存提供强大的精神支持。

（二）西方人文精神

西方人文主义始于文艺复兴时期，包括人本主义、世俗主义、古典主义的基本内涵，是文艺复兴的主要历史成果。在高等教育领域，主要指以古典拉丁文和希腊文为基础，包括语法、修辞、历史、文学、道德、哲学等的教学内容，教授这些学科的教师也可被称为人文主义者。在看待人和宇宙的关系上，批判以上帝为中心的超自然模式，建立聚焦于人的人本主义模式。在基本特征上，肯定和颂扬人的价值和尊严，提倡乐观主义的人生态度，宣扬人的思想解放和个性，肯定教育的意义，并将个体生活的价值和存在意义从彼岸拉回世俗生活。人文主义的核心是尊重并维护人类的人性尊严，崇尚理性，提倡宽容、悲悯、仁慈、自由、个性与自我价值。西方人文主义是一种不能深入个体内心和道德的理论体系，存在打开个体性道德的障碍。因为以"神"和"物"[①]为根本的西方文化在滥觞之时就没有为个体性的存在提供文化的场所，无论是对神的奉献还是对物的掌控，人的被动性和主动性都不

---

① 这里的"物"指以自然为对象的科学主义模式，取代上帝和人的视角，把科学知识视为真善美的标准，并以此来处理人和世界的关系。

能为人文主义的道德提供自由发挥的余地。对神的虔诚要求把自我的一切全部交给唯一的主宰，对物的掌控要求理智地观察分析推理，两者都不能提供超越自我、分析自我、批判自我的思想场域。直至康德从哲学上为主体的自我认知和反省提供了理论依据，在调和经验论和唯理论对认识可靠性的基础上，提出了理性知识来自客体对主体认知能力的符合，确立了主体性视角，把个体从神和物的限制中解放出来，但这种解放建基于理性知识之所以可能的逻辑圆满，仍然停留在理论的概念层面，受限于概念的应用界限和内涵，尚不能触及主体自我的大门。其发展脉络表明了该进路起始基础上的缺陷，最终导致了文艺复兴撑起的人本主义的大旗，在现代性的背景下走向了极端的自我，自由和民主构成的资本主义血液浸染了西方宗教思想的本质，最终走向现代性坚持的多样性对基督教、天主教、新教等西方文化根基的否定。文化的多样性追求与宗教的排他性要求，成为西方社会无法调和的文化矛盾，也造成其在人文素质教育上的矛盾和双重标准。

（三）儒家人文精神

新儒家的唐君毅认为，真正的人文主义的文化是建立在以人为主之上的，应该回归到"人"这个根本上，并统摄其他一切价值、思想和文化，从而走向个体生命的内在自省和自我证明，开启主体自我的大门必须从中国文化内部找到文化的密钥。中国文化自始至终都肯定人是可以主宰自我一切的主体，并内化于个体的生命实践之中，人只要坚持不懈地修养自我，就会自然成为自我道德的主体，并成就一个完整的生命历程。孔子说："仁远乎哉？我欲仁，斯仁至矣。"① 孟子说："恻隐之心，仁也；羞恶之心，义也；恭敬之心，礼也；是非之心，智也。仁义礼智，非由外铄我也，我固有之也，弗思耳矣。故曰，'求则得之，舍则失之。'"② 意为要在不借助外力的情况下，通过个体人格的修养而呈现完善的道德主体，即以人为本。人文世

---

① 《论语·述而》。
② 《孟子·告子上》。

界的开启来自道德个体，表现为一种精神境界，取义为"天行健，君子以自强不息"①。个体性的道德涵养可以消融涵养一切的真善美、偏执和流弊。牟宗山认为，中国文化内在于生命和生活的主体，该主体在中国文化中本就是一个道德的主体，人在其中是统摄一切的，是一个理论和实践的统一体。该体系包括宗教、哲学、科学、文化的主观个体，包括对宇宙自然等客体的和谐统一，摒弃了西方文化中人与自然的对立、人与上帝的情感混同，在世俗主义的价值方面则关注现世的生存质量，为现世困难或原罪找到进入个体存在意义的理论出口。中国文化的人文主义坚持人的主体性地位，坚持个人道德的宏观叙事必须置于主客观关系的广阔视域内，并注重道德的实践性。儒家文化精华正是体现为明人性、察人伦、崇道德、重责任、贵人民，主张心性是根，人伦是纲，人德是魂，责任是天，人民是本。

（四）人文精神的基本内容

一般来讲，人文精神体系主要包括三个方面的内容：一是人性，指向个体对现世美好生活的向往和追求；二是理性，指向对最广泛意义上真理的追求，实质是对存在的统一规范和标准的追求，避免陷入混乱；三是对超越的追求，指向人与宇宙自然、人与人、自我与自我意义的追求和界定。这里的人性指作为本体不完善的人如何度过一生，或者说存在不仅仅是为了延续种族，而要追求一种令个体愉悦的生活经历，包括了对自我的认可、对他人的认可、对人作为人的肯定，对同情、悲悯、友爱、仁慈等共同情感的认同。理性则更多的是避免霍布斯和洛克所谓的自然状态下"一切人反对一切人的状态"。人类存续的前提是必须赋予其一定的规则秩序，这种规则在西方文化中是"逻各斯"或理性，在中国文化中则立足于个体的道德修养和教育。实质都是对一致性认同的追求，最终这种一致性由科学的理性和真理取代，成为延续规范治理和永续发展的基础。超越性指现实存在的人对时间和空间的超越，时间上的超越来自人类对永生的向往，空间上的超越来自人类

---

① 《周易·乾》。

对生存领域之外的追求，根本上都是在有限的生命历程里对自身和外在无限存在意义的追求。

据上分析，高等农业院校课程思政的人文精神体系内容，在人性方面主要包括仁爱、自由、平等、自省、自尊、自强等；理性方面主要包括实事求是、知行合一的实践态度，批判与反思、创新与探索的求知能力，对规则秩序和真理公理的追求，对复杂情况的优化和选择的能力等；超越性方面主要包括责任与担当、勇毅与恒心、和谐与大同、生命与伦理、理想与现实、艺术与审美等。高等农业教育隶属高等教育，在遵循高等教育满足人的全面发展的基本要求上，还具有鲜明的行业特点，这些行业特点决定了高等农业院校的课程思政实践在学生人文精神培养方面，除上述一般性内容之外，还必须结合学科专业特色和人才培养目标体现出具体而特有的内容。首先是在对美好幸福生活的追求方面，要从农业的基础性、公益性、公共性角度出发，赋予仁爱、自由、平等、自省、自尊、自强的内涵。要在课程教学中融入对农业、农民、农村的深刻认知继而达到深厚的感情勃发，理解农业不仅仅是一种生产部门更是一种生活方式，现代化不是城市化而是包括农村社会的进步和发展，从而建立对"三农"事业的深沉热爱。把对自由的追求建立在农业现代化和乡村振兴的基础上，理解个体意义上的自由是希望能够主宰自己，认识到自己既是一个思想、意志和能动的存在，又是一个生活在具体时代、隶属特定阶级的关系存在，并对自我的选择负起责任。其次，还要更进一步理解国家、民族意义上的自由，涵盖不被强制、阻碍和控制，从而更加具体地认识粮食安全、种业安全在中国特色社会主义现代化建设中的重大意义。在把握一般意义的平等基础上，从机会和权利平等的角度，更好地理解统筹城乡发展、消除二元社会、乡村振兴的历史和现实意义；认识在推进乡村治理中突出农民主体地位、推进产业振兴的重要性；认识所从事职业的崇高性，并树立自强不息、艰苦奋斗，与祖国同呼吸、共命运的思想意志。

高等农业院校大学生理性养成包括心智训练和心智装备两个方面。通过心智训练拓展学生心智能力，使其具备开展专业化工作所需的基本技能和能力；用精神和知识武装心智，使学生拥有积极向上的精神和美德，这是能力和态度的统一。根据农业生产、农业科学研究、农业和农村经济社会管理的特殊要求，在各类课程教学中贯穿实事求是、知行合一实践态度的培育，教育学生深入"三农"一线开展调查研究，对其进行求真务实干事创业的职业素养的培养。通过课程教育，使学生在充分理解农业现代化困境和乡村振兴短板的基础上，反思制约进步发展的瓶颈根源，遵循农业发展规律，激发求知、探索、创新的动力。把对规则和秩序、真理与公理的追求适切地推移到农业科学研究和乡村治理中，遵从农业科学研究的规律和程序，充分认识基层民主与党的领导的关系，并能在复杂的环境中做出最优的选择。在理解"三农"工作复杂性、基础性、公共性的基础上，树立个人发展与社会进步同步的责任与担当；领悟中国传统农业文明中天人与人际的和谐思想，从人类命运共同体的角度理解生态农业、绿色农业、山水林田草湖沙统一体。从美学农业的角度理解田园景观化、村庄民俗化、自然生态化，并在实践中实现农业物质产品和审美产品的统一，建设美丽宜居、生态文明的现代乡村。

六　公共参与能力体系

（一）公共参与能力

公共参与能力是大学生参与社会公共生活所具备的能力，其核心要义指向个体在生活中能适应社会生活的需求，在良性互动中实现自我发展，使个人能过上成功且负责任的社会生活并能面对当前和未来的挑战。主要目的是培养社会发展所需的现代公民，进而促进社会凝聚力，提高国家民族的核心竞争力。马克思主义强调，人的本质在其现实性上是一切社会关系的总和，个体的发展总是从属于并在一定的社会形式和结构中进行。通过教育培养受教育者的公共参与能力其实就是一个使其社会化的过程。课程思政的首要功能是个体的政治社会化，公共参与素养侧重受教育者社会参与能力和适应能力的培育。社会是个体发展的现实条件和基本场域，协调个人发展和社会发展需求，增强个人在与社会的互动中的成长和发展能力是课程思政的社会化功能。从广义上说，任何单位和组织开展的思想政治教育都具有社会化的趋势与要求，思想政治教育作为党和国家的一项社会性事业，是实现党和国家各项任务的中心环节，是完成党和国家各项工作的生命线。① 从社会层面来讲，课程思政是通过教育，培养受教育者接受现存社会的理念、原则、规范、程序、要求等，使其认可、接受并在进入、参与社会生活的过程中，成为一名合格的公民。在个人层面，通过课程思政可以使个体在与社会的互动中，为自我发展创造更好的环境并适应来自社会生活的各种挑战。核心内涵在于传递社会价值、社会规范和社会技能，塑造社会精神和社会人格，实现从自然人或半自然人向社会人的转变。

大学生公共参与素养和社会化能力培育在当前高等教育课程思政中处于较为边缘的状态。首先是因为在教育阶段上，社会化是一个持续教化的过程，包括前高等教育阶段、高等教育阶段和后高等教育阶段，是一个终身教育的过程。其次，个人的社会化教育涉及家庭、学校、社会等个人生活的所有场域和所有领域，学校教育只是社会化教育的一种形态和方式。再次，学校社会化教育面对的是不断发展变化的社会现实，特别是随着个人化时代的到来，学校社会化教育内容存在与社会发展需求不一致或滞后的现象。最后，社会化涉及的教育内容纷繁复杂、包罗万象，与课程内容设计和教学方式的有限性之间存在内在的矛盾。因此，在高校课程思政中加强大学生公共参与能力的培养，必须走向社会生活、贴近时代发展、倾听个人心声，善于把握社会和个人的脉搏，在二者的良性互动和实际问题的解决中设计教学内容和教学方式。同时，还必须树立"大思政"的教育理念，显性教育和隐性教育相结合、教学和科研相结合、理论讲授和社会实践相结合，采取多种方式、多种形态全方位推进。

2021 年 11 月，联合国教科文组织发布的《一起重新构想我们的未来：为教育打造新的社会契约》指出："我们必须维护所有学习者终身学习的权

---

① 邓纯余：《新时代思想政治教育社会化的理论与实践审视》，《思想理论教育》2022 年第 8 期。

利，为他们提供必备的知识和技能，从而帮助他们有尊严地生活。教育不再局限于一个人一生中的某一个时期，每个人都有获得终身学习机会的权利。新的教育社会契约必须让我们紧密团结，并提供必要的知识和创新，以塑造一个以社会、经济和环境正义为基础的更美好的世界。"教育的社会化是为每一个受教育者提供一种个人体面的生活准备，并为塑造现代社会的合格公民提供进入社会的平台，进而为经济社会发展奠定个体和社会的基础。培养大学生的公共参与能力，在于增强其面对挫折的韧性、面对不确定的适应能力、面对相对公平时的理解力、面对忧郁阴霾时的坚强毅力；在于帮助学生正确处理个人与社会的关系，正确把握时代与个人的关系，正确理解现在和未来的关系，成为与时代和国家同频共振的合格公民。

（二）高等农业院校课程思政公共参与能力体系的内容

高等教育思想政治教育的公共参与能力包括：政治参与能力、自我发展能力、语言表达能力、沟通协作的能力、信息获取能力、人际关系处理能力、应对逆境和挫折的能力、多元文化与国际理解能力、崇尚劳动与劳动的能力等。从农业院校课程思政出发，政治参与能力既指学生个人的政治参与能力，也指在乡村治理中对村民政治参与能力的引导能力，确保基层民主在党的领导下充分调动村民参与的权利。语言表达能力则要求能用通俗易懂的语言把党的惠民政策和习近平总书记对"三农"的关切传达到村民，增强党执政的群众基础。高等农业院校学生的人际关系处理能力除一般性要求外，还要延伸到对乡村传统、乡规村约、乡土文化及公序良俗的全面了解，把矛盾化解在乡村的基本能力。应对逆境和挫折的能力，指在开展科学研究、技术推广、乡村治理的过程中，遇到暂时的困难和逆境时，能够激发自我持续前进的趋向。多元文化与国际理解能力则具有更高的要求，因为教育社会化的背景是不断发展的社会和不能确定的未来，当今国际社会面临百年未遇之大变局，要通过课程思政让大学生具备全球视野的国际思维。国际理解能力的教育要建立在对东西方文明的认识和理解中，特别是对中西方哲学的不同进路、不同选择导致的文化差异的认知。深刻理解海洋文明的侵略性和帝国主义性质，了解人类自大航海以降，西方文明的虚伪和社会达尔文主义的血腥。在对比中，认识中华文明的包容、内省、深沉，理解西方"理性"的虚伪，进而能够用通俗易懂的语言和生动鲜活的实例，把群众的思想意识统一到中华民族伟大复兴的初心上来，引导群众通过辛勤劳动增收增富，把对幸福生活的追求与中国特色社会主义现代化目标统一起来。

第五章

师生关系的重塑及素养匹配

师生关系是教育的核心问题，是高等院校内部最基本的人际关系之一，是课程思政实施中最重要的主体性要素，也是课程思政教育目标实现的关键性要素。在 20 世纪的西方教育史上，教师中心和学生中心的单主体说有过激烈的交锋，前者以知识的客观性为基础，强调教师通过课程教学对客观性知识进行传授，以霍尔巴特为代表，主要表现在传统教育领域；学生中心论则以美国的进步教育运动为代表，强调受教育者的兴趣和认知规律在教育活动中的主导地位。存在主义教育思潮在 20 世纪 80 年代以师生间的平等关系取代单主体说，教师在教育中的作用是为学生自由发展提供帮助，促使学生自我选择、自我成长。建构主义随后成为构建师生关系的主要理论基础，教师和学生成为平等对话、相互理解、共同进步的教育活动参与者，教师帮助学生主动成为信息加工主体，学生在与教师的合作中成为与教师平等的教育活动主体。20 世纪 90 年代以来，主体间性教育理论开始成为师生关系研究的主要思潮，哈贝马斯的交往理论、马丁·布伯的对话哲学、诺丁斯的关心理论得到较多研究者的引用和借鉴[①]，交往实践观成为构建师生关系的基础理论，我国学者多采取该观点开展研究。

中国传统教育对于师生关系有特殊的文化和伦理视角。总体来讲，师道

---

① 付有能：《伦理关系维度的师生关系实现研究》，西南大学博士学位论文，2018，第 11 页。

尊严、教学相长是其主基调。"中国历来有尊师重教的传统，教师在人们心目中始终有着很高的社会认同度和影响力，所谓'一日为师，终身为父'，荀子还把'师'与'君'并列，称之为'治之本'。教师的天职是'传道授业解惑'，不仅要做知识和文化的传承者，也要成为人性和良知的守护者。在传统师生伦理语境中，师生关系本身是一种和谐有序、教学相长的伦理关系。教师'千教万教教人求真'，学生'千学万学学做真人'，责任和伦理成为维系师生关系的纽带和基础。"① 西方因其教育哲学的多样性，在师生关系构建上呈现时空上的复杂性和多变性，中国则随着儒学的发展演变构筑不同的师生关系，具有较多的稳定性和伦理性。当下，教师和学生均构成教育活动的主体在理论界和实践中已达成共识，讨论的焦点聚集在采取何种理论或方式构建二者在教育活动中的关系，从而促进教育目标的实现。

一　主体间性教育的伦理关系

课程思政是一种教育理念，是一种知识传授、技能培养和价值引领相统一的教育活动，师生在教育活动中既包括知识传授的教育关系，又包括在知识传递过程中产生的价值关系。随着社会对大学依存程度的加深，大学的功能和定位也不断被重新塑造，大学与社会的交往范畴被不断拓展，相应地，大学校园内的师生关系范围和内涵也不断扩充，交往空间和形态更加丰富多元，并延伸到思想政治教育领域，成为思想政治教育研究的重要课题。课程思政教育理念的提出，有其深刻的政治、经济和社会文化背景。中国特色社会主义进入新时代，在从建设高等教育大国进入建设高等教育强国的历史阶段，高等教育在民族复兴和中国特色社会主义现代化建设中所具有的战略性和基础性支撑地位愈加凸显。党的二十大报告为教育、科技、人才工作单独设章，深刻体现了高等教育在促进社会进步、构建新发展格局、实现第二个百年奋斗目标和中华民族伟大复兴中的重要作用。社会进步和民族振兴赋予

---

① 林仕尧：《大学师生关系的伦理嬗变及其原因分析》，《当代教育理论与实践》2016 年第 1 期。

高等教育新的历史使命，落实立德树人的根本任务，培养出更多能担当民族复兴大任的时代新人。课程思政则是落实立德树人根本任务的战略举措，确保高等教育全面贯彻党的教育方针、社会主义办学方向，持续为中国特色社会主义现代化培养出一代又一代的建设者和接班人。解决当前高等教育思想政治教育针对性、实效性不强的问题，改变当前高等教育领域内师生关系功利化、伦理衰落、权利意识增长、疏离甚至对立的现象，重塑高等教育教学中师生的关系，实现从灌输式向主体间性的伦理关系维度转变。这既是新时代高等教育履职尽责的内在需求，也是高等教育改革创新的重要内容。

课程思政是融合了知、情、意的教育活动，其根本目的在于落实立德树人根本任务，而不仅仅是知识传授，必然要强调教师和学生在教育活动中的对话互动，关注两个主体通过教育活动实现知识传递、情感培养、意义生成和价值引领。本书把师生关系界定在学校教育范畴之内，仅指师生围绕教育目标的实现，在教育活动中形成的相互关系，包括地位、作用、态度、价值等。① 在地位上秉承平等性，在作用上体现为互动性，在态度上表现为相互尊重，在价值上更关注成长性，在本质上强调教育性。这种师生关系是一种基于主体间性的伦理关系维度的应然状态追求，也是一种课程思政理念指导下对理想师生关系适切的追求。主体间性教育把教育过程视作师生主体间的交往实践过程，"强调师生之间、生生之间基于民主平等理念的对话理解，实现教育者与受教育者的共同发展"②。主体间性教育把教育过程视为完善人格品格、促进主体成长的最佳途径，"教育者和学生都是主体，教育的过程是主体间的理解、对话、交往过程，教育处于和谐的状态，生成了现代社

---

① 理论界围绕师生关系的本质、内容、特征等展开了丰富的研究，就师生关系的定义，有广义和狭义之分，广义把师生关系扩展为社会关系，狭义则基本限定在教学领域。也有淡化场域，把师生关系界定在本质层面，如张焕庭在 1989 年的《教育词典》中，将师生关系定义为教师和学生相互作用的性质，以及师生相互对待的态度。

② 李燕、冯建军：《论主体间性教育视域下的学生提问与教师理答》，《当代教育科学》2016年第 5 期。

会所需要的主体间性的人格品格，成为主体性成长的最佳路径"①。在构建新型师生关系方面，"主体间性的引入，可以摆脱主客体下师生关系相互对立的局面，进而开始转向师生和谐共存，相互成为主体，教学活动过程中不再是教师单向的掌控，而是师生双方的一个共同合作"②。主体间性的教育主张，在强调师生双方主体地位的同时，把教育过程视为主体间交往、对话、理解和互相成长的过程，在该过程中师生互为主体，在平等的互动交往中达成理解、促进成长、养成品格，与课程思政知、情、意融通的教育理念旨趣及实践要求具有高度的一致性。

伦理关系维度的师生关系构建，既是对中国传统师生关系的扬弃，也是对教育本质的致敬。教育是人类追求真善美的实践活动，是人类改善自身生存状态的一种努力，本质上是一种价值追求。中国传统教育主张"内圣外王"，强调从社会伦理出发构建师生关系，有其过度维护师道尊严的一面，但也蕴含"不愤不启""诲人不倦""教也者，长善而救其失者也""三人行，必有我师""道之所存，师之所存"③"教学相长"④等注重教师引领作用与发挥学生主动性结合、培养学生批判性思维、忠诚教育事业和热爱学生、教与学互动相互成长、师生平等等至今仍闪耀着理论光芒的积极思想。中国传统教育"在师生关系中教师的活动蕴含着'做学问'与'做人'的统一，'教书'与'育人'的统一，'修己'与'安人'的统一"⑤。这些价值追求需要我们在构建课程思政育人体系新型师生关系中继承发扬。伦理本质是一种道德的客观法则，表现为一定历史条件下根据社会发展需求关于优良道德的价值规范，为个人发展和社会和谐提供道德价值引领。伦理关系维度的师生关系是建立在法律关系之上的更高层次的道德约束，其区别于法律关系的根本特征是其对师生双方的非强制性，是基于自主和自觉的内生性秩

---

① 罗泽如：《主体间性教育：主体性成长的最佳路径》，《扬州大学学报》（高教研究版）2015年第4期。
② 匡文凯：《主体间性：课堂教学师生关系的重构》，《河北广播电视大学学报》2020年第4期。
③ 孟宪承：《中国古代教育文选》，人民教育出版社，2003，第209页。
④ 孟宪承：《中国古代教育文选》，人民教育出版社，2003，第95页。
⑤ 陈爱华：《试论师生伦理精神及其培育》，《高校理论战线》2004年第4期。

序。付有能在其博士学位论文《伦理关系维度的师生关系实现研究》中认为，伦理关系维度的师生关系具有评价性与引导性的统一、教育性与生成性的统一、相对性和绝对性的统一、非功利性和非强制性的统一等特点。[①] 他较为全面地分析了伦理维度下师生关系的基本特征，并提出在善恶总原则下，以公正为首要原则、幸福为目标性原则、自由为保证性原则来构建师生关系。笔者认为，基于课程思政的伦理关系维度的师生关系构建，其伦理价值追求必须立足于新时代教育伦理，围绕立德树人效能的提升来思考和实践。善恶总原则作为教育的伦理追求具有较强的指导作用，而具体到课程思政育人体系中的适切性并不是很强，不利于指导具体的课程思政实践。课程思政育人体系中伦理关系维度的师生关系构建，必须以习近平总书记关于新时代师德师风建设的重要论述精神为遵循，继承我国优秀教育伦理传统，反映教育规律和社会主义核心价值观的要求，其核心原则是真善美，基本价值理念应包括立德树人、教书育人、尊师重教、公正仁爱、责任与创新等。结合主体间性教育和以求真、求善、求美为核心的教育伦理，课程思政育人体系中的师生关系，是以真善美为根本追求，以知、情、意融合为教育目标，在教育过程中重视主体间的平等交互成长，从而实现教书与育人统一的新型关系。

二　基于课程思政的教师能力提升

主体间性教育和教育伦理维度下的新型师生关系，是根据课程思政育人体系要求提出的一种应然状态，在与具体的课程思政实践结合时，还需要依据育人实践持续探索。向理想状态靠拢的努力方向之一是立足新型关系的教师能力提升，使之更符合课程思政的要求。

一是教师课程思政育人理念的树立。思想是行动的先导，课程思政是对新时代教育规律和本质的深刻把握和科学总结，理念的创新需要实践的支撑，并在实践中得到检验更新。课程思政把广义的思想政治教育融入学校开

设的各类课程之中，其对应的教师群体也随之发生了扩充，不仅包括思想政治理论课教师队伍，而且包括高等农业院校开设的全部类型课程教师，以及这些课程或教育经验的实施主体。教师作为课程教育实施的主体，其教育观念对教育目标的实现具有决定性的作用，面对已经发生重大变化的教育理念，教师队伍教育思想观念的更新是课程思政实施的首要任务和基础性保障。特别是专业课教师、通识课教师、实践课程教师，需要从思想层面全面认识，在理解把握相关教育理念内涵的基础上，转变自身教育观念，结合自身教学活动探索实践并持续改进。

高等农业院校教师课程思政理念的培育，要从理论学习、制度规范、机制激励三个方面来统筹加强。理论学习主要通过职业培训、专业培训、教学研讨、集体备课、自我学习等形式来强化教师对课程思政理论及其内涵的理解和把握，使教师尽快熟悉课程思政的基本理论和实践要求。制度规范是指要把课程思政的理念融入学校教育教学活动的制度体系之中，通过系统完备的制度规范教师的教学活动，从而引导规训教师树立课程思政理念。机制激励则需要学校通过课程思政的运行机制和激励机制，激发教师实施课程思政的主动性，引导教师主动实施课程思政，并在课程思政实践中逐步确立课程思政的教育理念。

二是课程思政元素挖掘的能力。课程思政是要将蕴含在各类课程中的思想政治教育元素挖掘整理出来，使之成为教师课程教学的显性内容，然后采取显性和隐性的教育方式通过教学活动进行传授。各类课程中思想政治教育元素的挖掘整理，是针对专业课、通识课和实践课程教师的要求，思想政治理论课教师则更应侧重理论与实际的结合，以增强课程教学的实效。专业课是与专业方向、职业基本技能素养密切相关的一组课程，包括专业基础课、专业核心课、专业拓展课等。专业课以概念化、专门化的专业基础理论和技能为主要内容，课程内容遵循学科知识结构体系和职业发展需求导向，具有鲜明的工具理性特征。专业课思政元素蕴含在学科专业知识或知识背景之中，呈现零散、碎片化的状态。把蕴含在专业知识中的思想政治教育元素挖掘提炼出来，形成课程思政体系，这是专业课教师的基本任务。

专业课的思政元素包括三个方面。其一是专业知识内在的思政元素。如生态学、水土保持与荒漠化、林学等专业课程自身所包含的生态文明理念，以及数学专业对逻辑思维、简洁优美的内在规定。这些思政元素需要教师根据不同的专业课性质和特点进行总结整理，并在课程教学中予以融会。其二是专业知识的背景性思政元素。背景性思政元素与专业知识产生、发展、创新、运用的主体和时空密切相关，能够赋予专业知识时代、地域和文化等特殊意义，这些意义具有鲜明的思想政治教育特征，如植物繁殖育种课程中关于种质资源安全、生物育种现状的内容，就与国家粮食安全紧密相关。这部分内容需要教师结合课程内容进行整理，并进行随堂讲述、讨论和转化。其三是专业知识创新方法中思政元素的显性化。不同学科专业拥有自身规范而独特的研究方法，这些研究方法与专业知识成果共同构成专业知识大厦，这部分知识属于程序性知识的范畴。采取何种方式进行研究，很多时候涉及价值观的选择，特别是哲学社会科学等具有鲜明意识形态性质的学科、方法就属于思想政治教育的内容。这部分思政元素需要教师在课程教学中融会贯通，潜移默化地加以传递和转化。专业课教师课程思政元素的提炼挖掘，是一项长期专门的工作，不能随机放任，需要高等院校组织专门力量进行研究，形成以专业为基础的指导性纲领，再结合教研组、课程组、课程思政建设项目组等组织和团队的深入开发，力求形成一个较为完善、系统的专业课程思政内容体系，并在课程实践中持续完善。同时，要结合学校课程思政元素挖掘整理的进展情况和经验，广泛展开交流，学习兄弟院校成熟做法，编写一批符合本校人才培养需求的课程思政辅助教材和规范教案，指导全校教师进一步提高课程思政教学能力，增强育人效果。

通识课思政资源相对于专业课更多表现为显性化与隐性化的交织。通识课是为有效消除科学理性主导下"理性主义—学科逻辑"结构的专业教育弊端、摆脱困境而产生的，是基于"生活世界—实践逻辑"[①] 构建的面向受

① 陈明、王骥：《大学通识课程体系范式变革：从学科逻辑向生活实践逻辑的转换》，《江苏高教》2019 年第 7 期。

教育者生存发展的课程体系，其核心目标是教育学生学会做人、学会做事、学会学习。科学理性主义主导下的学科专业知识，以知识为出发点和归宿，具有强烈的工具理性价值，主体在发展创造知识的同时也被异化或工具化，丧失了对自身存在价值和意义的追问。同时，知识的专门化也不能提供对整体关系的理解，祛除这种异化和碎片化，就成为通识课的主要任务。通识课设置的目的是通过知识的基础性、整体性、综合性和广度的学习，拓宽学生的视野，丰富学生的内心，增进学生对人类知识及其价值的综合理解，培养学生的独立思考和判断能力、社会责任感和健全人格。根据高校类型不同，通识课的组成和结构也不同。

高等农业院校根据人才培养目标，一般应开设人文社科类、农业类、自然科学类、方法程序类等通识课。人文社科类通识课主要包括人文科学和社会科学两类，以人的内在观念、精神、情感、道德、价值以及外在客观人类社会存在为主要研究对象，具有科学认识和意识形态两个功能，并体现出科学性和价值性双重属性。这类课程因其意识形态属性，在课程思政元素挖掘方面需要教师掌握系统综合的方法，既要教会学生思考人生、完善自我、融入社会，又要结合时代发展教会学生掌握方法、学会学习、发展自我，以应对社会变革带来的冲击。农业类通识课是让学生更多地对世界和中国农业发展有全面整体性的认识，这类课程需要整体开发，是高等农业院校课程思政通识课建设的重点，如国内有些高校开设的"大国三农"系列课程。自然科学类通识课是为学生提供人类科学知识整体图景的课程体系，主要是科学素养和科学品质的培育，这部分课程在农林类高校课程设置中普遍较为薄弱，需要学校结合实际选择或开发。方法程序类通识课则属于辅助学习能力提升类的课程，其思政元素多以隐性形态存在，是高等农业院校课程思政元素挖掘的难点，需通过组织化的研究和探索形成规范体系，并在教学中予以实践落实。

三是把课程组和教研组作为提升教师课程思政素养的主阵地，并强化建设。课程思政在课程范式方面，是从"课程开发"走向"课程理解"，在哲学价值观上是由科技理性走向价值理性，主张由目标控制走向过程体验，研究主旨由实体知识走向关系建构，倡导建立人本化的"体验课程"，强调从事物的"事实关系"和"价值生成关系"中去认识把握教育的存在形态，关注课程在对象性的交往实践活动中建构其意义与价值。事实上，这种转变要求教师队伍具有较高的专业素养，单凭教师个人的努力不可能完成，需要发挥课程组和教研组等基层教学组织聚集研究设计、共同备课、共同开发的作用，即推进教师团队的行动研究。行动研究是指教师结合自己的教育实践开展的研究，旨在通过对具体教育情境、实践活动的反思总结，改善教育行为和效能，其突出的特点是为了改善实践而研究，是在解决问题基础上的教学实践创新，核心目的是改进实践而非构建理论。高等农业院校的教学组织要准确把握教师行动研究在课程思政育人中的重要意义，在健全基层教学组织的基础上，建立完善的促进和激励制度，鼓励教研组和课程组结合具体课程思想政治教育元素的挖掘、专业课程思政体系的构建、课堂教学方法的改进、活动课程的设计优化、课程思政育人成效的评价等方面开展实践创新，从而优化课程思政育人实践体系，提高课程思政实效。

四是要从严、从细抓好师德师风建设。构建高等农业院校课程思政育人体系，推进全方位全过程协同育人，教师是主体性、基础性和战略性元素。课程思政要求教师不仅要传授知识，更要将知识传递、能力培养和价值引领全面融合起来，塑造新时代堪当大任的建设者和接班人。教师不仅要解决为谁教、教什么、教给谁、怎么教的问题，还要提升自身建设以适应课程思政育人体系的需求。2013 年 9 月 9 日，习近平总书记向全国广大教师致慰问信时指出："百年大计，教育为本。教师是立教之本、兴教之源，承担着让每个孩子健康成长、办好人民满意教育的重任。"① 高校教师的职业特性和根本职责，决定了其必须是政治素质过硬、业务精湛、道德情操高尚、育人水平高超的群体。从课程思政的角度，每一个任课教师都肩负思想政治教育的职责，都是立德树人根本任务的践行者。2021 年，习近平总书记在清华大学考察时强调，教师"要坚定信念，始终同党和人民站在一起，自觉做

---

① 《总书记眼中的"人民教师"》，中国青年报网站，2021 年 9 月 10 日。

中国特色社会主义的坚定信仰者和忠实实践者"①。提高教师的政治素质、加强师德师风建设既是办好中国特色社会主义大学的根本要求、落实立德树人根本任务的内在要求，也是提高教师队伍素质的首要标准。高等农业院校要把师德师风建设作为立德树人的基础性工作常抓不懈，加快完善建设、管理、考核、评价制度体系，制度规范要与多方位评价结合，教育引导广大教师成为有理想信念、道德情操、扎实学识、仁爱之心的好老师，成为学生锤炼品格的引路人、学习知识的引路人、创新思维的引路人、奉献祖国的引路人。引导教师既当"经师"又当"人师"，成为传道授业解惑的"大先生"，成为学生成长路上的楷模和引领者。要建设一支教书和育人相统一、言传和身教相统一、潜心问道和关注社会相统一、学术自由和学术规范相统一的高素质教师队伍，为落实课程思政打牢基础。

三　意义生成的教学观

课程领域生成主义主张的个人—社会意识形态课程知识观，把个人与社会的辩证统一和相互作用联结起来，把主体与客体、事实与价值、个人与社会、微观体验与宏大叙述等范畴统一纳入课程知识，融合了课程知识的目的价值和工具价值，有效推动了教学认识论的转变。叶澜教授认为："把丰富复杂、变动不居的课堂教学过程简括为特殊的认识活动，把它从整体的生命活动中抽象、隔离出来，是传统课堂教学观的最根本缺陷。"因此，"必须突破（但不是完全否定）'特殊认识活动论'的传统框架，从更高的层次——生命的层次，用动态生成的观念，重新全面地认识课堂教学，构建新的课堂教学观，它所期望的实践效应就是：让课堂焕发出生命的活力"②。马丁·海德格尔（Martin Heidegger）和伽达默尔认为，理解是人存在或生活的一种基本方式，人只有理解了存在的意义，才能真正明白人生的意义与

---

① 韩喜平：《建设一支优秀教师队伍》，光明网，2022 年 5 月 28 日。
② 叶澜：《让课堂焕发出生命活力——论中小学教学改革的深化》，《教育研究》1997 年第 9 期。

生活价值，并以此为出发点，把理解由传统认识论问题变成本体论问题。①
由此，教育亦成为理解生存和生活意义的主要手段，通过教育实践教会学生
理解存在和生活，成为鲜活的个体，就成为教育的根本目的。熊华军指出，
大学教学实践由大学教学价值取向统领，是通达生活世界意义的实践行为。
针对"人"的意义在大学教学中的失落，提出大学教学的价值取向要由
"实体造就"转向"意义生成"，在"意义生成"价值取向的带动下，学生
是一个主动的学习者，而主动学习的过程就是情感培养、技术培训、理智培
育三位一体的过程，是学习者作为人真正在场的过程。② 把大学教学的根基
建立在生活实践之上，在教学认知方面从认知领域扩展至丰富动态的生命生
活世界，实现教育对象从知识承载者到现实生活人的转变，从而实现知识、
能力和价值的全面融合，这与高等农业院校课程思政教学的基本追求相一致，
理应成为教师开展教学的理念追求。同时，大数据、新媒体与大学教学的相
遇，也对新时代大学课程教学、师生关系重塑、教学方法的改变提出了全新
课题，与此并行的是教师观念的重塑，而不仅仅是课程思政的唯一要求。

回溯中国传统教育，"大学之道，在明明德，在亲民，在止于至善"③，
"明德"是点亮人本有的仁心、天地之性，即孟子阐发的恻隐为仁之端、羞
恶为义之端、恭敬为礼之端、是非为智之端。个体的复性明心是对天性的体
现与实践，明心、复性、致良知则立足生活实践，必须借助个人到现实生活
中去感悟体会，并据此指导个人日常生活。"亲民"则是"明德"的途径，
强调通过深入人间世俗生活，体察民情，观察人性，最终达到"至善"的
最高目标。中国古代哲学是人生哲学，是生命情感的规范而非理性规范，强
调直观感觉和体验，直至升华人生情感，生命情感是贯穿始终的主题，在其
中个人与情感是一体的，构成人及人生，而个人的界定则与家庭社会紧密联
系，是现实生活和具体社会关系中的人。教育的目标由此深入个体精神家园

---

① 王攀峰：《现代教学论的发展趋向：生活认识论的启示》，《首都师范大学学报》（社会科学版）2007 年第 6 期。

② 熊华军：《意义生成与大学教学》，光明日报出版社，2013，第 12 页。

③ 《大学》。

建设和升华，教学观随之成为面向生活的知行合一。"道不远人，人之为道而远人，不可以为道。"① 对"道"的追求一刻也不能脱离具体的生活，博学、慎思、明辨、笃行均是个体在日常生活中的生动实践。脱离具体生活实践和感性体验的中国古代传统教育，在教学认识论上是无法理解的，背离主客体统一于具体生活情境的教学观在中国传统教育中注定无法存续。因此，意义生成的教学是建立在生活认识论基础上的教学，强调从现代生活世界观出发，把认识本身视为生活，把认识看作人的现实生活的形式，当作现实的人的自我生成、自我实现和自我完善的方式。② 意义生成的教学观需要教师把学生视为教学活动的积极参与者，立足现实生活，从现实生活中的具体的个人出发，把知识的传递和人生意义的展开结合起来，揭示课程知识中包含的人文精神、生活意义和生命价值。在与具体生活情境和实践的针对性结合中，引导学生理解个人、社会、国家、世界及其相互关系，在理解中反思、在反思中批判、在批判中认同、在认同中接受，完成个体政治社会化，达成个体对生存意义和生命价值终极问题的追问和解答。

马克思主义哲学从实践的、现实的人出发，把人看作认识主体、社会历史主体和实践主体。马克思认为："因为人的本质是人的真正的社会联系，所以人在积极实现自己本质的过程中创造、生产人的社会联系、社会本质……"③ 人在本质上是一种现实性、社会性、关系性、实践性的存在，并具有历史性和具体性，社会性是根本属性，并体现为一切社会关系的总和。人的发展和完善必须在现实的社会关系中发挥其主观能动性，并通过具体的社会实践去实现，最终实现其全面发展的目标。高等教育和思想政治教育的出发点和归宿是现实社会中存在的人，对人的教育必须置于具体的社会关系中，必须在实践中发挥人的主体性，通过个人能动的实践逐步展现其社会性、发展其社会性、完善其社会性，在对社会性的把握中成为其自身。成为

---

① 《中庸》。

② 王攀峰：《现代教学论的发展趋向：生活认识论的启示》，《首都师范大学学报》（社会科学版）2007 年第 6 期。

③ 马克思：《1844 年经济学哲学手稿》，人民出版社，2000，第 170 页。

其自身意味着对个人存在本质的追问、对生存价值和意义的终极关怀有真实而清晰的认识，使其能够在对个体存在与社会关系的总体把握中成为自身的目的。这要求思想政治教育必须从认知活动转向生活实践和日常生活世界，教学活动必须关注教师和学生双方的主体性，立足现实而丰富的个体生活实践，尊重人的尊严和价值，肯定并满足人的现实合理需求。生活实践场域的思想政治教育最根本的特征在于把知识的传递扎根在丰富多彩的生活实践之中，面向现实社会生活中具体鲜活的个人，在教育者与受教育者双方的能动交流对话中实现知、情、意的意义生成，达成促进受教育者全面发展的目标。

转向生活世界和个体实践的高等教育和思想政治教育，首要的是教育者观念的转变，是教学观的重塑。教育者教学观的转变是高等教育改革的基础性先决条件，决定立德树人成效和新时代思想政治教育加强和改进的效果。纵观党的思想政治教育史，当教育者的生活实践观与受教育者的具体生活实践结合得紧密时，思想政治教育的效果就好，反之效果就不佳。特别是在革命年代，坚定的共产主义理想信念总是与受教育者具体而现实的生活实践黏合在一起，总是与教育者和受教育者共同的奋斗和实践捆绑在一起。当前，思想政治教育改革中的重点和难点在于教师教育理念和教学观念的转变，教材的规范、手段的丰富、环境的改善都不能从根本上实现改革的目标，采取针对性的培训和持续的实践，循序渐进地转变教师的教育教学观念，是加强和改进思想政治教育的基础性工作，背离这一基础的任何创新和改革都是外围的观望。

高等农业教育突出的实践性特征内在规定了其教育教学的生活认识论基础，课程思政的知、情、意统一对教师的教学观提出了生活实践的要求。因此，意义生成的教学观也就成为高等农业院校教师教育教学的基本理念，并随之对其教育教学方法提出了变更的要求。在意义生成教学观下，单纯的灌输和简单的讲授与意义达成和生命感悟的教育目标已日渐背离，已经成为新时代课程思政教育理念下教学方法的历史过客。深入变革和创新教学方法既是落实立德树人根本任务的呼唤，又是落实课程思政战略举措的基本要求，也成为加强教师职业能力建设的基本内容。高等农业教育的人才培养目标决定其必须把思想政治教育的场域定位在广阔的"三农"天地，在乡村振兴的伟大实践中发挥学生的主体性，结合学生自身的生活和社会场景，把大张旗鼓的理论宣讲和润物无声的隐性教育置于新时代农业农村现代化的火热实践中，彰显理论的生动性和鲜活性，激发受教育者学习的积极性，让教学过程真正成为个体价值和意义的生成过程，使学生在生活世界的具体实践中形成对个人存在意义的理解、对个人与社会关系的正确把握、对发展和完善自我途径的逻辑选择。

高等农业院校课程思政的特殊性还体现在其专业课教师出身大多为非师范生，没有接受过系统的师范教育，对教育学、高等教育学、思想政治教育学、教学论、课程论等理论没有进行过系统的学习，大部分教师的教育学理论素养来自入职前的短暂培训，尚未形成对高等教育和思想政治教育较为完整的理解。入职后大都陷入繁忙的日常教学科研活动，教育理念和教学观念基本来自直接或间接经验，学校的教师专业培训大多为间接经验的传授，教师行动研究缺乏理论指导且未形成成熟的机制和规模，致使专业课的教学始终处于经验领域。即便有教师开展课程思政方面的研究，相比于师范院校和综合院校教师，其研究质量也不高。在网络调查中，我们发现有的高校尚未成立教师发展中心，即便那些成立了教师发展中心的高校，从其部门职能和开展的工作来分析，部分高校在教师发展中心的定位和工作职能方面尚未厘清职业发展和专业发展之间的关系，没有形成系统的教师专业发展体系，工作的针对性不强、效果不佳，整体教育理论素养和培训工作都不足以支撑课程思政的整体推进。改革创新总是基于思想观念的更新，提升教师开展课程思政的能力，对高等农业院校来说是一个迫在眉睫的问题，这既需要国家和教育主管部门的积极推动，从制度政策层面加大支持和规范力度，也需要高校自身提高认识、建立机制、全面推动、上下联动推动课程思政的落实。课程思政是落实立德树人根本任务的战略举措，如果仅仅停留在教育部实施纲要的纸面上，没有具体措施的跟进、没有高校的具体实践、没有教师教学观念转变的支撑，就不能消除我们对这一战略实施效果的担忧。

　　观念转变的直接体现是教育教学方法的转变，结合理论考察和教学实际，高等农业院校教师意义生成教学观下的教学方法创新，总体上可从三个方向来改进。一是立足主体间性教育的教学方法。核心在于发挥教师和学生的主体性和能动性，尊重并重视学生在教学中的主体地位，改变以知识认识论为主的传统教学方法。把学生视为教学活动的平等且核心参与者，变知识传递为对话生成，在生动活泼的教学实践中激发学生参与的热情，达成意义生成的教学目标。可采用讨论、翻转课堂、小组研讨、课题研究等方法。二是从生活情境出发的教学方法。思想政治教育的实效性来自学生切身的感悟和体验，任课教师要善于把具体的理论知识传授融入现实的社会实践，让抽象的理论在与现实的映照中变得具体生动，使具体生动的实践反照理论的光芒。特别是在专业课教学中，课程思政的元素总是隐藏在专业知识的内部和背景中，为避免生硬的添加和灌输导致的抵触，具体情境和实践的结合就成为消除不满情绪的选择。可采用社会实践、教学实验、示范演示、虚拟仿真、对比分析等手段和方法。三是源自生活意义的教学方法。教师和学生总是属于特定社会的鲜活个体，总是在纷繁复杂的生活中追寻自我存在的意义，在生活世界中遇到的具体而现实的问题，总会给意义的追求带来现实的阻隔和暂时的挫败感，导致学生产生对价值和意义的消极追求甚至负面认知。这需要教师依托知识讲授把教学延展到生活领域，采取管理服务、志愿活动、生活服务、社团活动、就业服务等灵活的方法，让学生在与社会和个人的互动交往中找到生命的意义和个人存在发展的合理方式，逐步构建精神家园。当然，以上三个方面仅仅是方向性的意见，课程思政是知识、技能、价值统一于人的教育活动，教学的复杂性和教育对象的丰富性决定了其方法的多样性，没有一种或几种方法是绝对的。对放之四海而皆准的方法的追求，是对课程思政教育复杂性的忽视，体现的是观念和行动上的冷漠和懈怠。我们期望的是，教师根据教学和学生实际在实践中不断探索，而不是一味依赖外部标准做法，如此才是课程思政理念下的生动实践。

四 学生主体性德性培育

学生学习德性属于学习者主体性的范畴，是高质量教学的核心要素，关注点在于发挥学习者的学习主动性，提高学习质量，形成高质量教学氛围。习近平总书记强调："要加大对大学生的认知规律和接受特点的研究，发挥学生主体性作用。"[①] 主体性是人作为主体所特有的属性，是在同客体的相互作用中所表现出来的能动性、创造性和自主性。[②] 主体性是个体作为社会实践主体的本质属性，一般来讲包括独立性、主动性和创造性三个方面。刘庆昌基于教学伦理认为，教学角色的德性问题发生和存在于教学双方主体自身，又发生和存在于教学双方主体的教学生活关系中，作为教学主体的学习者，其德性具体包括基于权利和责任的好学，基于角色的服从，基于人性的感恩，基于修养的自律。[③] 张华峰等结合中国传统教育思想认为，大学生主体性学习指的是大学生在高校教学情境中，在处理和加工知识过程中、在激发和维持学习动力过程中、在与教师和同学交往的过程中，体现出来的自主、能动和为我的学习状态，本质上是一种由文化和时代共同塑造的本土学习特色，学习者在三个过程中分别体现出"学思结合"的认知策略、"内圣外工"的学习动机、"敬师乐群"的校园交往的主体性解释性框架。[④] 这是从学习社会性研究的角度对学习者主体性的解读。西方关于学习主体性的理论最早来自卢梭主张的学生在自然状态下成为学习的主人，后经杜威等发展，逐渐形成了基本的标准和特征，主要包括学习兴趣、深层的知识理解、积极的课堂提问等，并各有侧重地提炼和生成了深层学习、自我调节性学习、主动学习/参与等概念。[⑤] 国内有学者基于传统教育经典论述，总结出

① 《习近平主持召开学校思想政治理论课教师座谈会》，中国政府网，2019 年 3 月 18 日。

② 齐振海、袁贵仁主编《哲学中的主体和客体问题》，中国人民大学出版社，1992，第 98 页。

③ 刘庆昌：《教学主体的角色德性》，《教育理论与实践》2011 年第 10 期。

④ 张华峰、史静寰：《走出"中国学习者悖论"——中国大学生主体性学习解释框架的构建》，《中国高教研究》2018 年第 12 期。

⑤ 庞维国、薛庆国：《中国古代的自主学习思想探析》，《心理科学》2001 年第 1 期。

重视立志、学思结合、循序渐进、博约结合等中国古代学习者学习的若干主体性特征。①

　　课程思政是知、情、意统一的教育实践，教学者和学习者主体作用的发挥是实现教育目标的一体两面。在意义生成教学下，教学从认知场域走向生活实践天地，学习者不再是被动的客体或被遮蔽的对象，而成为主动学习的主体，教学随之成为在特定情境中师生立足生活实践而展开的意义生成过程。该过程体现了知识传授、技能培养和价值引领的统一，强调教师和学生双方主动性和创造性的发挥。课程理解范式的人本建构理论则认为，课程知识涉及学习者、社会、学科知识三个基本范畴，课程研究框架的逻辑起点是学习者，从而区别于开发范式的学科知识—社会—学习者框架，实现从"工具理性"主导的以外在性知识为中心的价值追求向"解放理性"主导的以学习者为中心的价值性主体发展目标转变，强调课程是主体在特定情境下体验、反思、交往、对话与意义建构的统一。因此，意义生成的教学既是对课程范式转换的回应，也对学习者主体性发挥提出了内在要求。马克思从社会关系和实践两个方面来认识人的本质，海德格尔和伽达默尔把理解提高为人的存在或生活的基本方式，这都为意义生成的教学提供了本体论的依据。意义生成的教学需要学习者具备一定学习德性，需要发挥学习者的主体性，既要扎根中国传统教育思想汲取思想营养，又要考察西方关于学习者主体性的相关理论，从而构建合规律性和合目的性相统一的学习者德性内容。鉴于此，立足生活实践从理解的角度构建学习者主体性德性方向性构架，是意义生成教学下的合理选择。本书从课程知识的意义出发，走进教学场景，通过存在意义的逻辑路径来梳理学习者的主体性德性的基本构成，而生活实践和理解则是解释和贯穿整个过程的主线。

　　首先，从课程知识的意义出发，无论是认识论、生成论还是存在论的知识观，都不能否认课程知识具有的客观性，这是知识得以保存和传递的基

① 张华峰、史静寰：《走出"中国学习者悖论"——中国大学生主体性学习解释框架的构建》，《中国高教研究》2018年第12期。燕良轼、曾练平：《现代视野中的中国古代若干学习策略》，《湖南师范大学教育科学学报》2012年第4期。

础。课程知识的客观性蕴含着普遍性、逻辑性以及程序的规范性，是人类对自然界和主观世界规律的把握和理解，表现为主体在实践中对客体规律的认识，体现的是人类在与客观世界的相处中积极探索、持续改善生存状况的求实态度，表征为人类与其自身以外环境关系的和谐与冲突的统一。其次，人文社会知识的历史性和文化性，体现的是不同时代不同境遇中的人类面对自身、社会、自身与社会、自身与他人而进行的深入思考。这类知识具有鲜明的人文底色，是对人作为类和个体存在的规范、规律的深沉思考，是对生命价值、存在意义的终极追问和探索，这些知识共同构成并维护人类的精神家园，给孤独存在的人类提供勇气和方向，表现为人类对自身的认知理解及调整和解。两类知识分别代表了人类在存续和发展中对内外部环境及其与自身关系从敬畏到认识规律的不断探索追问，并在探索实践中形成了规范的程序性知识，从而把人类定位在规范治理之下追求善的存在，把个人定位为追求幸福的道德主体。教育的意义在于尽可能多地把这些求真、求知、求美的"理解"保存、传递下去。立足生活实践的学习者，需要把知识的习得放置在生命存在的生活世界场域中，在丰富的现实生活中理解知识的意义，理解作为类的人的存在和意义表达，体悟其背后的勇毅和永不懈怠。由此，延伸出学习者主体性的第一个德性——求真的探索精神，具体包括：对自然与人类自身的敬畏之情、对已知的怀疑批判态度、对未知的积极探索意识、对规律与真理的不懈追求态度、对程序的尊重与改进，以及勤学、明辨、笃实等。这部分德性共同指向求真的探索，构成学习者主体性发挥的基础性德性，是祛除了功利主义、工具主义、科学主义遮蔽的深层次德性，是学习者进入高等教育领域对微观个体和宏大叙事的负责和完善。延伸到方法领域，则包括深层学习、自我调节性学习、主动学习/参与、学思结合、学以致用、知行合一等。

走进教学场景的学习者首先面对的是教学的另外一个主体——教师。协调二者的关系成为学习者主体性发挥的主要方面，目标是采取何种方式能够指向高质量的教学和更高质量的学习效果，从课程思政的角度来讲，即达成立德树人的教育目标。以追求真善美为共同价值的教学主体，体现为一种新型的伦理关系。这种伦理关系能够增进学习者求知的欲望，最大限度调动学习者参与教学的积极性；最大限度维护教师的尊严，形成一种和谐的师生关系，进而促进教育目标最大限度达成。马克思主义认为，实践是现实的感性的人在现实生活中的实践活动，是在一定社会关系中实现主体和客体能动统一的活动，是人类特有的生命存在方式。高等农业院校受教育者的学习是发生在高等院校这一特定场所中、学习者与课程知识的能动统一的实践活动，主要体现为教师和学生之间因教育而形成的特殊关系，对这一关系的理解就构成了主体性作用发挥的决定性因素。首先，要尊重继承并改进中国古代教育思想中尊师重教的优良传统。中国古代从社会伦理出发来构建师生关系，赋予教师崇高的地位，对师道尊严的维护被纳入基本的社会关系范畴加以强化。所谓"一日为师，终身为父"，尊师重教的传统成为中华文明的构成元素，成为社会秩序的制度性规定，虽有压抑学习者主体性发挥的消极作用，但对教师责任方面也提出了更高的要求。师道尊严已经融入中国教育思想的血液，至今仍然具有巨大影响和深远的现实意义。习近平总书记提出的思想政治理论课教师要成为学生锤炼品格的引路人、学习知识的引路人、创新思维的引路人、奉献祖国的引路人，就是这一思想在新时代的阐释。因此，尊师重教就成为学习者主体性发挥的主要德性，当然这里的尊重是建立在教师德性的完善之上的，包括在现实教育活动中展现出来的渊博的知识和高尚的情操两个方面。学习者在具体的教学实践活动中能够真切地体会到教师因知识渊博而派生出来的权威性，因情操高尚而产生的对学生思想和行动的示范性，从而使学生产生发自内心的尊重和尊敬。其次，要在主体间的平等交互成长中发挥学习者的主体性。教学作为一种特殊社会关系下的实践活动，学习者单方面的尊重并不会自然地导致能动性的激发，而是在一种平等的尊重和对待关系中才能奠定学习者主体性发挥的基础。平等对待的主体间需要建立一种合作的心理机制来保证知识和意义的生成，这种机制在现实教育活动中体现为协作的品质，是对教学这种特殊社会关系实质的理解和处理。由此，尊重协作就成为学习者主体性作用发挥的策略性德性，包括尊重、感恩、合作、团结、交流、开放等品质。延伸到具体教学方法上，则表现为平等对话式的交流研讨、主题项目式探究、礼仪和规范的示范、小组和团队式的学习等。

对存在的方式、价值和意义的追问始终是个体存在的出发点和归宿，对存在意义的追问是学习者接受教育的终极目的。在现实而具体繁杂的生活世界中，人因其本体的不完善性，必须为其存在找到超越物理性存在的终极意义，从而构建精神家园以浸润、滋养、支撑有限的生命历程，表达符合时代和个体的意义。学习是人实现自身发展完善的实践活动，学校学习是学习者与学习内容、环境、参与者相互作用、主体客体化和客体主体化的过程，学习者通过学习既可以改变客观世界也可以改变主观世界，既内化社会文明又改造主观世界、成就自我。我们反思基于认识论的讲解式、灌输式教学，是因为其脱离具体生活实践，把意义直接给予和呈现给学习者，缺乏与学习者现实生活经验和具体实践的联结。这种简单移植在学习者身上并不能找到合适的土壤，与学习者努力对应的是一大堆的符号形式的概念和命题，学习者自身生活实践和经验与讲解的知识不能形成互证，理解就不能发生，意义的产生也就无从谈起。学习是个体对人类本质的主动占有和再生产，即在改造客观世界的实践中，发展文明并完善自我，是知识文化的再生产和个人素质的再塑造。学习既能满足个人的物质生活需求从而提高人的生存能力，又为人的精神生活提供养料。现实的生活世界和生活实践是学习者生存的具体境遇，解决学习者现实生活中的问题，提高学习者解决具体生活实践中存在的问题的能力，增强学习者应对未来不确定性的处理能力和从容品质，是学习的基本目标。作为精神性的存在的人，还有超越其物理存在的精神追求，因而并不能从存在的领域里获得意义。也就是说，对人的理解仅仅在物质世界中还是不够的，物质层面的人仅仅是停留在生存层面的人。人和做人是两个不同的概念，存在还不能提升到使命和意义的高度，人不仅存在，还需要与意义联系起来，意义的生成和表达必须再回到人的现实而具体的生活实践中去寻找，而学习就是从存在到存在的意义追寻的过程，实现从人到做人的转变。因此，有效的教学和学习是把真理问题与生存问题、认识与人的全部境遇、意义与生存结合起来的，与采取何种哲学态度和教育理念无关。人的全部生活境遇和实践通过与学习结合，使学习者获得对自身、自身与社会、自身与他人的理解，并在理解中达成谅解、学会宽容、主动协作、追求自由、管理自我，发展起自我关怀、自我管理、自我发展的生命存续机制。由此，自我管理和发展成为发挥学习者主体性的目的性德性，主要包括自尊、自爱、自省、自律、宽容、审美、勤劳、追求超越等品德，为学习者持续学习提供源源不断的动力，并促使终身学习成为可能。

第六章

高等农业院校课程思政的组织领导

　　高等农业院校党委是课程思政育人体系组织运行的主导要素，在课程思政运行实施中起到指导、指挥、运行、控制的作用。中国特色社会主义大学的本质特征是党的领导，坚持和加强党对高等教育事业的领导，贯彻党的教育方针，坚持社会主义办学方向，就是要坚持马克思主义在意识形态领域的主导地位，并为坚持马克思主义在意识形态领域主导地位的根本制度打牢思想基础。高等农业院校课程思政育人体系的构建立足于强化思想政治教育，为党育人、为国育才，为农业农村现代化培养德智体美劳全面发展的高层次、高素质建设者和接班人。发挥高校党委对课程思政育人体系的主导和控制作用，既是中国特色社会主义大学的根本要求，又是其本质体现。高等农业院校课程思政育人体系的主导功能，即高校党委对课程思政育人体系设计、运行、评价等过程的领导和控制能力。与其他要素或子系统相比，主导要素体现为关键核心地位和引领发展作用，其作用和功能是其他任何系统都不可超越和替代的，具有统领全局、把握方向、组织领导、控制运行、评价调整的功能和作用。

一　学校党委的统筹主导

　　习近平总书记在全国高校思想政治工作会议上强调，高校党委对学校工作实行全面领导，承担管党治党、办学治校的主体责任，执行把方向、管大

局、做决策、保落实的基本职能。在高等农业教育课程思政育人体系建设方面，高校党委要更新教育理念。课程思政是新时代落实立德树人根本任务的战略举措，是为提高人才培养质量，挖掘利用各类课程的思想政治教育元素，发挥各类课程育人功能，在教育活动中实现知识传授、能力培养和价值培育统一的教育理念。教育理念是一个历史的认识范畴，关涉我们对社会发展趋势与教育功能作用关系的把握，随着社会发展和教育实践不断更新调整。进入新时代，坚持教育为社会主义现代化建设服务、为人民服务，教育与生产劳动和社会实践相结合，培养德智体美劳全面发展的社会主义建设者和接班人，成为党的教育方针。为全面落实党的教育方针，解决培养什么人、怎样培养人、为谁培养人的根本问题，党中央提出教育的本质和根本任务在立德树人，立德树人成效成为检验高校教育教学工作的基本标准。课程思政作为新时代落实立德树人根本任务的战略举措，要树立把高等教育置于百年未有之大变局、中华民族伟大复兴的时代背景下思考的教育理念。高等农业院校党委必须深刻把握课程思政的时代背景和内涵，围绕知农爱农新型人才的培养和质量提高，结合终身教育、素质教育、创新创业教育、协同教育、环境教育等理念，围绕办学定位和服务面向，分析高等农业教育的特殊性，把握课程思政的普遍性，从宏观教育理念上认识课程思政在贯彻党的教育方针、坚持社会主义办学方向、实现中华民族伟大复兴中的极端重要性；同时，也要从凸显办学特色、提高思想政治教育的针对性和实效性、提升人才培养质量的微观层面，认识课程思政在办学治校中的统领作用。以课程思政教育理念为主导，统领其他教育理念，把课程思政育人理念贯彻落实到教育实践中，指导教育教学活动。

高校党委课程思政育人理念的树立，包括思想层面和实践层面。思想层面要求高校党委要认识教育理念是合规律性和合目的性的统一。结合新时代高等教育改革发展趋势，认真组织学习、研讨高等教育学原理、思想政治教育学原理，掌握新时代高等教育的基本规律和人才培养基本规律，全面学习领会习近平总书记关于教育的重要论述，把握新时代高等教育的深刻内涵和改革发展要求。在理论学习的基础上，围绕培养什么人、为谁培养人的根本问题，结合教育实践经验进行总结提炼、概括升华，获得对办学治校具有普遍指导意义的思想认识。理论层面的课程思政理念的树立，必须是高校党委领导班子的共识，不仅仅是党委书记、校长和分管领导教育理念的更新，而是包括党委领导班子整体教育理念的统一更新，并逻辑地延伸到各职能部门班子和基层党组织班子成员等领导群体。课程思政的全过程、全方位、全员育人性，决定了教育理念的更新涵盖学校各级领导群体，从而形成育人合力，贯穿始终。理论层面课程思政理念的树立，要求高等农业院校党委要采取以中心理论组学习为主的多种学习方式，以讲、评、谈、论、述等基本方式，邀请专家讲清基本原理，组织论坛进行专题分析研讨，结合实际反思融会。克服凭经验办学、跟风学样依葫芦画瓢、上下认识不统一、认识与实践脱节等现象。高校党委课程思政教育理念的更新是思想提升到认识统一的过程，是教育工作者对教育实践的理性思考，反映高校党委集体对高等教育发展趋势和思想政治教育规律的准确认识。不能指望所有问题在一次教育观念讨论和理论学习中全部解决，更要摒弃只针对少数群体而忽视整个管理群体的做法，课程思政育人体系的整体性、协同性、系统性决定了该项工作的长期性和全面性。

实践层面课程思政理念要树立围绕怎样培养人的根本问题展开，指向以何种模式、方式、机制、技术、规范来推进课程思政工作，即如何把课程思政育人理念落实到办学治校的各个方面、全部领域，表现为把理论层面的理念落实到实践层面，形成理论指导下实践的改革创新，这是在学校党委领导下对课程思政实施具体领域工作的研究、布局、安排和部署。包括课程思政专门领导小组的成立、制度体系的制定构成、运行机制的配套健全、教育评价体系的改革推进、教学管理和运行体系的适应创新、教学方法的改进适切等，还包括在课程思政理论主导下，主体性教育、环境教育、创新创业教育、情境教育等具有实践取向的教育理念的融合运用。实践层面课程思政教育理念的树立，必须立足党委领导下的校长负责制这一根本制度。党委重点在思想层面进行教育引导，并就课程思政的方向、目标、范围、要求等进行决策部署，校长根据党委的决策部署就具体制度、机制、体系等研究提出具体方案并推动实施。要避免党委代替或弱化校长办学治校作用发挥的现象，发挥校长和校长办公会在落实课程思政育人中的主体作用，形成党委领导、分工负责的领导机制。课程思政理念的树立表现为具体实施制度设计和运行机制构建，并在制度和机制的运行中进一步强化思维层面的理念，这是一个理论和实践融合的过程，也是一个把理论层面的理念深化、具体化的过程。该过程要求学校党委对课程思政育人体系的组成要素、结构功能及其地位作用、相互关系等有清晰明确的认识，在科学判断的基础上构建全面系统的课程思政育人体系，形成党委领导、协调各方的育人合力，构建基于共同的认识、统一的价值观、相互依存、协同互动的课程思政共同体。①

二　党委职能部门的组织协调

习近平总书记在第二十三次全国高等学校党的建设工作会议上强调："办好中国特色社会主义大学，要坚持立德树人，把培育和践行社会主义核心价值观融入教书育人全过程；强化思想引领，牢牢把握高校意识形态工作领导权；坚持和完善党委领导下的校长负责制，不断改革和完善高校体制机制；全面推进党的建设各项工作，有效发挥基层党组织战斗堡垒作用和共产党员先锋模范作用。各级党委和宣传思想部门、组织部门、教育部门要加强对高校党的建设工作的领导和指导，坚持党的教育方针，坚持社会主义办学方向，加强和改进思想政治工作，切实把党要管党、从严治党落到实处。"②2021 年新修订的《中国共产党普通高等学校基层组织工作条例》在第七章"思想政治工作"中规定："高校党委应当牢牢掌握党对学校意识形态工作的主导权，统一领导学校思想政治工作。发挥行政系统、群团组织、学术组

---

① 费迪南·滕尼斯在《共同体与社会中》认为，共同体是基于情感、习惯、记忆以及地缘和精神而形成的一种社会有机体，每个共同体成员具有共同的传统和价值观，彼此相互依存，亲密互动形成共同成长的整体。

② 《习近平就高校党建工作作出重要指示强调坚持立德树人思想引领　加强改进高校党建工作》，中国政府网，2014 年 12 月 29 日。

织和广大教职工的作用，共同做好思想政治工作。"据此，高等农业院校党委要发挥办学治校中统揽全局、协调各方的作用，落实把方向、管大局、做决策、保落实的主体责任，统一领导学校思想政治工作，发挥学校党委内设的宣传部门、组织部门、学生工作部门以及共青团、学生会等群团组织的作用，在工作中形成党政齐抓共管、协同育人的工作格局。学校党委内设职能部门，根据学校党委的决策部署，细化课程思政育人体系各子系统运行的具体设计和统筹安排，从操作层面完善课程思政育人体系推进的技术、模式、程序和方法等。

（一）党委宣传部牵头组织

党委宣传部是高校意识形态领域的主管部门和思想政治工作的职能部门，主要负责理论武装、宣传舆论导向、形势政策教育、思想政治教育、精神文明建设和校园文化建设等工作。高校党委宣传部门从职能上与课程思政的建设目标和内容具有内在一致性，是落实学校党委课程思政教育理念、贯彻课程思政决策部署的主导部门，在课程思政育人体系的主导要素中具有统筹职能，是学校党委领导下组织实施的牵头部门，主要承担学校课程思政育人体系的具体设计、运行、协调和考核考评等职能。高等农业院校党委宣传部发挥组织协调的主导作用，核心是把课程思政育人体系的运行实施与部门职责全面结合起来。党委宣传部负责的师生理论武装、思想政治教育、精神文明建设、校园文化建设、宣传舆论导向等工作，都属于思想政治教育的范畴，本质上属于意识形态工作，即牢固树立马克思主义在高等教育领域的主导地位，用马克思主义中国化时代化的最新成果武装师生，从教育形态上更多体现为显性教育。高等农业院校的思想政治教育是有组织、有目的、有计划地对师生开展马克思主义、社会主义核心价值观、时代精神、民族精神、人文精神、科学精神、"三农"思想等系统教育的实践活动，从课程思政教育理念出发，涵盖推进思想政治理论课的改革创新、专业思政、课程思政、精神文明建设、校园文化建设，以及管理育人、服务育人、科研育人等各领域。

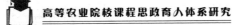

在具体职责中，党委宣传部门围绕四个方面开展工作：一是课程思政育人体系制度体系构建；二是课程思政运行机制的完善；三是课程思政考核评价体系建设；四是课程思政实施过程的协调改进。制度体系是课程思政落实的基础性条件，科学完备、系统完善、协同配合的制度体系是课程思政实施的基本保证，是课程思政育人体系效能的稳定支持。制度体系是课程思政育人体系正常运行的关键，与学校章程、战略规划、组织结构、权责体系、工作流程等密切相关，具体涉及课程思政实施的主体、策略、方法，课程思政实施各要素的结构、权责以及考核评价等。总体来讲，主要包括职能分配制度、责任分担制度、过程和结果考核评价制度三个方面。职能分配制度主要对学校各单位在课程思政育人体系中的职能、地位、作用进行明确界定，核心是构建校内各单位在课程思政育人体系中的结构功能，确保各部门的职责清晰，并在具体实施中能够相互支撑、相互依存、相互配合。责任分担制度主要是在结构功能明确的基础上，界定各实施部门的责任范畴，确定课程思政育人体系中的主体责任、辅助责任、监督责任以及职能责任和个人责任等。运行机制则指为确保课程思政育人体系效能提升和目标实现而建立的消除障碍、激发动力、汇聚资源、协同育人的运行体系。课程思政育人体系的职能分配制度仅仅是从职责功能的角度对相关主体、程序、策略进行规定，在实际运行中还必须立足效能提升，建立资源统筹汇聚、主体动力激发、协同育人等方面的配套机制，确保分配的职能和责任在实际运行中得到落实和保障。过程和结果考核评价制度是检验课程目标落实的关键环节，也是课程思政育人体系构建中的难点和重点。思想政治教育是对人的思想进行改造转化的实践活动，具有教育主体的复杂性、教育过程的复杂性、教育内容的多样性、教育环境的多元性以及教育效果的滞后性等特征。一般意义上的定性和定量评价均不能全面反映教育的真实效果，高校课程思政时空的限制也使考核评价缺乏全面性，兼顾教育者和受教育者两个主体的考核评价则很难把握其各自侧重的方面。基本的思路是，结合课程思政育人体系的各要素及其结构功能，定性和定量评价相结合、理论考核和实践评价相结合、学期和长远相结合、校内和校外相结合，抓住关键要素，合理确定各要素在育人体系中的比例构成，在实践中动态调整，在总结检验中持续改进。

与此同时，高校党委宣传部门还可以从宣传和舆论引导的职能出发，实现对课程思政的引导和加强。宣传舆论引导从课程思政的角度则更多指向思想政治教育的途径方法，指向用正面宣传、示范教育、激励熏陶等方式及时宣传党的政策理论，在传播正能量的过程中凝聚人心，使学校党委办学治校理念与党和国家的要求保持高度一致，使师生的思想政治认识与办学方向保持同步更新。高校思想宣传工作，担负为夺取新时代中国特色社会主义伟大胜利、实现中华民族伟大复兴的中国梦提供思想保证、舆论支持、精神动力和文化条件的重大历史任务。习近平总书记在 2018 年全国宣传思想工作会议上指出："宣传思想工作是做人的工作的，要把培养担当民族复兴大任的时代新人作为重要职责。重中之重是要以坚定的理想信念筑牢精神之基，坚定对马克思主义的信仰，对社会主义和共产主义的信念，对中国特色社会主义道路、理论、制度、文化的自信。"① 宣传舆论引导在课程思政方面的特殊性在于其实效性、宣传性、示范性。高等农业院校党委的宣传工作，要结合形势与政策教育，在加强一般舆论宣传的同时，重点加强对党的"三农"政策、农业农村改革、乡村振兴实践的宣传教育，及时补充课程思政的内容，提高思想政治教育的实效性。

（二）党委组织部协同配合

高等农业院校党委组织部主要负责党的组织工作，在课程思政实施中主要从党课教育和典型培育两个方面推进工作。一是构建党课与课程思政协同的育人体系。党课是共产党员的必修课，是学校党委为对党员和入党积极分子进行教育而开设的专门课程，主要内容是宣传党的路线、方针、政策，进行党性、党纪和党的基本知识教育。党课的培训对象主要是党员和入党积极分子，包括学校的党员领导干部、后备干部、中青年骨干、党员、入党积极分子和发展对象等。高校党课在课程性质上属于学校党建的主要方式，在课

---

① 梁建勇：《筑牢精神之基》，《求是》2018 年第 18 期。

程形态上属于学校思想政治理论课的一种，二者在目标任务、教育方式上具有高度的一致性，在课程内容上存在高度的重合性。教育对象是高校的先锋队和中国共产党的后备军，在思想政治教育中具有示范引领、模范带头作用，对促进思想政治教育具有十分重要的意义。结合课程思政，高等农业院校对党员干部的教育可以有针对性地增加农业院校课程思政的内容，教育引导学校管理层尽快树立课程思政育人理念，为课程思政高效实施提供行政管理保障，为构建"大思政"格局凝聚共识、打牢思想基础。对学生党员和入党积极分子进行的培训，要在党史、新中国史、改革开放史、社会主义发展史的讲授中，专题就"三农"工作进行重点讲述，让学生从思想上认识"三农"工作在中国共产党革命、建设、改革开放和新时代的重要性，理解党的"三农"政策，实现党建与课程思政的协同，培养建设一支知农爱农的骨干学生队伍；实现党建工作与课程思政的有机结合，教育者与受教育者课程思政的协同推进。

二是培育树立课程思政育人典型。发挥先进典型的示范作用，是中国共产党思想政治教育的重要工作方法，在课程思政实施中培育和树立典型是增强育人效能的重要举措。现阶段课程思政在高等农业院校的实施基本处于探索时期，各高校根据《高等学校课程思政建设指导纲要》，结合本校实际进行了大量的探索，但总体上尚未形成较为统一的实践模式，甚至未达成对课程思政概念的共识。本书把课程思政界定为一种教育理念，从实践角度更容易融合高等农业院校已经开展的思想政治教育的考量。如果从教学和课程层面进行定义，则容易窄化思想政治教育的范畴，与构建"大思政"格局、把落实立德树人根本任务贯穿到人才培养体系的基本要求不一致。在高等农业院校课程思政育人体系构建中，有必要采取普遍推进与典型示范的方式，在整体推进中总结反思、在典型培育中提炼经验。注重在普遍推进中发现优秀代表和典型做法，通过立项资助进行重点培育，对实践中总结得出的经验进行系统研讨并形成理论和模式，及时进行示范推广，带动全校课程思政实践整体提质增效。要建立激励制度，分门别类设立课程思政建设专项，鼓励相关部门和教师立足本职工作积极探索，对实践中涌现的先进典型要及时进行表彰奖励，发挥榜样的示范和引领作用，在全校营造课程思政顺利运行的积极氛围。要把奖励列入学校部门考核和教师岗位考评、职称晋升中，使其成为基本职责并融入日常工作，成为一种自觉。制度规范和激励机制相互配合、共同发力，调动全校上下参与课程思政建设的积极性，发挥各级管理服务部门和教师在课程思政建设中的主动性，形成全员重视、持续推进的工作氛围，让课程思政的教育理念深入人心，激发课程思政推进的内生动力。

（三）党委学生工作部门的辅助

党委学生工作部门主要围绕与学生管理、教育和服务密切相关的群体开展工作。首先是辅导员队伍。辅导员是学校思想政治教育工作队伍的重要组成部分，是高等学校学生日常思想政治教育和管理工作的组织者、实施者、指导者。辅导员是与大学生日常学习生活接触最多、了解最多的群体，处在高校课程思政的一线，对课程思政的实施具有基础性的支撑作用。2005 年《教育部关于加强高等学校辅导员、班主任队伍建设的意见》指出："辅导员、班主任是高等学校教师队伍的重要组成部分，是高等学校从事德育工作、开展大学生思想政治教育的骨干力量，是大学生健康成长的指导者和引路人。"根据 2017 年教育部颁发的《普通高等学校辅导员队伍建设规定》，高校辅导员的职责包括：思想理论教育和价值引领、党团和班级建设、学风建设、学生日常事务管理、心理健康教育与咨询工作、网络思想政治教育、校园危机事件应对、职业规划与就业创业指导、理论和实践研究。综合起来就是思想政治教育、班级管理和咨询服务三大职能。辅导员工作职能涵盖思想政治教育的方方面面，体现出与学生日常学习生活紧密结合的特征。因此，辅导员发挥课程思政育人作用，要把日常管理服务当作课程来组织安排，从目标、实施和评价环节精心设计，构建体系化的工作内容，形成规范化的工作流程，避免陷入日常繁杂工作而导致本职职能不能发挥。把思政教育融入日常管理工作，是辅导员开展思想政治教育工作的主要方式，学生综合素质测评、贫困生资助、就业、心理健康、学风建设等工作都与学生健康成长成才息息相关。辅导员要善于把解决学生学习生活中的实际问题与思政工作结合起来，善于在问题的沟通解决中，把问题转化为教育效果，增强思想政治教育的亲和力，成为学生成长成才的人生导师和健康生活的知心朋友。学校层面要根据中宣部、教育部的要求配齐配好辅导员，建立完善的辅导员职业发展管理和激励制度，确保辅导员队伍成为课程思政育人的中坚力量。

其次是班主任队伍。班主任是课程思政育人体系中最基础的主导要素，是基于班级集体而配备的学校教育的具体执行者、领导者和组织者，担负贯彻落实党的教育方针、开展思想政治教育、班风建设、党团组织建设、日常管理服务等多项职能，是辅导员职能的具体分担者、学校思想政治教育的骨干力量。在高等农业院校课程思政育人中，班主任是主导要素中的最基础单元，是联系每一个学生和课程教师、学校和家庭、学生和班团组织的桥梁和纽带，是课程思政的具体践行者。班主任的工作职责要求其必须全面了解班级里每一个学生的思想、学习和生活状况，这是针对性开展思想政治教育的前提，也是隐性思想政治教育与显性思想政治教育全面结合的主要领域。建设一个团结向上、奋进有为、朝气蓬勃的青年学生集体是班主任工作的核心任务，其关键是正确把握思想政治教育的方式方法。班主任要尽量避免采取理论灌输的方法进行思想政治教育，要充分利用自身掌握的丰富个体信息，综合利用单独咨询、班级活动、团支部组织生活、主题党团日活动等方式，设计好活动课程的内容和形式，用大学生喜闻乐见的方式、容易接受的形式开展思想政治教育，在潜移默化、润物无声中因材施教。要把优良班风建设作为工作的重点，建立与各课程教师、辅导员、学院党委、学生工作部以及家长的日常沟通机制，及时反馈学生思想政治教育中的问题，为学校改进工作提供来自一线的针对性意见。要选配好班委和学生宿舍舍长，高度重视高质量学生骨干队伍建设，发挥学生骨干队伍在优良班风建设中的榜样示范作用，刚性约束、人性管理和活动课程全面融合，教育和自我教育全过程融通，把党的教育方针、思想政治教育的目标融化在日常工作中，增强课程思政育人的亲和力和针对性。学校层面要立足课程思政，建立班主任工作条例，明确班主任工作的要求、职责、考核、评价、奖励、津贴等，用制度的稳定性推动班主任队伍健康发展。

特别需要强调的是，有的高校为规避教师担任班主任积极性缺乏的现象，把担任班主任工作列为岗位考核和职称评定条件，这种做法与教育部对班主任的基本素养要求和班主任工作的职责存在严重的不一致。班主任是学校思想政治教育的骨干队伍，有严格的岗位素养要求，是确保人才培养质量的主要育人要素，强制要求普通教师担任班主任，既不能调动教师担任班主任的主观积极性，也不能保证班主任队伍的素养，最终会损害学校思想政治教育的效能，导致人才培养质量的下降。妥当的做法是，健全完善班主任工作激励制度和选拔制度，提高班主任待遇，规范班主任任职资格，把符合条件、热爱学生、热心服务的教师选拔出来，建立经常性培训制度，建设一支与课程思政教育目标要求相一致的班主任队伍。

（四）基层党组织的细化落实

高校基层党组织主要指学院党组织领导下的教工和学生党支部，是高校党委贯彻立德树人的"一线指挥部"，是党在高校工作的组织基础，其核心是发挥其战斗堡垒和先锋模范作用，贯彻高校党委贯彻党的教育方针、坚持社会主义办学方向。高等农业院校基层党组织是细化课程思政育人体系、具体落实课程思政育人的基础单元，在学校党委课程思政育人系统中处于基础性地位。在课程思政育人体系构建中，主要承担细化体系和丰富实践两方面的职能。体系构建上，要结合学校党委的课程思政理念、基本体系、基本要求，围绕"一懂两爱"知农爱农型建设者和接班人培养，把课程思政育人理念融入学院各级党组织建设，围绕立德树人根本任务构建学科思政、专业思政、课程思政育人体系，把思想政治教育贯穿到教材体系、教学体系、学科体系、管理体系和服务体系，形成学校课程思政的基础支撑体系。在丰富实践方面，一要持续完善党政联席会议运行机制，合理确定议事范围，对涉及学院办学方向、意识形态、学科建设、人才培养方案、专业建设、教材建设、师资队伍建设以及师德师风、教学改革、评优奖优等与思想政治教育关涉的重大事项，要明确学院党组织参与决策、审议、审定的职权，确保学院党组织把方向、管大局、做决策、保落实作用的发挥。要根据学校党委课程思政的总体安排，结合学院人才培养目标，研究调整人才培养方案、优化课程结构、提高管理服务效能，把课程思政融入"三全育人"各环节，深入推进"三全育人"和"大思政"格局构建和改革。积极探索在学术性组织中加强党的建设、加强课程思政的有效举措，确保党的教育方针在学院的贯彻落实。二要加强学院党支部建设。要严格贯彻落实《中国共产党支部工作条例》，严格"三会一课"制度，增强支部的政治功能，发挥师生党员的先锋模范作用。保证并监督党的教育方针贯彻落实，巩固马克思主义在高校意识形态领域的指导地位，加强思想政治引领，筑牢学生理想信念根基，落实立德树人根本任务，保证教学、科研、管理各项工作与课程思政有机衔接，形成稳定的长效机制。

三　共青团育人作用的发挥

高校共青团工作是高校党的建设和思想政治工作的重要组成部分，事关落实教育立德树人根本任务，事关共青团履行为党育人政治职责。[①] 共青团组织是党的助手和后备军，担负团结凝聚广大同学听党话、跟党走的使命责任，具有鲜明的政治属性、政治功能和政治定位，在大学生思想政治教育中发挥主力军的作用，是高等农业院校课程思政育人体系主导要素中的重要组成部分。习近平总书记在全国高校思想政治工作会议讲话中明确将共青团干部作为高校思想政治工作队伍的重要组成部分，特别强调要注重发挥共青团、学生会组织和学生社团的作用，重视加强第二课堂建设，重视以文化人和实践育人。

共青团发挥课程思政育人作用，主要包括组织育人、服务育人、活动育人三方面。高校共青团组织是共青团系统组织最健全、地位最关键、职能发

---

① 《共青团中央　中共教育部党组印发〈关于改革创新高校共青团工作　切实增强思想政治引领实效的若干措施〉的通知》，共青团中央网站，2022 年 6 月 7 日。

挥最好的组织体系，其核心职责是在服务青年、团结青年、凝聚青年的过程中教育青年成为中国特色社会主义事业的合格建设者和接班人，不断扩大党执政的青年基础，培养一代又一代为中华民族伟大复兴而奋斗的有为青年。2022 年共青团中央、中共教育部党组印发的《关于改革创新高校共青团工作　切实增强思想政治引领实效的若干措施》要求：强化团组织的政治功能，压实校、院系团组织对学生会、学生社团指导管理的工作责任，从工作职能协同、组织体系设置、骨干力量配备等机制上强化团组织思想政治引领，指导学生会重点做好服务同学需求，促进学生社团更好培养同学兴趣特长，努力形成育人合力。高校共青团组织除拥有从学校到学院、班级、学生社团固定的团组织体系外，还针对具体的活动和主题建立了临时团组织，形成了日常稳定和临时动态结合的全覆盖组织工作模式。同时，还负有对学生会、学生社团的思想引领和工作指导职能。在课程思政中，一要利用好团校、三会两制一课制度机制，加强课程体系、师资队伍、教学管理和平台载体建设，围绕培养中国特色社会主义合格建设者和可靠接班人的根本任务，紧盯高校中心工作服务大局，构建分层分类教育体系、党团共建协同联动体系、党政团资源共同开发体系，坚持不懈地用马克思主义中国化时代化的最新成果、习近平新时代中国特色社会主义思想武装团员青年，结合青年思想实际和青年运动新趋势，增强理论的青年化阐释和元素化解析[①]，理论宣讲和活动课程结合、显性教育和隐性教育融合，持续对青年学生开展理想信念教育、社会主义核心价值观培育、政治素养涵育，打牢青年学生听党话、跟党走的思想根基，把自身建设成为始终引领青年思想进步的政治学校。二要立足为党育人主责主业，围绕学校功能定位，完善党建带团建机制。党建带团建是高校共青团的基本工作机制，共青团要坚持围绕学校党建工作，从严治团，准确把握青年脉搏，根据青年学习生活方式新变化、新特点，创新高校基层团组织模式，带动全国青联和全国学联组织把思想政治工作的主线贯

---

① 《共青团中央关于深入学习宣传贯彻习近平总书记在庆祝中国共产主义青年团成立 100 周年大会上重要讲话精神的通知》，共青团中央网站，2021 年 5 月 16 日。

穿于团学工作的全方位全过程，不断巩固和扩大青年爱国统一战线。要持续完善"推优"工作机制，结合新时代党建要求及时调整推优入党标准和条件，突出思想政治素质，不唯成绩，坚持全面综合判断，把优秀青年共青团员输送给党组织，构建党、团育人链条的无缝衔接。要聚焦于共青团思想引领的现实问题、政策倡导的基础问题、社会倡导的逻辑问题、共青团工作基本经验等理论的提炼和总结，有效融入课程思政育人体系。要围绕农业院校功能定位，精心挖掘提炼农业院校特有的思想政治教育资源，增强教育的针对性和时代性，教育引导青年学生勇于担当使命任务，到乡村振兴和农业现代化的广阔天地中去施展抱负、建功立业，成为伟大事业的生力军，让青春在祖国和人民最需要的地方绽放绚丽之花，把"党有号召，团有行动"落实到教育青年的大局中。高等农业院校党委要系统研究，把学校共青团工作纳入学校课程思政育人体系，明确团组织在课程思政育人体系中的具体职责，优化工作支持保障机制，确保共青团组织在课程思政育人体系中主力军作用的发挥。

服务育人是高校共青团组织的生命线，是履行使命的主要方式，也是高等农业院校活动课程的重要组成部分。习近平总书记提出："要千方百计为青年办实事、解难事，主动想青年之所想、急青年之所急，充分依托党赋予的资源和渠道，为青年提供实实在在的帮助，让广大青年真切感受到党的关爱就在身边、关怀就在眼前！"① 高校共青团是党领导的青年群团组织，是中国特色现代大学制度的重要组成部分，也是青年之家。在学校课程思政育人体系主导要素中是与青年学生最近、最亲的组织，把"青年的温度如实告诉党，也把党的温暖充分传递给青年"是共青团的基本政治职责。为此，高校共青团组织必须把党的群众路线全面贯彻到青年领域，牢固树立以学生为中心的服务理念，立足青年思想、学习、生活实际和青年学生急需解决的困难问题，依托学校党委的资源和共青团的渠道，及时把青年学生的意志诉求传达给学校党委，把自身建设成为党委联系青年学生的坚实可靠的桥梁纽

---

① 《习近平在庆祝中国共产主义青年团成立100周年大会上的讲话》，央视网，2022年5月10日。

带。通过办实事、解难题的方式把党对青年的关怀传递到每一个青年，在维护青年权益、关心青年成长、解决青年思想和学习生活实际问题中实现课程思政育人的目的，实现扩大党执政的青年学生基础的政治职责。新冠疫情发生后，高校共青团组织要把青年学生的心理健康教育列为课程思政的重点内容，既要开展调研、更新内容、组织优质师资、丰富形式，又要全方位、全过程关注青年学生心理健康状况，全方位立体化维护青年学生心理健康，补充学校课程思政育人体系中的薄弱点。

活动是共青团的灵魂，实践育人是高校共青团的优良传统和主要工作方式。在长期的实践探索中，高校共青团形成了青年马克思主义者培养工程、青年志愿者、"三下乡"社会实践、"挑战杯"大学生课外学术科技作品竞赛、西部计划、希望工程、创青春、振兴杯、研究生支教团等一系列品牌活动，在青年学生的思想成长、社会实践、志愿服务、素质拓展、社团建设等方面构建了完整的活动课程体系，构建了学校思想政治教育的"第二课堂"，成为高校课程思政育人体系的重要组成部分。进一步增强高等农业院校共青团组织在课程思政育人体系中的主力军作用，首先要立足高校共青团的供给侧结构性改革，把习近平新时代中国特色社会主义思想武装作为活动课程的首要目的，融入爱国主义、社会主义核心价值观、道德法治、公共参与能力建设等教育内容，按活动课程教学目标，分层分类科学设计实践活动的内容、形式、参与范围、时空，以班团支部和社团支部为基本单位，依计划、大范围、小规模、经常性地组织青年学生开展社会实践、志愿者活动和学术活动，在观察和实践中培养青年学生的家国情怀、道德品质、团结协作能力，持续推动青年学生的政治社会化。要统筹团组织、学生会、学生社团、学生宿舍的各类活动课程，突出政治引领和道德涵养，坚持以学生为中心设计活动内容和形式，优化课程结构，规范活动流程，克服随意性和碎片化、精英化倾向，扩大活动课程的参与面，在经常化的活动中引导青年学生坚定跟党走的信念。其次，要提高互联网时代课程思政育人的能力。高校共青团服务的是思想最活跃、最具创新热情、最具创造力的青年大学生。在互联网时代，青年学生获取信息的渠道、参与活动方式、发布观点的模式、认识事物的态度都发生了根本性的转变，网络成为青年学生学习生活的主要场域。面对这一时代巨变，高校共青团必须以自我革命的精神，全面改革工作方式，持续创新组织、服务、活动育人方式。在活动育人方面，要结合互联网的开放性、实时性、普遍性、交互性、自由性、传递性等特征，虚拟和现实相配合，线上和线下相融通，全面占领网络教育阵地，牢牢把握马克思主义在网络意识形态领域的主导地位，把党的教育方针、社会主义办学方向落实到工作的全过程、各领域。

从办学定位和功能上，高等农业院校共青团课程思政育人作用的发挥更具有活动优势。高校共青团的品牌活动，如西部计划、"三下乡"社会实践活动、希望工程，其初衷就是引导青年到"三农"一线，通过观察、调研、实践，切身感受农业、农村的巨大变化，亲身体验农业、农民的辛劳和艰辛，全面理解粮食安全、人民生命健康、生态文明战略、乡村振兴战略、脱贫攻坚等在中国特色社会主义现代化建设中的重大意义。深刻领悟"全面推进乡村振兴……坚持农业农村优先发展……加快建设农业强国，扎实推动乡村产业、人才、文化、生态、组织振兴。全方位夯实粮食安全根基……牢牢守住十八亿亩耕地红线……确保中国人的饭碗牢牢端在自己手中……巩固拓展脱贫攻坚成果"①。加快构建新发展格局，着力推动高质量发展中的基础性作用。高等农业院校共青团要根据知农爱农型专门人才的培养目标，结合区域经济社会发展的实际，把区域农业农村经济社会发展战略和实际融入活动课程内容，在潜移默化中教育引导青年学生到农业农村一线、到祖国最需要的地方建功立业；在润物无声中厚植青年学生矢志不渝为乡村振兴的家国情怀。

四　行政职能部门的协调落实

把在农业高校内设行政职能部门定位在育人体系主导力量的协调落实层

---

① 习近平：《高举中国特色社会主义伟大旗帜为全面建设社会主义现代化国家而团结奋斗——在中国共产党第二十次全国代表大会上的报告》，中国政府网，2022年10月25日。

面，是因为我国高等教育的基本制度是党委领导下的校长负责制，党委是办学治校的领导核心，负有落实党的教育方针、把握社会主义办学方向、落实立德树人根本任务、领导意识形态的主要职责。校长作为高校的法定代表人，在党委领导下依法行使职权，负责党委决策部署的贯彻落实，积极主动抓好教学、科研和行政管理工作，兼具领导者和执行者的双重职能，在课程思政实施中既参与决策，又负责落实党委的决策。

（一）教务部门的统筹协调

教务部门是高等农业院校教学组织、运行、质量与建设管理、评估考核和教学改革研究的职能部门。在管理服务对象方面，主要管理教师教学的目标确定、任务分配、进度计划、考核管理以及学生学习目标、学习内容、学习计划和成效考核等。在教学目标实现方面，围绕立德树人根本任务，以提高人才培养质量为目标，以专业建设为基础，制订招生计划和人才培养方案、组建课程结构、拟定教学计划和教学大纲、完善教学管理制度、推动教学改革、开展教学审核评估等，涵盖人才培养的全过程，是课程思政建设和落实的主导者，是课程思政育人体系主导要素的重要组成部分。在课程思政实施中，教务部门主要负责党委决策部署的统筹、协调和具体落实。首先是根据课程思政教育理念，组织开展人才培养方案的修订和及时调整，把党和国家对知农爱农新型人才培养的要求贯彻到不同的人才培养方案中，结合特色化的专业培养目标、规格和教学标准，把课程思政融入人才培养的各个环节，并据此合理设置课程、学时安排、教学进程。其次是根据农业院校课程实施的特点，组织研究提出各类课程思政的目标体系，并据此优化教材结构和教学内容，改革教学评价管理方法、强化实践教学并构建完善的第二课堂教学体系，把课程思政融入课程教学建设全过程，拓展课程思政建设资源、方法和途径，为课程思政实施提供制度、机制和条件保障。最后，要积极推动教育教学方法的改革创新，形成与课程思政实施一致的方式方法。教育教学方法的改革创新，是教学方式转变和学生学习方式转变的结合，是教学观和学习观在课程思政教育理念下的适切。同时，还要积极推进现代信息技术在教学中的应用，积极拓展课程思政教育资源，不断创新教学模式，提高课程思政实施的效果。

（二）人事部门的支撑

高等农业院校的人事部门是贯彻执行党和国家关于人事工作的方针政策，拟定学校人力资源开发管理的规章制度的职能部门，主要负责学校人才队伍建设规划的编制和推进落实，各类人员编制、岗位、职责的拟定和管理，人才的引进、培训和考核。课程思政下的教育教学是全过程、全方位、全员育人的教育，教育的主体涵盖教学、科研、管理、服务的各级各类人员，培育各级各类人员实施课程思政的素养是人事部门的主要职责和任务。首先是提高引进师资的专业素质和学缘结构。要结合高等农业院校师资队伍学缘结构和职业素养，落实高校教师资格和准入制度，提高师资队伍的教育教学素养和技能；要按照国家办学标准和课程设置要求，配齐专任教师数量，补足国家规定的必修课教师，以及体育、艺术教育、技术和综合实践课程教师，夯实课程思政实施的队伍基础。其次是创新师德师风建设机制，建立完善的师德师风教育培训体系，把理想信念、职业道德、法治教育、心理健康教育等融入教师培养、培训、管理工作的全过程。要把师德师风作为评价教师素质的第一标准，作为教师资格注册、引进培育、业绩考核、职称评审、岗位聘用、评优奖励的首要条件，制度规范和日常教育监督相结合，完善师德状况定期调研评议、舆情反映报告、全方位监督制度体系。加强师德宣传，推动师德师风建设长效化、制度化。再次是要健全教师发展制度体系。遵循教师职业发展规律和课程思政实施规律，以学术性和专业性发展为主，创新教师发展培训载体、课程体系和培育机制，推动教师培训与信息技术相结合，形成较为完备的教师发展分层分类培训体系，建立职前培养与职后发展有机衔接的培训体系。突出代表性业绩和同行评价，推动职称评聘和岗位管理与课程思政实施的全面结合，激发各类人员参与课程思政的活力。最后是要围绕课程思实施实效，建立以课程教学、学生指导、专业建设、教学研究、教学发展等指标为主的教师教学业绩质量评价体系，把课程思政融入教师职业和专业发展的全领域。

第七章

高等农业院校课程思政的运行保障

保障体系是为保证课程思政育人体系各要素协调运行、发挥其协同育人效应而建立的规范、机制、平台和载体等，是课程思政育人体系目标达成的基本保障和条件支撑。高等农业院校课程思政育人体系是一个包括多个子系统、多个要素的综合系统，又是一个整合开放的体系，是规范、调整、约束、激励、保障各子系统各要素、子系统之间、子系统和整个系统之间有序协同，发挥系统整体效应，建立规范与保障体系就成为课程思政育人体系的内在要求。构建高等农业院校课程思政规范与保障体系应遵从科学系统、协同高效的基本原则，结合《高等学校课程思政建设指导纲要》，摒弃一次性解决所有问题的思维，立足学校办学实际和资源支撑情况，树立统筹兼顾、分类管理、逐步推进、动态调整完善的建设理念，逐步探索完善。高等农业院校与高水平综合性院校、师范类院校、文科类院校，在教育理念和教师专业素养等方面都存在一定差距，在较短时间内建成完善的课程思政育人体系，既不符合学校自身发展现状，也违背课程思政在全国高校范围内仍处于探索阶段的实际。

一 制度建设

目标决定了制度的性质，规定了制度运动和发展的方向，是制度体系的

灵魂所在。课程思政育人体系制度建设是围绕立德树人根本任务，在课程思政实施过程中建成的、保证课程思政育人体系有序运行和高效实施的政策规范体系，在课程思政育人体系中具有基础性保障作用，是规范制约课程思政各系统要素行为的稳定性力量，并随着课程思政的深入开展而逐步完善。根据课程思政实施的工作性质和实践场域，我们把高等农业院校课程思政制度建设分为管理制度、建设制度、保障制度三大类。

管理制度为基础制度，组织领导制度和职责分工制度为重点制度，配套制度为兜底性综合制度。管理制度的重点是建立课程思政实施的领导体系和运行体系，核心是明确学校党委统一领导、各方各司其职的责任体系。要尽可能详尽地规定学校党委、校长、分管校领导、职能部门、群团组织、二级学院、教师、学生、科研人员、管理人员、服务人员等在课程思政实施中的角色定位，界定各级单位和人员在课程思政实施中的职责职能，规定课程思政运行的领导体制、工作目标、各方职责、基本流程等主要方面，把课程思政育人体系中各要素的目标、作用、职能通过制度的方式规范约束，搭建起课程思政运行实施的基本框架。管理制度建设的原则是统筹兼顾、融会贯通，要注重把课程思政和职能部门、学院及师生员工的本职工作结合起来，切忌生搬硬套、大而全。管理部门以提高日常工作管理服务能力和组织协调能力为主，学院以发挥课程思政的细化落实为己任，注重把课程思政融入教育教学的各方面并做好督促、评价工作，教师要发挥课程思政的主体性作用，落实学校课程思政的安排部署并结合具体教育教学工作及时开展行动研究、改进创新。

建设制度主要从学科建设、科学研究、专业建设三个方面构建，涵盖学校科学研究、社会服务、本科教育、研究生教育、继续教育等多个方面，贯穿学科体系、教学体系、教材体系、管理体系全过程，形成与德智体美劳全面培养的教育体系相匹配的课程思政育人体系。学科建设制度要结合立德树人根本任务和动态调整的国家学科评估指标体系，加大立德树人要素的渗透融合，提高思想政治教育考察指标数量和分值，形成与教育评价改革相适应的学科建设管理和评价制度体系。科学研究方面要结合科研管理体制改革，着重加强科学伦理、科学精神、科学规范、学术诚信建设，针对高等农业院校科学研究的特征，重点加强新发展理念、乡村振兴、生态文明、系统思维、科技成果转化、传统农耕文化等方面内容的制度化，引导高校科研工作者紧盯国家战略和区域经济社会发展战略，围绕农业粮食安全、生态文明、食品安全健康、乡村振兴、支柱产业"卡脖子"关键应用技术，坚持问题导向，开展有组织、有计划、协同攻关的科学研究，把成果写在大地上。本科生和研究生教育方面要从把住招生、过程、毕业三个关口，把思想政治教育的内容全面融入招生和就业创业环节，形成闭环。要在培养方案、培养模式、课程设置、教材建设、课堂教学、活动课程、实践教学、考核评价等方面全方位贯彻思想政治教育。重点建立教师参与课程思政建设情况和教学效果的制度规范，并将其与岗位聘用、选拔培训相关联，建立课程思政与教学成果奖、教材奖等各类成果表彰奖励全面结合的制度，使其全面融入教育教学和教师发展的各环节。研究生教育要以强化导师教书育人职责为重点，把课程思政贯彻到教学科研和日常管理中，把师德师风和教书育人职责作为研究生导师遴选考核的关键指标，把研究生课程改革列入培养质量考核体系，从制度上保证研究生课程思政的有效落实。要结合课程思政育人目标和专业人才培养目标，深化大类招生、分类培养模式改革，以课程建设为重点，调整优化专业课、通识课、实践课结构比例和教学计划，构建课程思政建设标准体系，健全基于课程思政实施的教学质量监督和评价制度，强化教学过程管理，形成与课程思政实施相配套的专业建设管理制度体系。

　　保障制度由管理制度和建设制度之外的支撑制度组成，是课程思政建设运行条件、物资、环境等支撑保障要素的规范体系，主要由资源筹集制度、学习培训制度、激励引导制度构成。资源筹集制度是为课程思政有效实施建立基础条件的制度体系，是确保课程思政顺利实施的支撑性规范，在课程思政育人体系中处于保障性地位。课程思政资源是指与课程思政实施相关的各类软件和硬件的总和，具体来讲，包括师资队伍、课程资源、条件装备、经费、环境文化等方面。师资队伍是开展课程思政的基础性资源，既是课程思政实施的主体要素，又是课程思政改进的关键群体，属于课程思政实施中最活跃的和最具动力的要素。高等农业院校师资队伍建设制度一般包括引进、管理、提升三个方面。在具体制度设计上要严把教师入职师德师风关口，对非师范类专业教师要严格岗前专业能力培训，特别是教育学、心理学、高等教育学、思想政治教育原理的学习，使其具备开展教授课程思政的基本专业素质，对引进的教师要重点考察其思想政治素质和教书育人能力，坚决破除"五唯"用人取向。管理方面要建立健全师德师风和课程思政建设、落实和考核评价制度体系，动态完善工作量计算办法和绩效分配制度，发挥制度的约束和激励作用，规范和激励引导相结合，构建教师积极开展课程思政的有效制度规范。还要建立提升教师专业能力的专门制度，以提升教书育人能力为核心，规定模块和专门模块相结合持续开展培训，不断提升教师实施课程思政的能力。我们不建议对学生的课程思政主体性发挥进行专门的培训，从思想政治教育的计划性、目的性、规范性和教化性来讲，对学习者进行专门显性的课程思政理念培训，与学习者在教育教学中的被动性和主动性统一的特征不相符。课程思政中学习者既是被动的接受者和受教育者，同时又是发挥主体性的积极参与者和教育活动的构建者，其接受和参与思想政治教育教学的主动性是在教育者的积极作用下被激发的，学习者的主动性主要体现在对教育教学规范的遵守、自我管理和自律。主动开展课程思政实践、接受课程思政的理念是教育者有计划、有目的地通过一定的显性和隐性教学方法潜移默化完成的，直接的培训和教育往往会走向教育者初衷的反面，影响课程思政的实施效果。

课程资源是课程思政实施的基础，是课程思政得以实现的载体，是高等农业院校课程思政育人体系运行的主要载体，是课程思政保障制度体系的基础和条件要素。首先是教材的开发，这里的开发既指在国家规定教材基础上的二次开发，也包含专门课程思政教材的编写。二次开发主要是针对教材内容对课程思政内容的挖掘和提炼，形成与课程思政实施相匹配的教案和教学计划。高等农业院校要结合课程思政实践进行教材编写，对已经成熟、具有示范性和典型性的课程，组织教师编写专门的课程思政教材和教案，指导和规范同类课程思政的教学。开发是内部开发和外部开发的结合，内部开发以校内教师自我开发和集体研讨等形式为主，外部开发以国内同类课程资源共享为主。高等农业院校需建立鼓励本校教师开发课程思政案例的制度，并及时借鉴国内院校的优秀课程思政教材和教案资源，推进本校课程资源建设进度和质量提高。其次要完善实践类课程思政资源开发制度，统筹实验课、实践课、实习课、社团活动、青年志愿者活动、校园文化主题活动、暑期"三下乡"社会实践活动、党团活动、班级和宿舍活动、心理健康教育活动、新生入学教育、军训、毕业生就业活动、学生综合素质测评、推免研究生等工作，分门别类规范教育活动的思想政治教育的目标、内容、方式、范围等，构建与课堂教育相配合的思想政治教育制度体系，克服各类活动课程多头组织带来的目标分散、系统性差的现象，提高活动类课程思想政治教育的实效性和针对性。最后，高等农业院校还要结合课程思政全面实施的基本要求，分析并逐步完善课程思政实施需要的经费和校舍、条件装备等保障资源，设立日常维持和发展专项经费，确保资源能够支撑课程思政的顺利实施。

二 运行机制

高等农业院校课程思政育人体系的运行机制是指为确保系统各要素发挥协同效应，教育者构建的系统内部各要素相互联系、相互作用、相互配合的联结方式、工作方式和运行机理。根据实际运行，我们把高等农业院校课程思政的运行机制分为领导决策、组织实施、反馈激励三个方面，分别对应组织领导机制、约束机制、动力机制，基本涵盖课程思政实施的全过程和质量保证的基本要素。运行机制构建的核心目标是育人体系各要素相互配合发挥协同效应，基本要求是把课程思政融入人才培养、科研研究、社会服务、国际交流与合作、文化传承与创新的各领域，形成全员参与、全过程育人、全方位育人的课程思政格局和综合协同体系。

1.领导机制

组织领导机制的核心是把方向、做决策、保落实，围绕立德树人目标的实现，建立校党委统一领导、党政齐抓共管、教务部门牵头总抓、相关部门联动、院系落实推进、自身特色鲜明的课程思政建设工作格局。① 党委领导下的校长负责制是中国特色社会主义大学的根本制度，高等农业院校必须在这一根本制度下，建立课程思政领导机制，把学校党委统揽全局、协调各方面的领导职能全面与课程思政建设运行相结合，探索建立有序协同的工作机制。首先，要建立课程思政实施的专门领导工作组，由党委主要负责人牵头，以党委副书记、主管领导和相关部门以及马克思主义学院负责人为主要成员，主要负责研究制订课程思政实施的总体方案、中长期规划、年度计划，决定课程思政实施的基本原则、职责功能、推行方式、资源保障、实施进度、阶段任务等，及时研究课程思政实施过程中出现的重要问题和事项，提出改进举措，推动相关领域的体制机制和教育教学改革。其次，要建立层级化的分工负责的协同机制。根据本校实际，确立课程思政实施的牵头部门、配合部门、落实主体部门、具体实施部门、考核评价部门等，要明确职能部门在课程思政实施中的主体职责、协同职能、联动方式，形成上下一致、全程贯通、各负其责的课程思政组织领导机制。分层分类负责的协同机制建立的核心思想是要坚持职责同构、协同联动的原则，把课程思政实施与部门的职能无缝衔接起来。教育部《高等学校课程思政建设指导纲要》中提出的牵头部门是高校的教务部门。我们认为课程思政是为落实立德树人根本任务的战略举措，是为解决高校思想政治教育相对独立且针对性和实效性不强的问题而提出的战略举措，在教育目标和内容上与思想政治教育具有同构性，教育教学方法也与思想政治教育具有一致性，实施主体包括全校师生员工，实施领域包括学校教学、科研、管理、服务的各个方面，应该由高校负责学校思想政治教育的部门来牵头，既便于与本职工作全面结合，又便于协调各方全面推进。由教务部门牵头，这在实质上会造成高校教务部门职权的扩展，并加大课程思政实施过程中的协调压力。当然这并不绝对，《高等

---

① 《教育部关于印发〈高等学校课程思政建设指导纲要〉的通知》，教育部网站，2020年5月28日。

学校课程思政建设指导纲要》也强调各高校要根据实际，构建自身特色鲜明的课程思政建设工作格局。

2. 约束机制

约束机制既来自思想政治教育的要求，也是由课程教育教学的基本规律决定的，是规制课程思政育人体系实施主体思维和行动的约束性要素，具有一定的强制性和规范性。高等农业院校课程思政育人体系的约束机制的对象是实施课程思政的个人或组织，主要发挥指导、监督、检查、保全的功能，是防止课程思政育人体系不平衡、不协调、失效现象，保证课程思政育人体系有序协同效应的内在因素和力量。约束机制贯穿课程思政育人体系的全过程、全方位，规约课程思政领导决策、组织实施、改进加强的各方面。结合课程思政实施主体的特性，约束机制应包括思维理念和实践运行两个方面。思维理念层面的约束机制指向课程思政教育理念的牢固树立，主要通过学习、培训、宣传、示范、环境、文化等方式培育巩固，让课程思政的教育理念深入每一个实施主体的内心，建立起各级主体从思想认识层面对课程思政具有清晰认知，对课程思政的目标、原则、内容、方法等有确定性的思维，从而外化为对实践的指导、调节和约束。

实践运行层面的约束机制则指具体的运行方式和规范体系，包括制度落实情况的监督、推进落实情况的督查、协同联动情况的检查、资源配置和支撑保障的监督、教育教学纪律督导、师德师风建设改进的监督、决策部署落实情况的督查、宣传氛围营造督查等方面。要围绕质量提升，重点建立健全多维度的课程思政建设成效考核评价体系和监督检查机制，把课程思政的加强与改进和高等教育改革全面结合起来，以评价体系改革为牵引深化内部综合改革，促进学校高质量、特色发展。要结合职能发挥各级教学指导委员会、教学督导委员会、校院两级学科评议组、学生工作委员会、意识形态建设领导小组等常设机构的作用，研究制定多元的课程思政评价标准，并发挥其在本领域的监督职能。要把课程思政建设成效列入学校一流专业和一流课程建设标准，纳入专业认证和职能部门、院系的绩效考核，强化监督落实。课程思政育人体系的全要素性要求高等农业院校在实践层面、约束机制构建方面，必须统筹考虑课程思政实施的主客观各要素、内外部各层面、显性教育和隐性教育各环节，全方位规约课程思政育人体系的运行的各个系统和要素。唯其如此，才能确保课程思政育人体系有序高效运行，把立德树人根本任务落实到教育教学的各方面，不断提升高等农业院校培养知农爱农型高级专门人才的质量。

3. 动力机制

课程思政是提高人才培养质量和落实立德树人根本任务的综合性教育理念，是新时代高等农业院校培养"一懂两爱"专门人才、履行强农兴农职责的战略举措，涉农高校办学治校是一个相对全新的教育理念，其理念培育和实践运行需要配套的资源保障和激励措施，为深入持续推进提供源源不断的动力。为发展提供动力的根源是动力机制的主要作用原理，在高等农业院校课程思政实施中，动力的来源一般指对课程思政推进和效能提升有推动作用的主体，即参与课程思政建设的各类主体的能动作用发挥，以及能够促进或激发主体主观能动性的环境条件。在具体工作中，包括资源保障机制和激励促进机制两方面。资源保障机制是学校为保障课程思政建设而建立的经费保障、条件保障、环境建设运行机制，是围绕课程思政实施和效能提升创设的基础条件。如课程思政建设专项经费设立、教学资源建设、教学环境改善美化、学习环境建设改造、文化阵地建设及氛围营造等。激励促进机制指为激发课程思政实施主体的积极性而建立的各类机制举措，包括师资队伍培训、岗位职责和津贴绩效、职称评聘及考核评价、发展专项设立及实施、评优奖优、推免推优等。

三　平台载体

课程思政载体是一个多元的概念，可以从资源角度定义，可以从介质角度定义，也可以从隶属方法和资源范畴来定义。根据上文的论述，我们把高等农业院校课程思政育人体系中的平台载体界定为在课程思政实施过程中，能为实施主体所利用，服务课程思政目标并能承载和传递一定课程思政内容，促进课程思政实施主体和客体之间相互作用的活动、组织和物质实体。据此，高等农业院校课程思政育人体系的平台载体可分为：物质载体、活动载体、组织载体、传媒载体。物质载体指以实体物存在的能为课程思政教育主体所用的实物，包括学校的图书馆、校史馆、博物馆、校园建筑风格及命名、道路规划及命名、校园公共空间设计及文化氛围营造等方面。这些场所共同构成学校育人的实体环境，是学习者日常学习生活的主要场景。优良的学习生活环境、先进的设计理念、充满人文气息的图书馆、鼓励创新的博物馆都会发挥隐性教育的作用，对学习者起到潜移默化、润物无声的教育感化作用。

　　活动载体是课程思政实施中需要重点设计开发的载体，是影响课程思政目标实现的重要因素，也是贯彻教育与生产劳动相结合教育方针的重要体现，在高等农业院校课程思政育人体系建设中具有十分重要的意义，需要各高校结合各课程的教育教学，科学设计并强化实施。活动载体是融活动和精神于一体的课程思政资源，课程思政活动总是渗透了一定的精神层面价值，与课程思政的某个或某类内容要素总是相伴相生的，这些价值通过活动的组织开展融入学习者的思想精神，既与理论教育相互印证又与学习者自身已有的认知经验和思想意识相呼应，从而达成课程思政的育人目标。具体实践中，活动载体包括高校开展的经常性的校园文化体育活动、节庆纪念日专项活动、专业类文化活动、学生会和社团活动、青年志愿者活动、党团活动等。建设的重点是围绕课程思政目标体系，围绕不同教育目标构建分门别类的活动体系和学分绩点，科学设计活动内容，精心安排活动形式，形成系统完备的课程思政活动体系。围绕课程思政目标，高等农业院校要完善制度体系，加强和规范各学院、各专业围绕专业和专业课程设计、开展活动的工作，鼓励以专业和课程为主设计与"一懂两爱"人才培养相适应的特色活动，把活动的场域放在广阔的"三农"领域，引导学生深入生产生活一线，了解国计民生、掌握民情社意、树立家国情怀。另一个活动载体是基于团队和项目的，此类活动一般围绕具体目标组建临时团队，在一定时间内开展特定的教学科研活动，是实现具体目标的重要工作形式，也是课程思政的重要活动载体。高校可结合不同类型的项目和团队，把课程思政融入团队考核验收和项目的教学科研活动之中，推进课程思政融入临时性活动之中，实现全覆盖。同时，要通过遴选不同课程和教师，设立课程思政专项，有计划、有目的地选择一批课程思政建设专业、课程、教学名师和团队，建立健全项目管理制度，建设并推出一批课程思政示范专业、示范课程、课程思政教学研究示范中心，推动形成试点先行、重点示范、全面推行的多层次课程思政建设示范体系。

组织载体是除实施主体外，对课程思政实施内容方式具有承载作用的相关组织和机构。把这部分组织机构从育人体系的主体要素中单列出来，是因为这些机构和组织不具备强有力的行政管理职能和组织色彩，在高等农业院校课程思政育人体系的主体要素中处于非主导地位，但对课程思政的实践具有显著的影响并能为达成教育目标提供重要支撑。在高等农业院校中这类组织主要包括学生会、班集体、社团、宿舍等。这些组织与大学生的日常学习生活时刻发生互动和联系，是最靠近大学生学习生活的组织化机构，也是对大学生思想品德产生直接影响的自我组织。在具体工作中，高校要立足服务学生中心、强化桥梁和纽带作用，进一步改进完善学生会的组织结构、运行方式、活动组织，规范学代会、社团代表大会的实施办法，及时修订学生会、社团联合会章程，把学生会和社团联合会建成自我管理、自我服务、自我完善的有效课程思政载体。要把班集体和班委建设纳入课程思政建设体系，把课程思政元素融入优良学风建设，加大管理建设和评优奖励力度。要进一步加强文明宿舍、先进宿舍和以宿舍为单位的活动建设，发挥舍长、学生党团员等骨干人员的示范带头作用，把课程思政落实到学生课堂之外的主要生活场域，实现教室到寝室的全面衔接。

传媒载体包括宣传舆论、典型示范和新媒体三个方面。新时代高等农业院校宣传思想的根本任务是指巩固马克思主义在意识形态领域的指导地位，巩固全党全国人民团结奋斗的共同思想基础，基本使命是举旗帜、聚民心、育新人、兴文化、展形象。意识形态工作是为国为民立魂的工作，坚持党对宣传思想文化工作的全面领导，坚持正确政治方向，围绕立德树人根本任务的落实，审时度势、因势利导，创新内容和载体，改进方式和方法，这是高等农业院校宣传思想工作的基本要求。首先要建立专题网站，汇聚党和国家关于课程思政的精神和文件政策，收集专家学者关于课程思政的解读、国内兄弟院校对课程思政实践探索的先进经验，列出学校关于课程思政的文件制度和安排部署，展示师生课程思政实践案例，形成一个聚集课程实施相关资源的综合载体，对外宣传展示自身实践，对内指导本校课程思政的开展。其次要结合学校课程思政实践，持续深入抓典型、树标杆、推经验，推动课程思政形成规模、建立范式、完善体系。要对优秀个人和典型案例加强宣传，推广学校课程思政实施创新经验和典型做法，引导激励更多教职员工投入课程思政，营造课程思政实施的良好氛围。选树典型要遵循课程思政实施主体的全员性，注重从教学、科研、管理、服务等多个领域，选树教书育人、科研育人、管理育人、服务育人等先进个人和优秀学生典型。要从课程思政育人的全过程出发，从理念、组织、管理、实施、考核、批评等多个环节选树先进集体和团队，及时组织宣传和宣讲，激发全校师生员工参与课程思政实施的热情，形成全员参与、全过程渗透、全方位实施的课程思政建设工作格局。

新媒体指以网络技术、数字技术、移动通信技术为基础手段的信息技术工具迭代带来的新传播形态，以数字化为根本特征的新媒体相较于传统媒体，以其大容量、实时性和交互性，打破了媒介之间的壁垒，实现了人与人之间、区域之间、社会各阶层之间、各学科之间的信息传递、交流以及转换。具体包括微博、微信、博客、虚拟社区、网站，以及以抖音、快手等为代表的移动终端自媒体，具有即时性、开放性、虚拟性、共享性、交互性等特点。[①] 当前，新媒体从互联网到自媒体快速转换，以前所未有的巨大传播力和信息承载量迅速进入人类生活，并在各个领域掀起颠覆性的革命。新媒体信息来源的多元化和自由组合、信息选择的自主性和高度融合、信息传播

---

① 李小丽：《微时代高校思想政治教育话语分析及发展前沿问题探究》，新华出版社，2017，第 2 页。

的广泛性和交互对话性、信息的海量性和交互创造性、语境的虚拟化和知识的碎片化，都对课程思政的实施造成了极大的挑战。新时代大学生作为与新媒体最亲近的群体，是最热情拥抱新媒体并进入数字化生活的一代，其思想观念、知识来源、生活方式、价值取向和交往方式都发生了巨大变化。这些变化在迅速改变大学生的同时，也对新时代高等教育的教学模式、学习方式、知识更新、教育评价等提出了改革诉求。顺应数字化大潮，改革传统教育方式成为高等教育改革的重点。课程思政的意识形态属性决定了其竞争性，克服新媒体对思想政治教育带来的冲击，加快对互联网教育阵地的管理利用，全面占领互联网教育阵地，推进和创新"互联网+教育"显得极为迫切。"互联网+教育"是推进互联网及其衍生的相关技术与教育的深度融合，实现了对教育的变革，创造了教育新业态。① 互联网新媒体与课程思政的结合，是指运用互联网平台和载体开展交互式数字化课程思政的教育形式，涉及教育者、学习者、新媒体平台三个要素。教育者的重点是提升其利用新技术的教学能力，并加强对网络阵地的引导和管控。在学习者方面，教育者要关注对其互联网行为的引导规范，并加强其自我管理能力建设。

高等农业院校课程思政实施中的"互联网+教育"要坚持开放与引导相结合的原则，秉承以学生为中心和平等互动的理念，以互联网新技术利用为关键，以教学资源整合开发为重点，积极创设平等互动的教育教学环境，在把握新媒体与课程思政的结合中统筹推进。要加强对互联网新媒体阵地的管理。新时代大学生是与互联网和新媒体共同成长的一代，数字化已经成为他们生活的基本方式，他们对生活和世界的认知大部分来自互联网，价值观和情感波动与互联网和新媒体具有强烈的关联。而互联网的虚拟性、交互性和海量的信息，对网络公民的言行和内容缺乏全方位的约束，致使其意见发表和观念形成个体化。浩瀚的内容和匿名多元的个体，使事实上的引导和监管成为不可能。农业院校围绕立德树人根本任务落实和课程思政目标实现，首

---

① 在 2022 年人民政协报、人民政协网主办的"互联网+"助力教育资源均衡化研讨会上，教育部科学技术与信息化司司长雷朝滋对"互联网+教育"分享了他的看法。

先要建立对互联网和新媒体的监管制度，其次要建立一支互联网主力军和意见领袖，还要结合新媒体特点创新形式和内容，以学生喜闻乐见的方式建设一批课程思政育人平台，促进新媒体与课程思政的有机结合。在内容开发上，以课程资源建设为重点，围绕优质数字化课程资源的整合开发，加大数字图书馆、数字校园、慕课平台、活动课程平台建设，充分利用在线课程资源的丰富性，遴选与本校课程思政实施相配套的优质课程资源，拓展课程思政实施的深度。围绕课程思政目标，发挥慕课自主性和开放性特征，创建开放互动的多元化教学环境，利用虚拟仿真、微课、视频公开课、翻转课堂等多种方式，彰显数字技术特性，尊重并发挥学生的主体作用，把互联网新技术和新媒体全面融入课程思政实施过程，使新媒体成为助力课程思政实施的有效载体。

第八章

高等农业院校课程思政的评价

评价是指对事或人进行综合判断后的结论，管理学意义上的评价是指通过计算、观察、咨询等方法，对某一对象进行综合分析评估，从而确定其意义、价值、状态或结果。布卢姆等从改进教与学的角度提出要从六个方面理解教育评价：一种获取和处理用以确定学生水平和教学有效性的证据方法；包括比一般期末书面考试更多种类的证据；一种阐明教育的重要、长期和终极目标与教学任务目标的辅助手段；一个确定学生按这些理想的方式发展到何种程度的过程；作为一种反馈矫正系统，判断教学过程的每一步骤是否有效并据此加以改进；查明在达到一整套教育目的时，可供选择的程序是否同样有效。[①] 据此，教育评价应具备三个意义，首先是一种获取教与学有效性证据的综合性工具，其次是检验教育目标实现和学习者改变程度的手段，最后是对教育过程是否有效达成教育目标的检验并提出改进依据。评价的前提是教育目标，重点是获取证据的方法及与之相配套的指标，并根据指标体系围绕教育目标实现涉及的相关因素展开，获得对目标实现程度的有效数据，为加强和改进工作提供客观依据。课程思政是服务立德树人根本任务的战略举措，既是一种教育理念又要落实到具体教育实践中，在战略和理念层面处于一种应然的状态，而其实然状态必须通过教育评价来检验和改进，这是课

---

① 〔美〕B. S. 布卢姆等编《教育评价》，邱渊、王钢、夏孝川等译，华东师范大学出版社，1987，第 5 页。

程思政育人体系评价存在的意义。

评价体系指的是由一组既独立又相互关联，并能较完整地表述评价要求的评价指标、科学的评价方法以及完整的评价实施方案组成的评价系统。其中，评价指标和评价方法是评价体系的两个关键因素。[①] 评价体系表征是由评价要素各方面特性及其相互作用的指标所构成的具有内在结构的有机整体。评价过程是运用综合计算、观察和研究等方式，对评价对象进行分析判断的过程，具有诊断鉴定、激励导向、加强改进等多个功能。评价是高等农业院校课程思政育人体系的重要组成部分，重点对课程思政育人的过程和结果进行评价，主要发挥对课程思政实施的导向功能，体现和检验课程思政实施的实际效果，并为加强和改进课程思政实践提供客观依据，由与评价有关的目标、原则、内容、方法、人员、组织、技术等要素构成。

评价的前提是教育目标。按照布卢姆的分类方式，教育目标可分为三大领域：认知领域、情感领域和动作技能领域。认知领域包括知道、领会、应用、分析、综合、评价；情感领域包括接受、反应、形成价值观念、组织价值观念系统和价值体系个性化；动作技能领域包括知觉、定势、指导下的反应、机械动作、复杂的外显反应、适应和创新。学生的认知经历详细说明了教育目标被广泛地应用到课程、教学、评价等方面。之后经过心理学专家、课程学专家及测验评量专家的努力，有了新的分类。修订版将教育目标分为知识向度和认知历程向度。前者协助教师区分教什么，后者促进学生保留和迁移所习得的知识。知识向度包括事实、概念、程序、元认知四个类别；认知历程向度包括记忆、了解、应用、分析、评价和创造六个类别。从课程思政的角度，前一种分类更适合我们开展评价。该分类从教育效果出发，依据学生认知历程，体现了思想政治教育的一般规律，也便于院校据此来设计评价指标体系并开展评价活动。

目前，国内课程思政尚处于探索阶段，还未形成对课程思政统一的评价体系，学术界和高等农业院校结合自身实践也进行了有益探索，评价指标和

① 张磊、谭翀、许文艳：《思想政治与模式创新》，吉林文史出版社，2017，第168页。

方法各不相同，还处于教育评价的认知阶段，与落实课程思政目标还存在较大差距，亟待学者们和院校加强研究并提出原则性、指导性的建议来加以改进。课程思政的价值实现过程是学习者不断获得满足并产生新需求的过程，实质是客体属性与主体需求逐步融合对接的过程，主体的需要处于核心并决定教育实践的性质和方向，评价即对主体需求程度满足情况的验证和改进。主体需求是课程思政评价的主要标准，对受教育者的评价是课程思政评价的重点，构成课程思政评价的主体方面。课程思政肩负培养堪当民族复兴责任的中国特色社会主义建设者和接班人的战略任务，起点和归宿都指向受教育者的思想道德、能力素质、人格修养等方面的全面发展。教育者围绕目标实现确定的教育内容、采取的推进方式和教育方法，对学习者主体性的激发具有决定性作用，决定课程思政目标的实现程度，构成课程思政评价的客体方面。据此，我们将从主体和客体两个层面来构建高等农业院校课程思政评价体系，主体方面遵循价值逻辑，客体方面遵循目标逻辑，整体上体现综合评价的实践取向。同理，课程思政评价以人为实践活动对象，是针对学习者思想道德和能力素质转变程度的检验，是对具体生活中人的现实和发展开展的全面分析，坚持全面发展、动态开放、可操作、系统协同、现实与超越相结合、他人评价和自我评价相结合、定性和定量相结合等，就成为评价体系构建必须遵循的基本原则。单一的评价方法或封闭的评价体系，在面对鲜活的个体及其丰富的思想认识和精神意识变化时，既不能准确反映个体内心世界的变迁，在个体外在表现和意识观念的各个层面也都可能无法触及。所以，课程思政评价必须坚持综合的课程思政评价观和多元化的评价体系与方法。

一 评价的主体方面

高等农业院校课程思政评价体系的主体方面，是课程思政实施对受教育者思想道德和能力素养等方面产生变革和影响的检验，评价主体和对象通过教育实现成长和改变。评价对象是在一定时代背景中生活并与环境时刻保持互动的鲜活具体的人，既具有现实性又具有超越性，其生命价值体现在个人奋斗努力、反思学习的各个方面。"生命有各方面的需要：生理的、心理的、社会的、物质的、精神的、行为的、认知的、价值的、信仰的。任何一种活动，人都是以一个完整的生命体的方式参与和投入，而不只是局部的、孤立的、某一方面参与和投入。"① 对生活在复杂环境中时刻变化的人进行综合客观的评价，在现实性上存在一定的不完善性。所以，就课程思政对学习者需求满足情况建立一种科学、准确的评价体系，始终是一种对理想状态的持续追求。追求一种规范且恒定的评价体系，是无视教育规律的因循守旧，无益于课程思政的全面实施，也无法对立德树人成效提供真实客观的评价。

高等农业院校课程思政评价表征中评价对象的事实与价值关系，包括对学习者思想政治素质的事实判断和价值判断两个方面。事实判断指向评价对象自身的存在状态，突出主体趋向和接近客体的程度，表现为认知情况。价值判断表征客体对主体需求的适切和一致程度，以主体为基本尺度，突出客体对主体的转化和生成，表现为客体的主体化。马克思关于实践的观点认为，事实与价值统一于人的社会实践活动。人的具体社会实践活动，既包括事实因素，也包含价值因素的激励调节，实践是沟通事实和价值的桥梁纽带。对课程思政学习者的评价，是"测评者采取适当的测评方法收集有关信息，认识个人品德面貌特征的过程，是通过行为表现认识内在品德的过程"②。因此，课程思政评价是事实判断与价值判断的统一，是以实践和行为表现为主要内容的评价，通过考察教育经验对受教育者的内化生成程度，对课程思政目的和实效进行测评，并推动其在新的实践水平上实现具体的和历史的统一。

课程思政不仅是对学习者认知能力的评价，还包括对理想信念、情感态度、意志价值、品行道德等非认知领域的评价，我们不能科学完备地确定哪些因素参与了对学习者世界观、价值观、人生观、审美观的生成。因此，对主体的评价结果只能表现为方向性和不确定性，追求精准评价结果不仅违背

---

① 叶澜主编《"新基础教育"探索性研究报告集》，上海三联书店，1999，第183页。

② 肖鸣政：《品德测评的理论与方法》，福建教育出版社，1995，第42页。

教育规律，而且超出认知规律，我们能选择的是尽可能多样的评价方式和尽可能详尽的评价指标体系。所以，对课程思政主体的评价其实是对事实与价值一致性关系的处理，内含了目的评价和过程评价、定性评价和定量评价、重点评价和综合评价、回溯评价和前瞻评价、自我评价与人人评价等多元化评价方式的诉求。具体到院校课程思政育人体系，包括受教育者学习生活的各个领域、各个方面，涉及课程思政育人的全过程、全方位、全体成员，还必须考虑社会、用人单位、家庭等多方面因素，遗漏任何一个方面都会造成评价结果的偏离。在实际操作中，应该从学业能力和综合素养两个方面构建评价体系。学业能力以对理论知识的掌握和理解为主，主要采取传统考试的方式；综合素养包括政治观、价值认同、科学素养、人文精神、公共参与等，需要分门别类设计定性和定量评价指标，评价主体要包括班集体、寝室、家庭、用人单位以及教师、同学、管理人员等多个类别、多个层次，评价方式可采取活动定性和定量评价、日常现实表现定性评价、关键和重点实践活动定性评价等，深入挖掘显性表现和隐性呈现的评价元素，体现评价的全时性和全面性。比如，政治引领体系以政治观念和政治实践为主构建评价的基本内容，包括对马克思主义基本原理、毛泽东思想、中国特色社会主义理论、习近平新时代中国特色社会主义思想、党的基本路线、党的治国理政方略、形势政策、党史、新中国史、改革开放史、社会主义发展史、党的"三农"政策法规及战略等基本概念、命题、事实和原理的掌握程度，表现为记忆、认知、领会、理解。这部分主要通过书面考试类定量评价和结果评价的方法进行，但不限于绝对的知识点记忆，应采取更多的理解和综合分析类的考察方法，使考察结果更接近理论与实际理解的结合。对组织研究和判断反思各种政治观念和现象方法知识的理解和掌握，表现为运用、分析、综合与评价等实践能力，如普遍联系的方法、实践的方法、理论和实际相结合的方法、辩证唯物主义和历史唯物主义的方法等。对这部分内容的考察应采取与实践相结合的方法，以个人评价、他人评价、活动评价、组织评价等定性评价和过程性评价为主，注重对现实表现与教育目标一致性的考察。

二　评价的客体方面

评价的客体方面由对主体思想道德素养改变施加的诸多因素构成，包括教育者自身以及教育者围绕目标实现确定的教育内容、采取的推进方式和教育方法、教育过程等。对教育者的评价在客体方面居于主导地位，从课程思政内容的规范性角度，教育者施教的内容在形式上是既定的，把国家和教育主管部门规定的内容有效传递给学生是教育者的基本职责，也是其职业素养的核心部分。这里用教育者而不是教师，是因为课程思政实施的主体不限于课堂教学，是基于"大思政"和"三全育人"工作格局的所有课程思政施教主体。课程思政是教育者和学习者通过一定的方式和途径以课程为媒介发生的互动过程。教育者对课程知识的掌握和熟练程度，在教育过程中是否遵循课程思政的特点而采取有效的教育方法，教育过程是否具有教育性和实效性，构成对教育者评价的主要内容，其实质是对教育者专业性评价和教育管理能力的评价。因此，对教育者的评价包括知识、态度、能力三个方面。知识评价的重点是教育者对课程思政内容体系的理解，对自身所从事育人领域课程思政内容的掌握和融合，对课程教师要重点考察其对课程思政元素的挖掘、课程的设计、思政元素与专业知识的渗透融合。态度评价是对教育者在课程思政实施过程中持有的态度、情感及其行为的评价，主要包括理想信念、家国情怀、自我要求、言行举止、尊重平等、真诚博爱等方面，目的是使教育者采取和形成一种与课程思政实施目标相一致的品行作风，发挥个人的积极性、主动性和创造性，促使其教书育人。能力评价指教育者对提升课程思政育人效果技巧、方法、过程的运用和把控，主要评价教育者能否在规范性内容的基础上，结合学习者和课程思政育人规律，综合运用多种手段，整合课程思政的教育因素和手段，在实施层面提升课程育人的实效，从实际运行层面提供给学生丰富生动的教育经验，在调动学习者主体性的同时，又实现育人的合规律性和合目的性，达成课程思政育人目标。结合院校实际，对教育者的评价体系，除既有师德师风评价、教学评价、岗位职责评价、学生评教外，还需结合课程思政实施建立管理育人、服务育人、同行评价、自我评价等多元评价方式，提高评价的综合性和全面性。

　　课程思政育人内容的评价在当前研究和实践中处于缺失状态，首先是因为人们往往认为思想政治教育的内容是国家规范，处于先定和前置状态，教育者的过多评价会导致认同感的削弱。其次是因为课程思政内容体系的复杂性，致使教育者丧失了对其评价的动力。一种教育理念的实践总是与一定的时代相联系，教育目标和目的变化需要教育理念、教育方法、教育内容的重塑和调整，这是新时代高等农业院校教育者必须面对的时代课题，需要每一个教育者在守正创新中予以解答。对课程思政内容的评价，实质是结合课程思政实施对内容的挖掘、整合、优化、调整，并综合施教。课程思政育人指向全面发展的个人，时代与未来、社会与个人对受教育者提出的综合素养，既被涵盖在显性的思想政治理论课中，又渗透在通识课、专业课、活动课和学习者的生活之中。受教育者的全面发展性，决定了课程思政内容的广泛性和创新性，找准时代需求和个人发展的契合点，让受教育者认识自身、社会、个人和社会、生存与发展、现实与超越，并在与时代的融合中实现自我价值，这是课程思政的根本任务。围绕教育目标的实现，教育者要不断挖掘整理形成课程思政内容体系，结合教育实践开展适时评价，这是课程思政实施的基本要求。同时，以理论、知识和经验形态存在课程思政内容，需要通过教与学的互动内化为学习者的认知并外化为具体的实践，也就是说理论和知识自身并不具备德性，对知识内容的掌握并不等同于德性的养成。在课程思政实践过程中，实质的教学内容表现为教育者对既定内容的具体实施，不能简单认定为教材和教案，而是知识内容与具体教育教学实践的紧密结合。因此，对课程思政内容的评价既包括对既定知识内容的评价，又应当与教育教学实践充分结合起来。在具体实践中，对课程思政内容的评价，应结合学生全面发展和国家课程思政目标，采取调研访谈、实证研究、活动观察等方法，坚持教材内容、日常行为观察与活动表现定性相结合的方式，收集观测数据和效度信息，建立长期性评价机制，进行动态调整。

三 评价的基本原则

课程思政评价指向的是课程思政评价活动本身，既然是对实践活动的评价，就应以活动自身为主确立评价原则，并反映课程思政的基本规律和主要活动，对课程思政的实施和效果提升具有指导意义。

（一）目标主导原则

目标是对实践活动预期结果的主观设想，是在思想意识中形成的一种主观，是活动要达到的预期目的，并为活动的开展指明方向。具有主导组织各方面关系、构成系统组织方向核心的作用。目标不是一种实然，而是对应然状态的期待，以及对预先设想状态的价值追求，具有主导实践活动方向的重要意义。目标价值规范的实践运行、价值评价的主客观方面决定了评价的广泛性和意识形态的多元化，广泛性来自课程思政的意识形态属性，受社会政治、文化传统、经济制度、时代需求以及更广泛范围的国际环境的影响；多元化更多指向评价主客体的多样性以及课程思政内容的层次性。目标的意识形态性表征为社会性，目标的主体社会化同样指向其社会性，从而体现为时代性。所以，脱离生活在具体时代生活中的个体的目标，是科学理性主义知识的工具化固化，围绕课程思政目标的评价体系，既是时代精神和价值的表现，又是个体社会化与时代精神的共振。

高等农业院校课程思政的目标体系是从系统的整体来考察和确定的，是围绕立德树人根本任务效果提升而组织实施的协同多方的工作系统。如果目标体系不相关联、不相协调、互不支持，则组织及组织的成员会立足本部门的利益而确立有利于自身的目标和途径，从而影响核心目标的实现。目标体系的本质要求初始的计划必须是建基于核心追求的、非线性的，即不是一个目标接一个目标的逻辑关系，而是整体观下的相互协同。进入目标系统中的每一个主体都必须保证围绕核心目标进行分工协作和配合，在确定自身目标时保持与其他部门目标一致协调，同时还要与进入系统的各要素协同。在核心目标的主导下，目标体系表现为多样化和层级化，即不同类型和不同层次的目标是总目标不同侧面的反映，或者总目标是由不同方面目标构成的。一味地强调总目标的实现或把总目标的实现作为系统的唯一目标，会导致系统内的其他要素为实现总目标而忽视程序正义，导致为追求目标而忘却为何出发。同时，目标必须是明确可评价的，模糊的目标在评价上是不具有任何意义的。一般来讲，目标由定量目标和定性目标构成，定量目标的考核是教育领域所擅长的，这是由量化考核的简单化决定的。量化考核在教育领域的运用有利于组织对实践活动的控制，而且能为对成员的奖惩带来便利，但会因为量化而损失组织运行的效能。同时，量化考核对无法量化的要素表现出漠视或无能为力，特别是对于意义生成的程度、表现、渗透深度等无法定时定量的指标，量化考核的弊端就显而易见了，如果可以量化思想和情感，教育评价讨论的余地就会大幅减少。定性目标是课程思政的主导目标，评价必须用详细的描述、现实的表现、延后或超越的言行以及其他目标的实现程度和时空的结合来体现，是课程思政评价的主要方面。另外，目标还具有可接受性的特点，美国管理心理学家维克托·H.弗鲁姆（Victor H. Vroom）的期望理论表明，主体积极性或努力程度是效价和期望值的乘积，效价指主体对工作及其可实现的目标能够给自己带来满足程度的评价，即对工作目标价值的期待；期望值则指主体对自己能够顺利完成这项工作的可能性的评估，即对工作目标能够实现概率的估计。因此，若目标对主体要产生激发作用，该目标必须是可接受、可以完成的，超过主体能力所及的目标不具有激励作用。从目标的应然和实然方面，体现了主体在目标实现方面的能动作用，同时也指明了科学的目标对主体作用发挥的激励作用。评价目标在管理学意义上还具有一定的挑战性，如果一个目标对主体来说能够轻松实现，努力或主观能动性则会被淹没。目标的可接受性和挑战性是对立统一的，目标的激励作用与挑战性统一于实践活动，并在具体的教育实践活动中，通过主体的实践了解目标的多层次性和自身的贡献，据此把实践活动对目标的支撑反馈给系统的组织者，实现目标对整体系统的主导。

按照《高等院校课程思政建设指导纲要》，高等农业院校课程思政的基本目标是：围绕全面提高人才培养能力这个核心点，在所有学科专业全面推进，促使课程思政的理念形成广泛共识，广大教师开展课程思政建设的意识和能力全面提升，协同推进课程思政建设的体制机制基本健全，高校立德树人成效进一步提高。在范围上包括理念、意识、能力、体制、机制等多方面，核心是提高立德树人成效。因此，课程思政评价的根本目标是改进提升立德树人成效，凡是可以改进立德树人成效的各个方面、各个领域都应该被纳入评价的范围。在教育形态上，显性教育和隐性教育、课堂教育和活动教育都是评价的对象。在课程类型上，专业课、通识课、思想政治理论课、活动课都是评价的内容。在评价主体上，教育者和受教育者都应该被纳入评价的范围。在评价要素上，态度、制度、机制、平台、载体、环境等都是评价的内容。以上评价要素进入评价体系由课程思政的目标决定，课程思政的目标在育人体系中是一个分层分类的系统。在组织领导系统内，包括院校党委的思想理念、制度体系、运行机制、支撑保障系统；职能部门根据党委确定的目标体系结合自身职能进一步明晰的目标体系；各类课程结合专业培养目标细化的各自目标，还有各类课程思政实施主体依据岗位职责制定的目标。各级各类目标共同作用于课程思政的实践，并决定课程思政评价体系。

（二）客观性原则

客观性是高等农业院校课程思政评价结果真实有效的基础，是指课程思政的评价要客观反映被评价对象的真实状态，或尽可能了解和掌握评价对象的认知和思想变迁的真实情况。课程思政评价的客观性原则内在地规定了评价方法和手段的科学性，科学评价的特征是尊重事实并客观反映事实，科学评价事实上高于客观评价，它要求从理性的高度反映评价对象的事实情况。客观性原则对事实的尊重建立在主客体两方面，客体方面的客观接近于科学性，如对课程思政目标、内容、方法、制度、机制等方面的评价，更容易确定科学客观的评价指标，并通过科学的评价方法来开展。主体方面的客观则体现在多样性和多元化之中，必须考虑文化、时空、传统、情境及宏大叙事和微观生存的意义和价值，定性的内容居多且难以量化，客观性就体现为相对的客观。高等农业院校课程思政的评价是在客观性原则指导下的主客体相统一的评价，客观性要求评价必须是对课程思政组织、计划、运行、监督等方面真实情况的评估，剔除影响评价客观性的因素。评价的主客体统一方面，要求参与评价的主体须坚持实事求是的态度，摒弃组织和个人利益，对课程思政实施的真实状况做出不受其他因素影响的评价。

（三）重点突出的原则

高等农业院校课程思政育人体系是一个复杂的教育系统，由参与育人的多种要素组成，并受多方面因素的影响。从课程思政的目标来讲，培养德智体美劳全面发展的知农爱农型社会主义建设者和接班人，包括知识技能的培育、情感态度的养成和价值观念的塑造。从影响个人成长的角度看，还受社会、家庭、学校、他人的影响。这一复杂性决定我们在评价课程思政实施效果时，必须厘清各种要素的影响和参与程度，进行系统和整体判断，防止面面俱到或以偏概全。如果只追求考试成绩，则会损害全面发展的目标要求；如果偏重追求情感价值，则会损害教育对知识和技能的培养。重点意义在于能够消除因评价者对诸多因素考虑不周而造成的焦虑和不满，在评价时选取对课程思政目标实现产生主要影响的要素进行重点考察，或确定对目标评价最有说服力的环节过程，达到对总体评价效果可靠性的追求。唯物辩证法指出，事物的性质是由主要矛盾和矛盾的主要方面决定的，教育评价也应该抓住评价的主要方面，在全面考量的同时确定评价的主要方面，明确全面评价中的重点，在重点明确的基础上开展全面评价。同理，在进行某一方面评价时，要在该要素与其他要素的关系中确立其在评价指标中的位置和权重，构建相互联系、层级分类的指标权重，防止在进行综合评价时因考虑普遍联系而带来的广延性损害评价的内涵，既注重对单项评价成果的关注，又强调评价的整体性。

（四）定性与定量相结合的原则

事物总是有量和性两方面的规定性，教育评价中的定性是指在课程思政评价中对事物性质的强调，定量是指在评价中核定事物的数量。课程思政的评价是定性评价和定量评价的统一，就是对教育现象的价值在性质和数量上进行评判。辩证唯物主义指出，量变是质变的准备，质变是量变的结果，量的积累极限导致质变，质的提升进入下一个量变，量变和质变是相互渗透和交替的。因此，在高等农业院校课程思政的评价中，既要关注质变中的量变，又要关注量变中质的变化，还要关注质量互相转化之间的阈值。比如，学生知识和技能的掌握达到何种程度为合格或优秀，学生思想认知和情感价值表现在哪个层次为良好。定性和定量的结合是统一而不可分割的，长期以来教育界对定量的偏爱，不是因为其准确和科学，而是因为其简便易用。同时，教育界对定性评价的质疑，是因为定性的描述性带来非理性，如果我们对一个事物或现象缺乏描述，或者我们对一个事物和现象的描述只能是数量的，又如何确定它们的性质？另一个意义上，定量是一种测量，要求科学、准确、可靠，科学是基础、准确是目的、可靠性是徽章，是依据一定的测量法则给事物确定出一种数量化的价值，而测量则是量性的结合，没有性质的量是缺乏对事物规律及规定性把握的表现，由此会带来评价方式、评价体系的简单化。

（五）动态和静态相结合的原则

动态即事物的发展变化，静态是指事物的稳固恒久。物理学告诉我们，动态是恒久的，静态是动态的特殊。高等农业院校课程思政的动态方面是指教育的目标、内容、主体、情境、进程是发展变化的，在评价时必须坚持跟踪的原则。静态方面则要看系统中的某一要素在一定时空内是否发生了变化，是否在特定的时空内是静止的，这种静止是一种假定的状态，因为我们无法对总在变化的价值进行评估确定。恩格斯指出："运动应当从它的反面即从静止中找到它的量度。"[①] 因此，静止的相对性对教育评价是必须的。

---

① 〔美〕R. L. 桑代克、E. P. 哈根：《心理与教育的测量和评价》，叶佩华、邹有华、刘蔚成主译，人民教育出版社，1985，第 3 页。

在高等农业院校课程思政的评价中把动态和静态结合起来，要确定评价的时限并在该时限内对实施效果进行评价，首先要看在固定时限内的发展进步，并赋予发展变迁更多的权重；其次要对该时限后的发展趋势做出判断，动态和静态的结合，统筹评价自身的发展变化和最终作用的发挥。例如，课程思政的教育目标和内容在一定时期内是固定的，而教育者和受教育者的思想认识、情感认知则是变化的。这需要在评价时灵活选择评价方法。

四　评价的主要方法

教育评价的种类和方法根据不同的教育实践有多种，选择的标准在于能否最大限度地体现出教育目标的实现。高等农业院校课程思政的评价作为一种综合复杂的教育活动，其评价的方式亦是复杂多元的。高等农业院校课程思政的评价既包括对学习者自身改变的评价，又包括教育者在推动课程思政实施中的理念、领导、组织、制度、资源等是否实现了课程思政的目标等诸多方面。对受教育者自身改变的评价包括知识技能的掌握和思想的转变两个方面，知识和技能的评价较为显性化，评价更为容易，一般采用考试的方法，也是传统教育评价的主要方面；对学习者思想观念和价值情感及其变化的评价则需要根据具体情况灵活应对。对课程思政客体方面的评价，涉及的领域和层次较多，既有思想观念层面的，也有制度、机制、资源等实体及其运行方面的。在具体方法的运用上，要根据内容灵活选择不同的评价方法。

（一）相对评价

相对评价是指在评价对象的团体内通过个体与团体中相对标准的比较所进行的评价。[①] 相对评价是在特定系统内部为评价对象确定一个或若干标准，对照确定的标准对系统内的各个评价对象进行评价并形成排名的评价方

---

① 　马永霞：《教育评价》，当代世界出版社，2001，第35页。

法。相对评价的主要目的是确定评价对象在该系统内的相对位置，并依据评价获得系统及系统内各个评价对象相对标准的情况。相对评价的基础是评价标准，标准的确定必须在团体或系统内部进行。相对评价在团体或系统的评价结果为正态分布的条件下进行，多关注评价对象在综合目标下的表现，而不仅仅是对知识和技能的掌握情况。教育统计学统计规律表明，学生的智力水平、学习能力、动手能力等呈正态分布，这是相对评价在教育领域广泛采用的理论基础。但也有学者[①]认为正态分布的规律限制了教师的作为，抑制了多数学生学好的信心。我们把相对评价仍然确定为高等农业院校课程思政评价的方法之一，是因为在排除教师和学生主动性后，或从整体考虑主体性作用后归入结果仍然具有评价意义，正态分布仍然具有极大的教育实践意义。高校中使用相对评价最为常见和典型的方式是学生综合素质测评。相对评价在课程思政实效的评价上拥有广泛的适用范围，既可以使教育者客观地了解教育活动实施的效果，又可以较为准确地对自身的专业水平进行测评，还可以使学习者知道自己在群体中的水平、地位。相对评价虽具有广泛性和适用性，但其标准的内部产生，要求具有极其严格的合理性和科学性，在由诸多指标构成的评价体系中确定一个相对的标准，对评价者来说具有很大的挑战性，需要评价者自身具有较高的理论水平和业务能力。不难想象，一个不科学客观的标准，或偏离实际的标准导出的评价结果，不但不能达到评价的目的，反而会走向评价初衷的反面。

（二）绝对评价

绝对评价是根据预先设定的教育教学目标的达成度而开展的评价。与相对评价的标准在群体内确定不同的是，绝对评价的标准在评价所在群体之外形成，并据此标准对评价对象进行比较得出评价结果。目标参照是绝对评价的主要表现形式，即依照预设的目标或标准与评价对象进行对比以测评其是

---

① 国内学者顾泠沅，美国学者布卢姆等都曾通过实证研究，证明通过教育教学的积极作为，学生的成绩是可以偏正态分布的，从理论上为教师和学生主体作用发挥提供了支撑。

否达到目标所要求的状态和程度，评价者由此得出结果，评价对象则因目标的预先设定而发挥自身能动性而形成积极向上的学习主观努力。对高等农业院校课程思政评价来说，围绕立德树人成效进行绝对评价是其主要的评价方式。在实施课程思政的绝对评价中，目标是既定的，棘手的是如何依据目标制定客观全面的评价指标体系，加之在主导目标下还有涉及多个系统和要素的子目标，太宏观的指标体系不能保证评价结果的准确性，过于细微的指标又可能使评价过程陷入烦琐冗长，缺乏可操作性。可行的策略是尽量缩小评价的范围，在育人体系整体目标下选择一个子系统目标，科学设计其评价的指标体系后再进行。当然，这种策略也不能一劳永逸，在绝对评价不能企及的范围，采取绝对评价和相对评价结合的方式也是一种选择。

在相对评价和绝对评价之间还存在一个评价的空间，即个体内部的差异评价，主要是评价对象依据标准，对自身在不同时间点的表现和状态进行纵向比较，确定进步与否或与目标的距离关系；也可以在固定时间点依照评价指标进行横向的比较，从而判定自身与其他个体在各个指标上的差异，从而对自身发展情况形成对比性的结论。

（三）总结性评价

总结性评价是根据确定的时间段对教育实践活动的效果开展的评价，是围绕教育教学目标的阶段目标而开展的评估诊断，期中和期末考试就属于此类评价，是一种事后评价。也有在教育活动之前开展的评价，一般是针对性的评价，目的是为教育活动的顺利开展提供背景资料，以便使教育活动更好地适合学习者。诊断性的评价可适用于教育活动开始前、进行中、结束后多个阶段，既对阶段性教育活动的实效进行总结，又可对实施中出现的问题和问题产生的原因进行分析。在高等农业院校课程思政实施中，总结性评价的运用范围较为广阔，既可对教育的主体方面进行阶段性诊断评估，又可对客体方面在特定时段内的进展情况进行评价；既可对个体在一定时段内的改变进行诊断，又可对各级组织在特定时段内课程思政推进或实施的情况进行评价。总结性评价的优点在于其对育人过程的分阶段、分时段评估，能够在目标指引下对课程思政实施的阶段性效果进行诊断，为下一阶段的教育实践活动提供针对性的建议和改进策略。

（四）过程性评价

过程性评价又称为形成性评价，指对高等农业院校推动课程思政实践过程、程序的运行情况进行的综合检验。对课程思政内在价值和目标的实现评价的重点不仅体现在学习者方面，也体现在学校的组织工作和举措是否实现了课程思政的价值和目标方面。为避免总结性评价的延期性对运行过程的忽视，过程性评价其实是对课程思政在课程编制、教育教学以及学习过程开展的动态评价，核心在于随时掌握课程思政教育教学的中间成果，关键是对育人进程进行诊断，并将评价结果反馈到教育进程中以改进和加强育人活动，修正和调整教学内容和方式方法，促进育人效果提升。形成性评价与总结性评价的不同之处在于时间段的灵活性和不确定性，它是围绕课程思政实施的某个方面或某一要素开展的随机性评价。需要注意的是随机不等于随意，过分随意的评价会造成为评价而评价，给教师和学生双方带来压力和不满情绪。

（五）第三方评价

第三方评价是指评价的主体来自课程思政实施主体之外，由上级主管部门、第三方机构和院校内部三个主体构成。上级主管部门的评价主要对院校落实课程思政的思想认识、组织运行、配套措施、自我评价等进行规范性评估，主要检查学校对课程思政的重视程度、投入精力和组织运行水平，目的在于规范和加强。第三方机构的评价是当前课程思政实施中亟待完善的方式，其实质是专家的诊断性评价，是课程思政实施效果中专业性最强的评价，既可以消除主管部门评价的宏观性，又可以减少院校自我评价的主观性，具体可由教育主管部门委托行业协会或团体组建专家团队，研究制定详细的指标体系，采取以过程性评价为主的方式进行。目的在于对院校课程思政实践进行综合评估，并提出原则性改进意见和创新方向，而不是规制和限定。院校内部的评价是改进课程思政实效的内部管理举措，由院校结合落实立德树人根本任务自行制定评价体系，发挥其主动性和创造性，主要起到规范和革新的推动作用，激励院校结合自身实际形成独具特色的育人体系。高等农业院校内部的第三方评价是由非实施主体对课程思政实施情况的内部评价，一般由学校内部的质量监督部门来进行，主要为院校改进教育实践提供意见建议，在一定意义上属于一种自我评价。我们也可以把一定群体和系统内的他人评价归于第三方的评价范畴内。在更广泛的意义上，高等农业院校课程思政的第三方评价可以拓展到家庭、社会、用人单位等。因为教育是培养人的社会活动，教育实践活动的效果不是在短时间内能够见效的，把教育的实效仅仅放在学校教育的范围内，等于把人的发展局限在规定的时间内，违背了教育效果的延迟性和个体发展的超越性。另外，高等教育院校培养的个人既是为自身发展又直接或间接地服务社会，在延后性上需要用人单位进行评价，在超越性上需要越过高等教育。

（六）自我评价

自我评价是评估者依据一定的教育目标对自身的发展情况开展的价值判断活动，评估者既可以是组织也可以是个人。自我评价最大的特点在于评价对象的反转，评价主体与评价对象的重叠。通常情况下，对一个事物的评价主体都来自其外部，并通过外部主体确定的标准来判断事物发展演变的情况。自我评价则是面对自我的诊断，根据评价结果促使自我内省，积极朝着目标的方向改进自身。自我评价在消除评价者和被评价者对立情绪造成的结果偏差的同时，可以促使评价者的内在审视，既是对评价者围绕标准或目标进行认真评价的诊断，又是对评价者结论是否客观的内在考量，其本身就是一种思想政治教育的形式。

在高等农业院校课程思政效果评价中，需要改变的是对自我评价的忽视，或者降低自我评价在整体评价中的权重。传统的观念是评价者更愿意相信除自我评价之外的其他评价，这种思维实质上是受近代以来西方教育思想的影响。按西方最初的高等教育哲学分析，人的本性是恶的，教育使人向善，因此，所有的制度和规范都致力于使人不能作恶之后的自由。中华传统哲学特别是儒家哲学的人性起点是善的，所谓"人之初，性本善"，教化使人的生活发生变化。从哲学根基上分析，这种背离佐证了近代以来中国高等教育在学习西方之时对自我的抛弃。如果我们不能对学习者给予充分的信任，从逻辑上推翻了教学的本质，从而再次走向教师主导的权威，学习者始终处于被教育、被教化、被评价的一面，这才是真正的故步自封。如果评价者拒绝给予被评价者同等的地位，又如何要求被评价者给予相应的尊重？正如国内许多高校的无人监考测试，所谓的无人是摄像头下的无人，除了给学生带来嘲笑和不满之外，还有对教育本身的伤害。课程思政是思想政治教育的扩展和补充，任何一种教育形式和教学方法都饱含对受教育者的尊重，正如学生从学前教育起对教师的尊重，这既源自中国传统教育的尊师重教传统，又来自教育本身的内在规定性，但这不等于说教育者可以肆意挥霍和漠视。

参考文献

一 专著

白显良：《隐性思想政治教育基本理论研究》，人民出版社，2013。

〔英〕彼得·切克兰：《系统思想，系统实践》，闫旭晖译，人民出版社，2009。

〔美〕彼特·L.伯格、托马斯·卢克曼：《现实的社会建构：知识社会学论纲》，吴肃然译，北京大学出版社，2019。

别敦荣：《大学战略规划：理论与实践》，中国海洋大学出版社，2019。

陈志尚：《人学理论与历史》（人类学卷），北京出版社，2005。

〔美〕丹尼尔·U.莱文、瑞依娜·F.莱文：《教育社会学》（第九版），褚宏启、郭锋、黄雯译，中国人民大学出版社，2010。

〔美〕菲利普·G.阿特巴赫：《比较高等教育：知识、大学与发展》，人民教育出版社教育室译，人民教育出版社，2001。

冯刚：《改革开放以来高校思想政治教育发展史》，人民教育出版社，2018。

胡德海：《教育学原理》，人民教育出版社，2013。

胡建华、周川、陈列等：《高等教育学新论》，江苏教育出版社，2006。

华东师范大学教育系、杭州大学教育系编译《现代西方资产阶级教育思想流派论著选》，人民教育出版社，1980。

黄济：《教育哲学通论》，山西教育出版社，1998。

教育部课题组：《深入学习习近平关于教育的重要论述》，人民出版社，2019。

〔加〕杰弗里·史密斯：《全球化与后现代教育学》，郭祥生译，教育科学出版社，2012。

〔英〕杰弗里·托马斯：《政治哲学导论》，顾肃、刘雪梅译，中国人民大学出版社，2006。

〔德〕卡尔·雅斯贝尔斯：《大学之理念》，邱立波译，上海世纪出版集团，2007。

〔澳〕科林·马什：《理解课程的关键概念》，徐佳、吴刚平译，教育科学出版社，2009。

孔祥智：《乡村振兴的九个维度》，广东人民出版社，2018。

李长伟：《实践哲学视野中的教育学演进》，湖北科学技术出版社，2012。

梁金霞、黄祖辉：《道德教育全球视域》，华南理工大学出版社，2008。

刘海峰、史静寰：《高等教育史》，高等教育出版社，2010。

马克思、恩格斯：《共产党宣言》，人民出版社，2014。

《马克思恩格斯选集》（第二卷），人民出版社，1979。

《马克思恩格斯选集》（第三卷），人民出版社，2012。

《马克思恩格斯选集》（第一卷），人民出版社，1995。

〔英〕麦克·扬、〔南非〕约翰·穆勒：《课程与知识的专门化：教育社会学研究》，许甜译，华东师范大学出版社，2021。

〔英〕迈克尔·夏托克编《高等教育的结构和管理》，王义端译，华东师范大学出版社，1987。

苗东升：《系统科学精要》，中国人民大学出版社，2010。

潘洪建：《教学知识论》，甘肃教育出版社，2004。

《潘懋元文集卷一：高等教育学讲座》，广东高等教育出版社，2010。

戚万学：《冲突与整合：20世纪西方道德教育理论》，山东教育出版社，1995。

〔美〕乔治·凯勒：《大学战略与规划：美国高等教育的管理革命》，别敦荣主泽，中国海洋大学出版社，2005。

〔美〕乔治·M.马斯登：《美国大学之魂》（第二版），徐弢、程悦、张离海译，北京大学出版社，2015。

〔美〕R.L.桑代克、E.P.哈根：《心理与教育的测量和评价》，叶佩华、邹有华、刘蔚成主译，人民教育出版社，1985。

〔美〕Ralph W. Tyler：《课程与教学的基本原理》，罗康、张阅译，中国轻工业出版社，2008。

施良方：《课程理论——课程的基础、原理与问题》，教育科学出版社，1996。

施晓光：《西方高等教育思想史进程》，黑龙江人民出版社，2002。

石中英：《知识转型与教育改革》，教育科学出版社，2013。

舒晓丽、李莉、吴静珊主编《学生发展与学习心理》，华南理工大学出版社，2021。

苏崇德等主编《比较思想政治教育学》，高等教育出版社，1995。

〔美〕索尔蒂斯：《教育与知识的概念》，人民教育出版社，1993。

〔美〕威廉·F.派纳、威廉·M.雷诺兹、帕特里克·斯莱特里等：《理解课程——历史与当代课程话语研究导论》（上下），张华等译，教育科学出版社，2003。

吴潜涛：《思想政治教育教学与研究》，中国人民大学出版社，2018。

许国志：《系统科学》，上海科技教育出版社，2000。

〔古希腊〕亚里士多德：《形而上学》，苗力田译，中国人民大学出版社，2003。

〔美〕亚瑟·科恩：《美国高等教育通史》，李子江译，北京大学出版社，2010。

杨德广、谢安邦主编《高等教育学》，高等教育出版社，2009。

杨国荣：《人类行动与实践智慧》，生活·读书·新知三联书店，2013。

杨明全：《传承与建构：课程与教学理论探索》，山东教育出版社，2015。

〔德〕伊曼努尔·康德：《论教育学》，赵鹏、何兆武译，世纪出版集团、上海人民出版社，2005。

〔美〕约翰·塞林：《美国高等教育史》（第二版），孙益、林伟、刘冬青译，北京大学出版社，2014。

袁桂林：《当代西方道德教育理论》，福建教育出版社，2005。

张斌贤、刘慧珍：《西方高等教育哲学》，北京师范大学出版社，2007。

张汝伦：《历史与实践》，上海人民出版社，1995。

张世欣：《道德教育的境界：中国古代德育学派的比较研究》，浙江教育出版社，2003。

张耀灿、郑永廷、刘书林等：《现代思想政治教育学》，人民出版社，2001。

郑登云：《中国高等教育史》（上册），华东师范大学出版社，1994。

钟启泉：《现代课程论》，上海教育出版社，2003。

〔美〕茉丽·A. 罗宾：《现代大学的形成》，尚九玉译校，贵州出版集团、贵州教育出版社，2006。

Pinar，W. F.，Reynolds，W. M.，and Taubman，P. M.，*Understanding Curriculum*（New York：Peter Lang Press Inc.，1995）。

二 期刊

薄萌萌：《高校教师在"课程思政"改革中的元认知过程——质性研究的视角》，《教育学术月刊》2020年第4期。

毕晶：《构建"课程思政"的"三位一体"——以〈经济学〉课程为例》，《山西财经大学学报》2020年第S2期。

蔡文成、张艳艳：《高校课程思政中马克思主义思维方法的融入与贯通》，《思想理论教育导刊》2021年第7期。

曹震、肖湘平：《农林高校全面推进课程思政建设的五个着力点》，《中国大学教学》2020年第11期。

常晨光、周慧、曾记：《国别与区域研究课程中的课程思政——理念与实践》，《中国外语》2021年第2期。

陈斌：《高校课程思政的生成逻辑与推进策略》，《中国高等教育》2020

年第 Z2 期。

陈灿芬：《科学构建课程思政建设的三个机制》，《思想理论教育导刊》2021 年第 9 期。

陈会方、秦桂秀：《"课程思政"与"思政课程"同向同行的理论与实践》，《中国高等教育》2019 年第 9 期。

陈磊、沈扬、黄波：《江苏高校课程思政建设现状与发展思路——基于江苏省 50 所高校调查数据分析》，《中国大学教学》2020 年第 12 期。

陈磊、沈扬、黄波：《课程思政建设的价值方向、现实困境及其实践超越》，《学校党建与思想教育》2020 年第 14 期。

陈理宣、董玉梅、李学丽：《课程思政的内生机制、实现路径与教学方法》，《国家教育行政学院学报》2021 年第 8 期。

陈旻：《"三同三力"推进高校思政课程与课程思政相结合析论》，《思想教育研究》2021 年第 5 期。

陈淑丽：《协同育人视域下高校课程思政建设的现实困境与应对机制》，《教学与研究》2021 年第 3 期。

陈艳：《论高职院校"思政课程"与"课程思政"的交互融合》，《思想理论教育导刊》2018 年第 12 期。

陈卓国：《论新媒体背景下高校课程思政教学改革》，《学校党建与思想教育》2019 年第 18 期。

成桂英、王继平：《课程思政是提高高校教师思想政治工作实效性的有力抓手》，《思想理论教育导刊》2019 年第 8 期。

成桂英：《推动"课程思政"教学改革的三个着力点》，《思想理论教育导刊》2018 年第 9 期。

成永军：《探索有效模式　构建"大思政"工作格局》，《中国高等教育》2019 年第 5 期。

崔戈：《"大思政"格局下外语"课程思政"建设的探索与实践》，《思想理论教育导刊》2019 年第 7 期。

戴少娟：《高校课程思政的核心要素解构与系统集成创新》，《中国大学教学》2021年第6期。

翟文豹：《课程思政建设：逻辑起点、基本前提与实践路径——以行业特色型高校为例》，《现代教育管理》2021年第9期。

董博：《大学通识教育改革的"课程思政"进路研究》，《江苏高教》2020年第12期。

董慧、杜君：《课程思政推进的难点及其解决对策》，《思想理论教育》2021年第5期。

董尚文：《推进哲学教育课程思政建设的思考》，《学校党建与思想教育》2020年第20期。

董勇：《论从思政课程到课程思政的价值内涵》，《思想政治教育研究》2018年第5期。

樊海源：《高校工程文化与课程思政的逻辑阐释、价值统一和实践路径》，《思想政治教育研究》2020年第6期。

高德毅、宗爱东：《课程思政：有效发挥课堂育人主渠道作用的必然选择》，《思想理论教育导刊》2017年第1期。

高国希：《构建课程思政体系的教育哲学审视》，《思想理论教育》2020年第10期。

高国希：《坚持显性教育和隐性教育相统一》，《中国高等教育》2019年第11期。

高宁、张梦：《对"课程思政"建设若干理论问题的"课程论"分析》，《中国大学教学》2018年第10期。

高珊、黄河、高国举等：《"大思政"格局下研究生"课程思政"的探索与实践》，《研究生教育研究》2021年第5期。

高帅：《立德树人视域下高校课程思政建设论析》，《学校党建与思想教育》2021年第11期。

高锡文：《基于协同育人的高校课程思政工作模式研究——以上海高校改革实践为例》，《学校党建与思想教育》2017年第24期。

高迎爽、李楠：《抗疫时期推进课程思政的理念与实践》，《中国大学教学》2020 年第 8 期。

龚一鸣：《课程思政的知与行》，《中国大学教学》2021 年第 5 期。

巩茹敏、林铁松：《课程思政：隐性思想政治教育的新形态》，《教学与研究》2019 年第 6 期。

顾晓英：《教师是做好高校课程思政教学改革的关键》，《中国高等教育》2020 年第 6 期。

郭元祥：《知识的教育学立场》，《教育研究与实验》2009 年第 5 期。

韩喜平、肖杨：《课程思政与思政课程协同育人的"能"与"不能"》，《思想理论教育导刊》2021 年第 4 期。

韩宪洲：《课程思政方法论探析——以北京联合大学为例》，《北京联合大学学报》（人文社会科学版）2020 年第 2 期。

韩宪洲：《全面推进课程思政建设的逻辑进路探析》，《中国高等教育》2021 年第 6 期。

韩宪洲：《深化"课程思政"建设需要着力把握的几个关键问题》，《北京联合大学学报》（人文社会科学版）2019 年第 2 期。

郝德永：《"课程思政"的问题指向、逻辑机理及建设机制》，《高等教育研究》2021 年第 7 期。

郝晓美：《高校研究生课程思政教学改革论》，《学校党建与思想教育》2020 年第 23 期。

何红娟：《"思政课程"到"课程思政"发展的内在逻辑及建构策略》，《思想政治教育研究》2017 年第 5 期。

何玉海、于志新：《新时代推进高校"课程思政"建设的四个维度》，《思想理论教育导刊》2021 年第 2 期。

何玉海：《关于"课程思政"的本质内涵与实现路径的探索》，《思想理论教育导刊》2019 年第 10 期。

何源：《高校专业课教师的课程思政能力表现及其培育路径》，《江苏高教》2019 年第 11 期。

洪岗：《对外语院校课程思政建设的思考》，《外语电化教学》2020 年第 6 期。

侯勇、钱锦：《课程思政研究的现状、评价与创新》，《江苏大学学报》（社会科学版）2021 年第 6 期。

胡洪彬：《课程思政：从理论基础到制度构建》，《重庆高教研究》2019 年第 1 期。

胡术恒：《论课程思政中知识传授与价值引领的融合——基于罗素教育目的观的分析》，《思想政治教育研究》2020 年第 2 期。

花军、许金如、仇文利：《高校思政课程和课程思政协同育人实践对策考量》，《广西社会科学》2021 年第 8 期。

黄忠敬：《我们应当确立什么样的课程知识观?》，《南京师大学报》2002 年第 6 期。

蒋笃君：《新时代高校立德树人范式探究》，《学校党建与思想教育》2019 年第 23 期。

柯政：《课程理论视角下课程思政及其实施框架》，《中国高等教育》2021 年第 8 期。

孔翔、吴栋：《以混合式教学改革服务课程思政建设的路径初探》，《中国大学教学》2021 年第 21 期。

李博、陈栋：《课程思政一体化建设的挑战与改进》，《中国大学教学》2021 年第 9 期。

李凤：《给课程树魂：高校课程思政建设的着力点》，《中国大学教学》2018 年第 11 期。

李红霞：《课程思政视域下专业课重构设计》，《人民论坛》2020 年第 33 期。

李建华：《知识即美德：课程思政的学理意蕴》，《思想教育研究》2021 年第 2 期。

李晓培、胡树祥：《新时代高校课程思政的话语表达与当代意义》，《思想教育研究》2021 年第 1 期。

凌淑莉：《赫尔巴特道德教育思想的理论意蕴与实践启示》，《社会科学战线》2021 年第 7 期。

刘承功：《高校深入推进"课程思政"的若干思考》，《思想理论教育》2018 年第 6 期。

刘丁鑫：《论高校课程思政课堂育人效果提升的主要原则》，《思想理论教育导刊》2021 年第 10 期。

刘建平、周耀杭、莫丹华：《深入把握高校课程思政的基本规律》，《中国高等教育》2020 年第 23 期。

刘清田：《略谈课程思政的内生性》，《中国大学教学》2020 年第 11 期。

刘营军：《农科特色通识教育课程思政的内容与路径》，《中国高等教育》2020 年第 8 期。

刘在洲、唐春燕：《各类课程与思想政治理论课同向同行的契合性与对策》，《学校党建与思想教育》2019 年第 9 期。

刘正光、岳曼曼：《转变理念、重构内容，落实外语课程思政》，《外国语》（上海外国语大学学报）2020 年第 5 期。

娄淑华、马超：《新时代课程思政建设的焦点目标、难点问题及着力方向》，《新疆师范大学学报》（哲学社会科学版）2021 年第 5 期。

卢黎歌、吴凯丽：《课程思政中思想政治教育资源挖掘的三重逻辑》，《思想教育研究》2020 年第 5 期。

陆道坤：《课程思政评价的设计与实施》，《思想理论教育》2021 年第 3 期。

陆道坤：《课程思政推行中若干核心问题及解决思路——基于专业课程思政的探讨》，《思想理论教育》2018 年第 3 期。

陆道坤：《论课程思政的教学设计与实施》，《思想理论教育》2020 年第 10 期。

罗德明：《高校思政教育"双焦点格局"的形成及其意涵》，《国家教育行政学院学报》2019 年第 7 期。

罗仲尤、段丽、陈辉：《高校专业课教师推进课程思政的实践逻辑》，《思想理论教育导刊》2019 年第 11 期。

马利霞、赵东海：《系统思维视域下构建思政课程与课程思政协同育人体系》，《系统科学学报》2021 年第 1 期。

梅强：《以点引线，以线带面——高校两类全覆盖课程思政探索与实践》，《中国大学教学》2018 年第 9 期。

孟旭琼、汤志华：《改革开放以来课程思政教育理念的历史演进》，《河南师范大学学报》（哲学社会科学版）2021 年第 3 期。

闵辉：《课程思政与高校哲学社会科学育人功能》，《思想理论教育》2017 年第 7 期。

聂迎娉、傅安洲：《课程思政：大学通识教育改革新视角》，《大学教育科学》2018 年第 5 期。

聂迎娉、傅安洲：《意义世界视域下课程思政的价值旨归与根本遵循》，《大学教育科学》2021 年第 1 期。

欧平：《高职高专课程思政：价值意蕴、基本特征与生成路径》，《中国高等教育》2019 年第 20 期。

蒲清平、何丽玲：《高校课程思政改革的趋势、堵点、痛点、难点与应对策略》，《新疆师范大学学报》（哲学社会科学版）2021 年第 5 期。

齐鹏飞：《全面实现思政课程与课程思政的同向同行》，《中国高等教育》2020 年第 Z2 期。

钱欣、曾宁：《高校推进"课程思政"研究述评》，《思想理论教育导刊》2019 年第 6 期。

秦厚荣、徐海蓉：《大学数学课程思政的"触点"和教学体系建设》，《中国大学教学》2019 年第 9 期。

邱秋云：《脱贫攻坚背景下高职涉农专业课程思政的实现路径》，《高教探索》2020 年第 12 期。

邱仁富：《"课程思政"与"思政课程"同向同行的理论阐释》，《思想教育研究》2018 年第 4 期。

邱伟光：《课程思政的价值意蕴与生成路径》，《思想理论教育》2017 年第 7 期。

邱伟光：《论课程思政的内在规定与实施重点》，《思想理论教育》2018

年第 8 期。

任鹏、李毅：《课程思政建设的关键变量、基本原则与推进路径》，《思想理论教育导刊》2021 年第 8 期。

沙军：《"课程思政"的版本升级与系统化思考》，《毛泽东邓小平理论研究》2018 年第 10 期。

沈贵鹏：《心理学视域中泛课程思政的特点诠释》，《思想理论教育》2018 年第 9 期。

石定芳、廖婧茜：《新时代高校课程思政建设的本真、阻碍与进路》，《现代教育管理》2021 年第 4 期。

石建勋、付德波、李海英：《新时代高校课程思政建设重点是"三观"教育》，《中国高等教育》2020 年第 24 期。

石丽艳：《关于构建高校课程思政协同育人机制的思考》，《学校党建与思想教育》2018 年第 10 期。

石书臣：《正确把握"课程思政"与思政课程的关系》，《思想理论教育》2018 年第 11 期。

石岩、王学俭：《新时代课程思政建设的核心问题及实现路径》，《教学与研究》2021 年第 9 期。

时伟、张慧芳：《高校课程思政教学质量标准探析》，《中国高等教育》2020 年第 17 期。

史巍：《论以"课程思政"实现协同育人的关键点位及有效落实》，《学术论坛》2018 年第 4 期。

孙广俊、李鸿晶、陆伟东、王俊：《高校课程思政的价值蕴涵、育人优势与实践路径》，《江苏高教》2021 年第 9 期。

孙燕华：《创新教学管理——推动高校课程思政改革与探索》，《中国大学教学》2019 年第 5 期。

谭红岩、郭源源、王娟娟：《高校课程思政评估指标体系的构建与改进》，《教师教育研究》2020 年第 5 期。

汤苗苗、董美娟：《高校课程思政建设存在的问题及对策》，《学校党建与思想教育》2020 年第 22 期。

唐德海、李枭鹰、郭新伟：《"课程思政"三问：本质、界域和实践》，《现代教育管理》2020 年第 10 期。

涂刚鹏、刘宇菲：《思政课程与课程思政协同育人的三维路径》，《学校党建与思想教育》2020 年第 21 期。

万林艳、姚音竹：《"思政课程"与"课程思政"教学内容的同向同行》，《中国大学教学》2018 年第 12 期。

王刚、朱家存：《新时代课程思政：价值、目标与路径》，《课程·教材·教法》2021 年第 5 期。

王海威、王伯承：《论高校课程思政的核心要义与实践路径》，《学校党建与思想教育》2018 年第 14 期。

王珩：《"双一流"建设背景下课程思政的实践路径研究——以中国地质大学（武汉）地质学专业为例》，《湖北社会科学》2020 年第 8 期。

王洁松：《关于进一步加强课程思政育人功能的思考》，《思想理论教育导刊》2020 年第 11 期。

王景云：《论"思政课程"与"课程思政"的逻辑互构》，《马克思主义与现实》2019 年第 6 期。

王军、王彩霞：《高校通识课教学质量影响因素及提升路径研究——基于学生评教文本的分析》，《中国高教研究》2020 年第 8 期。

王茜：《"课程思政"融入研究生课程体系初探》，《研究生教育研究》2019 年第 4 期。

王秋怡：《推进课程思政 落实立德树人根本任务》，《中国高等教育》2021 年第 2 期。

王素萍：《强化协同育人，提升思政教育实效》，《中国高等教育》2019 年第 21 期。

王学俭、石岩：《新时代课程思政的内涵、特点、难点及应对策略》，《新疆师范大学学报》（哲学社会科学版）2020 年第 2 期。

王莹、孙其昂：《高校课程思政教师的政治底蕴：学理阐释与厚植路径》，《高校教育管理》2021 年第 2 期。

王岳喜：《论高校课程思政评价体系的构建》，《思想理论教育导刊》
2020 年第 10 期。

王振雷：《论高校课程思政改革的三维进路》，《思想理论教育》2019
年第 10 期。

韦春北：《把握好课程思政改革创新的四个维度》，《中国高等教育》
2020 年第 9 期。

委华、张俊宗：《新时代高等教育课程思政的理论基础》，《中国高等教
育》2020 年第 9 期。

温潘亚：《思政课程与课程思政同向同行的前提、反思和路径》，《中国
高等教育》2020 年第 8 期。

吴姗、王让新：《论提升"课程思政"建设有效性应遵循的基本原则》，
《思想教育研究》2020 年第 9 期。

吴月齐：《试论高校推进"课程思政"的三个着力点》，《学校党建与思
想教育》2018 年第 1 期。

伍醒、顾建民：《"课程思政"理念的历史逻辑、制度诉求与行动路
向》，《大学教育科学》2019 年第 3 期。

夏贵霞、舒宗礼：《课程思政视角下高校体育课程育人质量提升体系的
构建——以华中师范大学为例》，《体育学刊》2020 年第 4 期。

肖香龙、朱珠：《"大思政"格局下课程思政的探索与实践》，《思想理
论教育导刊》2018 年第 10 期。

徐洁、郭文刚：《知识视域下高校课程思政建设研究》，《复旦教育论
坛》2021 年第 4 期。

徐梦秋：《从高校名师课程看课程思政的要素与特征》，《中国大学教
学》2021 年第 7 期。

徐兴华、胡大平：《推进课程思政需要把握的几个重要问题》，《中国大
学教学》2021 年第 5 期。

许国栋：《我国高等教育改革政策伦理目标演变及启示——从道德论走

向德性论》，《现代教育管理》2013 年第 3 期。

许家烨：《论课程思政实施中德育元素的挖掘》，《思想理论教育》2021 年第 1 期。

许瑞芳：《一体化视角下高校课程思政建设的四个维度》，《中国高等教育》2020 年第 8 期。

许硕、葛舒阳：《"思政课程"与"课程思政"关系辨析》，《思想政治教育研究》2019 年第 6 期。

许小军：《高校课程思政的内涵与元素探讨》，《江苏高教》2021 年第 3 期。

薛桂琴：《高校课程思政的实践哲学意蕴》，《高校教育管理》2021 年第 6 期。

鄢显俊：《论高校"课程思政"的"思政元素"、实践误区及教育评估》，《思想教育研究》2020 年第 2 期。

闫长斌、郭院成：《推进专业思政与课程思政耦合育人：认识、策略与着力点》，《中国大学教学》2020 年第 10 期。

杨德广：《课程思政是教育规律和教育本质决定的》，《江苏高教》2021 年第 6 期。

杨建超：《协同育人理念下高校"课程思政"改革的理性审视》，《南通大学学报》（社会科学版）2019 年第 6 期。

杨建义：《全面提高高校人才培养能力视野下的"课程思政"建设》，《思想理论教育导刊》2021 年第 7 期。

杨守金、夏家春：《"课程思政"建设的几个关键问题》，《思想政治教育研究》2019 年第 5 期。

杨威、汪萍：《课程思政的"形"与"质"》，《马克思主义与现实》2021 年第 2 期。

杨晓宏、郑新、梁丽：《"互联网+"背景下高校课程思政的价值意蕴与实践路径研究》，《电化教育研究》2020 年第 12 期。

杨雪琴：《对高职院校"课程思政"改革路径的若干思考》，《学校党建与思想教育》2019 年第 2 期。

杨洋、曲铁华：《课堂教学对知识的解读偏差及其重构——基于生成论教学哲学的分析》，《教育学术月刊》2020 年第 1 期。

杨长亮、姜超：《课程思政的三重建构和技术路径——基于课程与教学论的视角》，《思想理论教育》2021 年第 6 期。

叶方兴：《观念·原则·活动：正确理解课程思政的三重维度》，《思想理论教育导刊》2020 年第 10 期。

叶方兴：《科学推进专业教育与思政教育相融合》，《中国高等教育》2020 年第 Z2 期。

易鹏、王永友：《统筹课程思政与思政课程的逻辑起点和实践指向》，《中国电化教育》2021 年第 4 期。

于歆杰：《合五为一连通课程思政建设的最后一公里》，《中国大学教学》2021 年第 8 期。

于歆杰：《理工科核心课中的课程思政——为什么做与怎么做》，《中国大学教学》2019 年第 9 期。

于歆杰、朱桂萍：《从课程到专业，从教师到课组——由点及面的课程思政体系建设模式》，《思想理论教育导刊》2021 年第 3 期。

余宏亮：《生成性教学：知识观超越与方法论转向》，《课程·教材·教法》2016 年第 9 期。

余江涛、王文起、徐晏清：《专业教师实践"课程思政"的逻辑及其要领——以理工科课程为例》，《学校党建与思想教育》2018 年第 1 期。

鱼海涛、解忧、刘伟：《工程教育专业认证背景下理工科课程思政系统化设计与实施》，《高等工程教育研究》2021 年第 3 期。

张晨宇、刘唯贤：《课程思政的基本内核与生成逻辑》，《中国高等教育》2021 年第 12 期。

张驰：《教师的课程思政建设意识及其培育》，《思想理论教育》2020 年第 9 期。

张大良：《课程思政：新时期立德树人的根本遵循》，《中国高教研究》

2021 年第 1 期。

张丹丹：《复杂性视阈下"课程思政"建设路径研究》，《广西社会科学》2018 年第 9 期。

张宏：《高校课程思政协同育人效应的困境、要素与路径》，《国家教育行政学院学报》2020 年第 10 期。

张洪君、王臣申：《课程思政视域下高校财经类教材高质量发展路径研究》，《中国出版》2021 年第 9 期。

张鲲：《高校"课程思政"的时代命题与建设路向》，《北方民族大学学报》（哲学社会科学版）2019 年第 2 期。

张莉：《财务管理专业推进"课程思政"建设的策略》，《学校党建与思想教育》2019 年第 18 期。

张琼：《高校思想政治教育协同育人机制探析》，《学校党建与思想教育》2019 年第 18 期。

张威：《高校自然科学课程体现思政价值的意蕴及路径探索》，《国家教育行政学院学报》2018 年 06 期。

张威：《通识教育：高校课程思政的有效促进》，《中国高等教育》2019 年第 2 期。

张晓洁、张广君：《教学认识论的当代转向：从知识论到生成论——生成论教学哲学的认识论镜像》，《教育研究》2017 年第 7 期。

张兴海、李姗姗：《高校课程思政改革的"四论"》，《中国高等教育》2020 年第 Z2 期。

张旭、李合亮：《廓清与重塑：回归课程思政的本质意蕴》，《思想教育研究》2021 年第 5 期。

张拥军：《新农科视野下农林高校课程思政建设路径思考》，《中国高等教育》2021 年第 Z2 期。

章忠民、李兰：《从思政课程向课程思政拓展的内在意涵与实践路径》，《思想理论教育》2020 年第 11 期。

赵光、孙伟锋、仲璟怡：《"课程思政"视域下高校教师胜任力模型构建研究》，《南京社会科学》2020 年第 7 期。

赵静：《协同推进高校思想政治理论课建设研究》，《思想理论教育导刊》2019 年第 9 期。

郑佳然：《新时代高校"课程思政"与"思政课程"同向同行探析》，《思想教育研究》2019 年第 3 期。

郑敬斌、李鑫：《科学构建课程思政教学体系谫论》，《思想理论教育》2020 年第 7 期。

郑燕林、任增强：《落实课程思政的策略与举措——以〈教育传播学〉课程为例》，《中国电化教育》2021 年第 3 期。

郑永安：《以立德树人为根本 全力构建"三全育人"体系》，《中国大学教学》2018 年第 11 期。

周素华、魏英、王一群、杨飞、杨慧春：《电类基础课课程思政中社会主义核心价值观教育的教学探索》，《中国大学教学》2019 年第 10 期。

朱飞：《高校课程思政的价值澄明与进路选择》，《思想理论教育》2019 年第 8 期。

朱平：《高校课程思政的动力激励与质量评价》，《思想理论教育》2020 年第 10 期。

朱巧莲：《准确把握专业技能课课程思政的特点和规律》，《中国高等教育》2021 年第 1 期。

曾宝成：《以"四个着力"办好思政课》，《中国高等教育》2019 年第 8 期。

宗国庆、王祖浩：《课程知识观论纲：批判与重建》，《中国教育科学》2020 年第 3 期。

三 学位论文

蔡文玉：《高校课程思政实践策略研究》，燕山大学硕士学位论文，2019。

曹馨月：《新时代高校课程思政实现路径研究》，辽宁工业大学硕士学位论文，2021。

程瑶：《高校思想政治理论课教学改革及其实效性研究——以 W 大学为例》，温州大学硕士学位论文，2016。

程章：《"课程思政"与大学体育课程融合的逻辑理路及实践探索——以武汉江夏区部分高校为例》，阜阳师范大学硕士学位论文，2021。

崔琬宜：《高校课程思政实施现状及效果提升路径研究》，石河子大学硕士学位论文，2021。

戴郁珠：《"课程思政"视域下高校体育舞蹈育人体系建构研究》，成都体育学院硕士学位论文，2021。

董力纬：《"课程思政"理念在高校公共音乐教育中的运用研究——以桂林市三所高校为例》，广西师范大学硕士学位论文，2020。

董明慧：《高校"课程思政"问题研究》，大连海事大学硕士学位论文，2019。

付晓玲：《思政课落实"立德树人"根本任务的路径研究》，安徽工程大学硕士学位论文，2017。

高添：《教师德育领导力促进课程思政建设的路径研究》，桂林电子科技大学硕士学位论文，2021。

郝志庆：《高校深入推进课程思政建设研究》，河北经贸大学硕士学位论文，2021。

何花：《工科大学生课程思政实践研究——以四川地区理工类院校为例》，电子科技大学硕士学位论文，2021。

胡亚楠：《新时代高校课程思政建设个案研究》，广西师范大学硕士学位论文，2021

贾艳丽：《青海高校课程思政实施路径研究》，青海大学硕士学位论文，2020。

蒋晓东：《马克思实践观与杜威实践观比较研究》，湖南大学博士学位论文，2011。

康雅利：《高校"课程思政"建设的原则与路径研究》，河北科技大学硕士学位论文，2019。

朗叶莹：《高校思想政治理论课铸魂育人问题研究》，东北师范大学硕士学位论文，2020。

雷文静：《红色资源融入高校思政课程育人研究》，湖南师范大学硕士学位论文，2019。

李靖：《新时代高校课程思政发展研究》，辽宁大学硕士学位论文，2021。

李佩文：《高校"课程思政"实践研究——以四川省为例》，四川师范大学硕士学位论文，2020。

李旭芝：《高校"课程思政"存在的问题及解决路径研究》，河北师范大学硕士学位论文，2020。

李玉洁：《新时代高校"课程思政"与"思政课程"同向同行研究》，四川外国语大学硕士学位论文，2020。

李粤霞：《"课程思政"实施的理念与路径研究》，广东外语外贸大学硕士学位论文，2020。

廖琼：《高校课程思政育人实效性研究》，江西理工大学硕士学位论文，2021。

林泉伶：《"课程思政"：新时代高校思想政治教育新途径研究》，南京邮电大学硕士学位论文，2019。

凌晓青：《课程思政视域下山西高职教师育德素质培育研究》，北京林业大学硕士学位论文，2020。

刘佳：《"课程思政"与"思政课程"协同育人的实践研究——以陕西高校为例》，西安科技大学硕士学位论文，2021。

刘露：《课程思政的实现路径与保障机制研究》，中国石油大学（华东）硕士学位论文，2019。

柳楠：《旅游管理专业本科课程思政的教学模式建构研究》，沈阳师范大学硕士学位论文，2021。

龙宝新：《现代课程知识观演进的流派分析及启示》，陕西师范大学硕士学位论文，2004。

卢珊珊：《高校外语专业课程思政问题研究》，安徽师范大学硕士学位论文，2020。

陆舒湄：《"三全育人"格局下高校课程思政实践路径研究——以〈大学英语〉课程为例》，浙江理工大学硕士学位论文，2020。

路涵旭：《课程思政视域下专业教师与思政教师协同育人路径研究》，河北师范大学硕士学位论文，2020。

罗晓琴：《高校"课程思政"与"思政课程"协同模式研究》，长沙理工大学硕士学位论文，2020。

马静：《西藏高校铸牢中华民族共同体意识课程思政资源和路径研究》，西藏大学硕士学位论文，2021。

戚静：《高校课程思政协同创新研究》，上海师范大学博士学位论文，2020。

宋金艳：《高校公共英语课程思政研究》，武汉轻工大学硕士学位论文，2021。

孙汝兵：《广西高校课程思政育人机制研究》，桂林理工大学硕士学位论文，2020。

孙文宇：《高校专业课课程思政建设研究》，安徽工业大学硕士学位论文，2019。

覃景冠：《高校课程思政育人机制构建研究》，西北政法大学硕士学位论文，2021。

谭轶斐：《当代中国高校马克思主义大众化教育研究——以上海部分高校为例》，上海社会科学院硕士学位论文，2020。

王明慧：《高校课程思政建设的现状及对策研究》，曲阜师范大学硕士学位论文，2020。

王馨莹：《普通高校本科思政课程资源开发研究》，黑龙江大学硕士学位论文，2021。

夏剑：《实践哲学视域下的教育实践论研究》，南京师范大学博士学位论文，2017。

谢亚雄：《湖南省高职院校公共体育课实施课程思政的现状及路径》，湖南工业大学硕士学位论文，2021。

徐畅：《新时代高校"课程思政"协同育人研究》，沈阳航空航天大学硕士学位论文，2019。

杨金铎：《中国高等院校"课程思政"建设研究》，吉林大学博士学位论文，2021。

尹兰芝：《"课程思政"协同育人的困境和对策研究》，东北师范大学硕士学位论文，2020。

袁文君：《高校"课程思政"与思政课程协同育人研究》，吉首大学硕士学位论文，2020。

张冰冰：《中美高校大学生思想政治教育比较研究》，沈阳工业大学硕士学位论文，2019。

张芳：《新时代高职院校课程思政路径研究》，湖南工业大学硕士学位论文，2021。

张华：《高校课程思政内涵建构及实践路径研究》，南京医科大学硕士学位论文，2020。

张丽莎：《陕西高校"课程思政"建设研究》，西安工业大学硕士学位论文，2020。

张铨洲：《课程思政建设中发挥大学生主体性作用研究》，天津工业大学硕士学位论文，2019。

张世珍：《信息技术支持下的课程思政教学设计与实践研究——以〈大学生职业生涯规划〉课程为例》，西北师范大学硕士学位论文，2020。

张扬：《高校思想政治理论课评价研究》，西安科技大学硕士学位论文，2014。

赵倩：《艺术类专业"课程思政"建设研究》，昆明理工大学硕士学位论文，2021。

郑美丹：《高校课程思政的育人价值及其实践路径研究》，河北科技大学硕士学位论文，2020。

郑宇航：《高校课程思政教学评价指标体系构建研究》，西南大学硕士学位论文，2021。

朱梦洁：《"课程思政"的探索与实践——以专业课为视角》，上海外国语大学硕士学位论文，2019。

邹蒲陵：《高校课程思政与思政课程合力研究》，西南大学硕士学位论文，2021。

图书在版编目（CIP）数据

高等农业院校课程思政育人体系研究／委华，陆茸
著 .--北京：社会科学文献出版社，2024.6
ISBN 978-7-5228-3300-2

Ⅰ.①高… Ⅱ.①委… ②陆… Ⅲ.①农业院校-思
想政治教育-教学研究-中国 Ⅳ.①G641

中国国家版本馆 CIP 数据核字（2024）第 040139 号

高等农业院校课程思政育人体系研究

著　　者／委 华　陆 茸

出 版 人／冀祥德
责任编辑／史晓琳
责任印制／王京美

出　　版／社会科学文献出版社·经济与管理分社（010）59367226
　　　　　地址：北京市北三环中路甲 29 号院华龙大厦　邮编：100029
　　　　　网址：www.ssap.com.cn
发　　行／社会科学文献出版社（010）59367028
印　　装／三河市尚艺印装有限公司

规　　格／开　本：787mm×1092mm　1/16
　　　　　印　张：18.75　字　数：288 千字
版　　次／2024 年 6 月第 1 版　2024 年 6 月第 1 次印刷
书　　号／ISBN 978-7-5228-3300-2
定　　价／128.00 元

读者服务电话：4008918866